学对外交流传播丛书

PKU's International
lobal Communication

国际组织与全球治理

——北京大学青年学子的思考——

主　编　张海滨　郑如青
副主编　陈绍锋　张园园

北京大学出版社
PEKING UNIVERSITY PRESS

图书在版编目 (CIP) 数据

国际组织与全球治理：北京大学青年学子的思考 / 张海滨，郑如青主编．— 北京：北京大学出版社，2023.10

（北京大学对外交流和国际传播丛书）

ISBN 978-7-301-34612-9

Ⅰ．①国… Ⅱ．①张… ②郑… Ⅲ．①国际组织－文集 ②国际政治－文集 Ⅳ．① D813-53 ② D5-53

中国国家版本馆 CIP 数据核字 (2023) 第 209912 号

书　　名	国际组织与全球治理——北京大学青年学子的思考 GUOJI ZUZHI YU QUANQIU ZHILI——BEIJING DAXUE QINGNIAN XUEZI DE SIKAO
著作责任者	张海滨　郑如青　主编
责任编辑	刘　军
标准书号	ISBN 978-7-301-34612-9
出版发行	北京大学出版社
地　　址	北京市海淀区成府路 205 号　100871
网　　址	http://www.pup.cn　　新浪微博：@ 北京大学出版社
微信公众号	通识书苑（微信号：sartspku） 科学元典（微信号：kexueyuandian）
电子邮箱	编辑部 jyzx@pup.cn　　总编室 zpup@pup.cn
电　　话	邮购部 010-62752015　发行部 010-62750672 编辑部 010-62753056
印 刷 者	大厂回族自治县彩虹印刷有限公司
经 销 者	新华书店 650 毫米 ×980 毫米　16 开本　17.75 印张　305 千字 2023 年 10 月第 1 版　2023 年 10 月第 1 次印刷
定　　价	85.00 元

序　言

将论文写在世界的大地上

在《国际组织与全球治理——北京大学青年学子的思考》一书即将付梓之际，学校有关方面希望我写一个序言。我因为全程见证了该书的成稿过程，遂欣然从命。

2019 年，北京大学发布全新的国际发展战略，明确提出要培育全球卓越人才，其中国际组织与全球治理人才正是全球卓越人才的关键组成部分。这是北大综合改革和双一流建设在国际化维度上的全面部署和具体体现，是北大服务国家关于加快培养全球治理人才战略的重要举措。为进一步落实这一战略，北大国际合作部与国际关系学院合作，共同打造“2019 年北京大学日内瓦国际组织暑期项目”，组织北大学生赴日内瓦参访国际组织。国际合作部副部长郑如青老师邀请我作为该项目的学术指导老师率团赴日内瓦。国际关系学院与国际合作部在国际化人才培养方面有着长期密切合作的历史，我毫不犹豫地接受了邀请。在筹备过程中，我们达成了如下共识：鉴于这是北大第一次组织日内瓦国际组织暑期项目，一定要办好；办好的标准是要突出项目的国际性、交叉性和应用性三大特色，使学生通过参加此次项目，拓展全球视野，强化家国情怀，对百年未有之大变局、国际组织在全球治理中的作用以及全球治理的发展趋势有更深入的了解，充分展现北大学生对全球治理和构建人类命运共同体的严肃思考，而绝不能把这个项目办成一次走马观花、旅游参观的活动。为达此目的，我们要求参加项目的同学必须在项目结束后每人提交一篇深度调研报告，鼓励同学们把日内瓦之行后对国际组织和全球治理的所思所想认真写出来，由学校择优结集出版。另外，办好这个项目，我们是有条件的，因为我们有一个特殊优势，即北大国际关系学院国际组织与国际公共政策系高水平的专业教师队伍可以为项目的开展提供全程专业指导。这就是该书的缘起。

2019年7月7日至22日，首届“北京大学日内瓦国际组织暑期项目”在瑞士日内瓦举行。此次暑期项目吸引了全校60余名同学报名，最终经过严格筛选，来自国际关系学院、法学院、光华管理学院、元培学院、外语学院等不同学科背景的24名优秀本科生和硕士生成为首届项目成员。行前，我们做了充分准备，要求同学们提前了解拟参访的国际组织的情况，准备好问题并踊跃提问。秉持“读万卷书，行万里路”的教学理念，结合总部设在日内瓦的国际组织的特点，我们将第一周安排在日内瓦高级国际关系与发展学院（简称日内瓦国发院），设置了国际冲突、环境气候、人权、公共卫生、国际贸易等专题，邀请日内瓦国发院的教授围绕上述专题进行讲授并组织集体研讨，使同学们对相关专题的来龙去脉有了基本了解。第二周则结合所学内容密集参访联合国日内瓦总部、世界贸易组织、世界卫生组织、世界气象组织、世界知识产权组织、红十字国际委员会、世界经济论坛等国际组织，近距离了解不同类型国际组织的作用职能、决策机制、组织文化及其面对的挑战。在参访期间，同学们高昂的学习热情、优异的提问表现、流利的英文表达以及与国际组织官员热烈互动、时常导致参访时间延长的火热场面，给国际组织官员们留下了深刻印象，充分展现了北大学子和中国青年的风采。在现场目睹这一切，我感到由衷的高兴和欣慰。

日内瓦之行顺利结束之后，同学们陆续提交了24篇研究报告。国际组织与国际公共政策系的老师们，包括雷少华副教授、刘莲莲长聘副教授、罗杭长聘副教授、祁昊天助理教授、陈沐阳助理教授、赖华夏助理教授等人，在逐篇评审的基础上，按照学术发表的标准和要求精选出11篇优秀报告，从专业角度提出了详尽具体的修改意见供作者参考。几经修改，文稿日渐成熟。此后，我的同事、同时也是随团指导老师的陈绍锋长聘副教授全面负责书稿的统稿工作。他以一贯的严谨求实作风，对书稿逐篇逐句逐字修改，之后又进行编辑，梳理出四大部分，并分别点评，为书稿质量的提高付出了巨大心力，作出了突出贡献。这期间遭遇突如其来的新冠疫情，书稿整理和出版计划屡屡延后，个中辛苦，唯有自知。

入选本书的11篇论文选题广泛，涉及国际组织理论、国际组织作用、国际组织比较以及国际组织改革等众多议题；立论有据，言之有物，且颇有新意；行文规范，文献综述和注释齐备。从专业角度看，这些论文有模有样，有板有眼，可圈可点。论文背后、字里行间，则尽显北大青年学子对国际组织和全球治理的严肃思考和开阔的全球视野。

2020年9月21日，联合国举行高级别会议，隆重纪念联合国成立七十五周年。各国领导人一致通过《纪念联合国成立七十五周年宣言》。宣言强调："我们将听取青年的意见并与青年合作……长久以来，年轻人的呼声在事关青年未来的讨论中被边缘化，这一状况现在必须通过有实质意义的青年参与加以改变。"鼓励北大学子和中国青年将论文写在世界的大地上，让青年在世界和平与发展的舞台上发出响亮的声音，实质性地改变当代青年的声音被世界忽视的现状，正是本书的初心和使命！

长风破浪会有时，直挂云帆济沧海。当今世界面临百年未有之大变局和中国前所未有地走近世界舞台中央的时代大背景，为北大学子和中国青年走向世界，在国际组织的广阔舞台上展现中国风采、中国气派和中国贡献提供了前所未有的历史机遇！展望未来，中国人的身影将越来越多地出现在全球治理的多边舞台上，越来越多的全球解决方案将打上中国智慧和中国方案的烙印。对此我充满信心。

行文至此，不能不提到国际合作部的郑如青副部长和张园园老师。郑老师在设计和规划北大日内瓦国际组织暑期项目和本书出版方面发挥了关键作用。张老师作为项目随团指导老师之一，在本项目的运行中发挥了不可或缺的、高质量的行政协调和后勤保障作用。同样不能不提到的是在日内瓦的北大校友对此次暑期项目的大力支持。特别是时任中国驻世界贸易组织特命全权大使、现任世界贸易组织副总干事张向晨百忙中两次拨冗与同学们见面座谈，分享他对世界贸易组织和全球贸易治理的精辟见解，令同学们眼界大开，受益匪浅。

本书的出版是首届北京大学日内瓦国际组织暑期项目成果的集中体现，为此次暑期项目画上了一个圆满的句号，为将来继续举办同类项目奠定了良好的基础。限于同学们的能力和水平，文中不足和缺陷在所难免，敬请读者不吝指正赐教。

是为序。

张海滨

于北大燕园

目　录

第一部分　国际组织的理论思考

第二部分　国际组织的互动与比较

第三部分　国际政治与国际组织

第四部分　国际组织的改革及前景

第一部分

国际组织的理论思考

国际组织的发展已有两百多年的历史。1815 年，欧洲莱茵河沿线的国家共同建立了莱茵河航运中央委员会，以协调保障莱茵河及其支流的航运自由和平等。莱茵河航运中央委员会被认为是世界上第一个政府间国际组织。两百多年后，据《国际组织年鉴》统计，到 2020 年，已经有超过 7.4 万个国际组织活跃在世界舞台上，在国际安全、国际发展、气候变化、难民保护等领域中发挥着重要的作用。

实践的发展催生了理论的繁荣。随着国际组织在国际社会中的作用日益显著，国际组织也成为学界关注的热点。学者们从不同视角开展了对国际组织结构、功能、绩效、自主性等的研究，产生了丰硕的成果。在此基础上，有关国际组织一般特征和发展规律的理论探索也迅速发展。从国际关系这一学科的视角来看，有关国际组织的理论研究主要围绕着一个共同的主题进行，即国家与国际组织的互动关系问题，具体而言，包括国家对国际组织的作用，以及国际组织对国家组成的国际社会的反作用两个方面。

一是国家对国际组织的作用。这包括对一些问题的一般性思考，如国际组织产生的原因，国家对国际组织议程的设置和功能的规定等，代表性的理论包括功能主义及新功能主义一体化理论、委托—授权理论、自由国际主义理论等。

功能主义及新功能主义一体化理论尝试解释的是国际组织起源的问题。功能主义理论认为，世界政治的变革使得国家需要在各个领域建立功能化的机构来解决各种社会问题，而技术功能领域的合作最容易实现一体化。这种功能性合作具有扩展效应，能导致其他领域的一体化出现，使得各国之间的合作态度发生转变，为以国际组织为形式的国际制度奠定了基础。新功能主义一体化理论修正了上述观点，认为动力不在于技术性功能需要，而在于国家内部各种政治力量因追求各自利益所产生的相互作用。政治精英的自身利益是推动一体化发展的动力。一体化是说服国家内的政治行为体把其忠诚转移到一个新的中心的过程,其结果是产生一个高于现存政治实体的新的政治共同体。来源于国家的一定程度的主权让渡是一体化的必要条件。新功能主义一体化理论同时强调了"外溢"的作用,强调某些领域功能化合作对其他领域合作的推动作用。

委托—授权理论最早起源于经济学研究,由戴伦·霍金斯(Darren Hawkins)、戴维·莱克(David A. Lake)等学者引入国际组织的研究中。这一理论认为,国际组织产生的原因在于国家的授权,国家与国际组织之间存在一种"委托—代理"关系,即国家同意就一项共同政策进行合作,但将完成这种政策的任务授权给国际组织加以完成。与此同时,由于国际组织可能存在"代理损耗"(Agency Loss)等问题,这一理论提醒国家通过建立正式和非正式的控制机制来监督和激励国际组织的行为。

自由国际主义理论实际上是为美国霸权量身定制的理论,探讨的核心问题是"美国是如何获得和维持其领导权的"。这一学派的代表学者丹尼尔·多德尼(Daniel Deudney)和约翰·伊肯伯里(John Ikenberry)认为,二战后美国通过建立涵盖各领域的国际制度和国际组织以实现其霸权利益。换句话说,国际组织只是霸权国实现其统治利益的工具,国际组织产生的根源在于国家的利益。

二是国际组织对以国家为主体的国际社会作用的理论。就这一问题,国际制度理论、社会制度主义理论等以国际组织为中心展开了理论建构,试图提出国际组织或者以其为代表的国际制度对国际社会的规范和建构作用。

国际制度理论强调了国际制度对于国际政治的影响作用。基欧汉认为,国际制度是指那些有关国际关系特定领域的、政府同意建立的有明确规则的制度,这些制度规定行为者的角色、限制行动并塑造预期,而国际组织是国际制度的最高形式(另两种形式包括国际机制和国际惯例)。这一理论认为,在无政府状态下,以国际组织为最高形式的国际制度能够促进国家间合作。

社会制度主义理论以迈克尔·巴尼特(Michael Barnett)和玛莎·芬尼莫尔(Martha Finnemore)为代表，这一理论把国际组织视为一种具有自身组织利益、组织文化和组织行为的“官僚组织”。在他们眼里，国际组织并不是机械执行国家给予的任务的行为体，而是能够积极与周围环境互动、有着自身的目的和利益的活生生的集合体。在此框架下，作为官僚组织的国际组织存在自身的自主性、可资使用的权力，但也会出现功能紊乱和行为变迁。他们认为，正是这种官僚组织为世界确定了规则，塑造和改变国家的偏好和利益，使其与国际组织的规范一致。

方一优和徐海博的论文都体现出青年学子对于国际组织理论的思考。方一优的论文从国际组织的自主性出发，引入了“官僚领导”这一变量，用以解释国际组织自主性变化的问题，某种程度上填补了现有研究的不足，具有较强的理论和现实意义；徐海博的论文从区域化和全球化关系的视角出发，分析了区域层次上的区域贸易协定增长对全球层次上的世界贸易组织的影响和挑战，讨论了其原因和解决措施，视角独到，分析透彻且有新意，是一篇难得的佳作。

通往自由之路

——官僚领导与国际组织的自主性

方一优*

一、问题的提出

1993年2月1日，联合国第六任秘书长布特罗斯·布特罗斯-加利(Boutros Boutros-Ghali)曾邀请时任美国国务卿沃伦·克里斯托弗和时任美国驻联合国大使玛德琳·奥尔布赖特共进午餐。在吃完第一道菜之后，加利试探性地询问能否“说几句坦诚而不做记录的话”，他说道：

> 我完全清楚美国是世界事务的主角，我知道，如果我要取得成功必须有美国的支持。我将始终寻找和试图使我配得上这种支持。但是，请允许我时不时地同美国的政策公开表示不同的意见。这将有助于联合国加强它自己的品格和维持它的公正性，也有助于驱散许多成员国的误会：联合国仅仅是美国的工具。这么做，也对美国有利。如果美国在某些场合下能够卓有信誉地利用联合国，它在外交政策上就可获得更多的选择余地。

然而，克里斯托弗和奥尔布赖特并没有吭声，沉默使加利“害怕了起来，赶快换了一个话题”。

* 作者系北京大学国际关系学院2018级硕士研究生。

在午餐结束后，加利无奈地得出结论，“克里斯托弗和奥尔布赖特并不真为我的话感到吃惊，感到吃惊的是我。他们仅仅是想，我提出这些想法真是个傻瓜……美国不太需要外交，有力量就够了……在一个帝国强权看来，外交是时间和声望的浪费和软弱的象征”。①

事实上，作为联合国历史上第一位来自非洲的秘书长，加利一直在谋求联合国的相对独立性和自主性，在国家（尤其是美国）的指示和联合国所追求的公正目标之间谋求某种平衡。因此，在一些重大事件的处理上，加利经常与美国代表产生意见分歧，同时也领导联合国执行了很多与美国意愿不太符合的政策。这种政策显然遭到了失败，最终连加利自己也黯然出局，成为联合国第一位也是唯一没有获得连任的秘书长。

同样是追求组织的自主性，加利的努力以失败告终，而联合国难民署在高级专员带领下，虽然也经历了一些波折，追求自主性的工作却卓有成效。与加利不同的是，难民署的高级专员们并没有以“时不时地同美国的政策公开表示不同意见”或者是执行不符合美国预期的政策的方式来展现“自己的品格和维持自身组织的公正性”，而是恰当地利用其道义、专业和被授予的权威，领导难民署既恰当地满足了国家的要求，又通过各种方式使难民署的成员国相信：赋权于难民署去处理难民和人道主义问题符合国家利益。通过更为灵活的方式，难民署逐渐扩展了自己的权力和权威，从一个最初只有三年寿命的临时性机构，逐渐扩展权限和活动范围，成长为一个主要的联合国机构和强大的援助组织，拥有界定“难民”和“保护”等概念的内涵，甚至决定“如何理解和划分崭新的形势，并建立应对这些问题的标准做法”的权威，在国际社会关涉难民问题的处理上拥有了极大的自主性和决定权。②

---

① 参见［埃］布特罗斯·布特罗斯-加利：《永不言败：加利回忆录》，张敏谦、钟天祥等译，北京：世界知识出版社 2001 年版，第 207—208 页。

② Gervase Coles, "Approaching the Refugee Problem Today," in G. Loescher and L. Monahan eds., *Refugees and International Relations*, Oxford: Oxford University Press, 1989, pp. 373-410.

以上事实引发了我们的思考。国际组织应如何追求自主性才能取得成功？为何同样是追求自主性的努力，有的国际组织获得了成功，增进了自身的自主性和决定权，而有的国际组织却以失败告终？对同一个国际组织而言，为何它的自主性在不同时期也并不相同？为了回答这些问题，本文将在总结和反思既有研究的基础上，在国家与国际组织的互动之间引入"官僚领导"这一变量，试图构建一个以国家的要求和国际组织内部的利益为干预变量、以"官僚领导"为核心自变量、以国际组织追求自主性的行为方式及其成败为因变量的理论框架，以探究国际组织谋求自主性的实现机制和行为逻辑，并由此讨论其成败问题。本文认为，国际组织的官僚领导是影响其自主性变化的关键因素，当官僚领导正确地行使了职能，达到了国家的要求与国际组织自身利益之间的平衡，其组织的自主性就能获得增长；相反，当官僚领导没有处理好国家的要求及国际组织自身利益之间的关系，采取了错误的措施，其组织的自主性就会相应减弱。本文以国际组织的官僚领导为核心，揭示了国际组织自主性变化的具体机制。

为检验上述理论发现，本文将主要采用定性研究中案例研究的基本方法，特别是比较案例分析和过程追踪两种方法来验证假设。具体而言，本文选取加利领导下的联合国自主性的变化，以及高级专员领导下的联合国难民高专办和难民署自主性的变化两个案例进行比较和分析。

(1)求同比较。借助求同比较的方法，考察不同时期不同国际组织因为强有力的官僚领导而成功获得自主性增长，或者因为弱势或令人失望的官僚领导而未能获得自主性增长的案例。本文将对加利领导下的联合国和麦克唐纳(James McDonald)领导下的难民高级专员办公室均未获得自主性的增长，以及南森(Fridtjof Nansen)领导下的难民高专办和二战后不同高级专员领导下的联合国难民署均获得了自主性增长的案例来做过程追踪，并在此基础上对这些案例进行比较。我们发现，不同时期不同的国际组织都获得了自主性的增长，两个案例的相同之处在于其官僚领导的正确。而另两个案例中的国际组织均没有获得自主性的增长，其相同之处在于其官僚领导并不令人满意。因此可以验证假设。

(2)求异比较。借助求异比较的方法，考察同一个国际组织因为不同的官僚领导而结果不同的案例。例如，在联合国难民署的发展过程中，难民高专南森和其接任者麦克唐纳不同的领导表现导致了难民高专办不同的自主性。在各方面情况都相同的同一个国际组织，其自主性却出现了增长和减弱的不同结果，在比较中我们发现两者唯一不同的因素是官僚领导能力不同。因此也可以验证假设。

二、研究对象及既有研究

本文研究国际组织自主性的相关问题。广义的国际组织指的是一种跨越国界的以促进国际合作与理解为目标的多国机构；凡是两个以上的国家，其政府或民间团体、个人，基于某种目的，以一定协议形式创设的各种机构，均可称为国际组织，涵盖了政府间组织和非政府间组织以及跨国公司。[①] 狭义的国际组织仅指国际法意义上的国际组织，即由各成员国政府为谋求符合国际法的协议而创立的一种常设体系或机构，具有国际权利义务承担能力的政府间组织。[②]《国际组织年鉴(2017—2018)》也认为，国际组织应该专指政府间组织，这类组织应当设有常设体系和组织机构，且其宗旨是依靠成员国间的合作来实现共同目标。[③]

从定义可以看出，无论是政府间还是非政府间的国际组织，都具有外部的“国际性”和内部的“组织性”两方面的特征。外部的“国际性”指的是国际组织本质上是国家之间的机构，并不是凌驾于国家之上的世界政府，同时，国际组织自身也是国际社会的重要行为体，其行为受到其他行为体尤其是国家的重要影响。而内部的“组织性”则强调了国际组织内部的组

---

① 饶戈平：《国际组织法》，北京：北京大学出版社 1996 年版，第 10—11 页。

② 郑启荣：《国际组织》，北京：高等教育出版社 2018 年版，第 12 页。

③ Union of International Associations, *Yearbook of International Organizations 2017—18*, Leiden: Brill, pp. 16-40.

织化和专业性。在一些研究者看来,国际组织同样是一个"官僚组织",拥有自己的组织利益、组织偏好以及组织文化,甚至在某种程度上能够反过来影响和改变国家的偏好,并建构国家的身份和利益。

关于"自主性"(autonomy)的定义,《伦理学大辞典》中指出,"自主"是一个"个人意志自由的道德概念,指人在正确认识和意志选择的基础上,自己控制自己的行为,自己掌握自己的命运,处理和支配事务的能力"。[①]《布莱克维尔政治学百科全书》强调自主的反面是"听任外部力量来限制自己"。[②] 政治学研究中一般比较重视有关"国家与社会关系"中的"国家自主性"的研究,这起源于西达·斯考切波(Thaeda Skocpol)、彼得·埃文斯(Peter Evans)等人为代表的"回归国家学派"。他们反对多元主义与结构功能主义对于国家从属性的看法,认为国家不仅是经济和社会运动的平台,而且是独立的行动主体和组织机构。这一学派提出要"找回国家"(bringing the state back in),重新强调国家的主体地位及其对经济和社会发展的重要作用,并提出了"国家自主性"的重要概念。[③]

总的来看,"自主性"的概念与罗伯特·达尔对于"权力"(power)下的定义相似[④],在本质上也是一种相互关系,即拥有免于其他行为体干涉、做自己想做的事情的能力。例如,X拥有相对于Y的自主性可体现为:(1)X可以不根据Y的指示采取行动;(2)这些行动并不是Y要求的甚至是与Y的要求相反;(3)如果没有Y的意愿,X仍然能够采取这些行

---

① 宋希仁、陈劳志、赵仁光:《伦理学大辞典》,长春:吉林人民出版社1989年版,第415—416页。

② [英]戴维·米勒、韦农·波格丹诺:《布莱克维尔政治学百科全书》,中国问题研究所等译,北京:中国政法大学出版社1992年版,第48页。

③ 参见[美]彼得·埃文斯、迪特里希·鲁施迈耶、西达·斯考切波:《找回国家》,方力维、莫宜端、黄琪轩,等译,北京:生活·读书·新知三联书店2009年版;[美]西达·斯考切波:《国家与社会革命:对法国、俄国和中国的比较分析》,何俊志、王学东译,上海:上海人民出版社2007年版。

④ 罗伯特·达尔认为权力实际上是一种相互关系,即促使行为体做其原本不会去做的事情。即X拥有对Y的权力可表示为:(1)X有能力通过某种方式让Y采取行动;(2)这些行动遵循X的意愿;(3)如果没有X的意愿,Y则不会采取这些行动。参见 Robert A. Dahl, "The Concept of Power," *Behavioral Science*, Vol. 2, No. 3, July, 1957, p. 201.

动。换句话说,当X追求的目标并不总来源于Y,X有着根源于自身需求的目标并且能够独立地去追求这些目标,我们就可以认为X拥有了自主性。总之,当我们讨论"自主性"这一概念时,必然涉及的是一对关系,两个主体。正如我们讨论"国家自主性"时,必然会涉及的是"国家"与"社会"两个主体及其相互关系,在此基础上再去讨论国家的自主性问题。

讨论国际组织的"自主性"时,必然会涉及的另一个对象就是国家。换句话说,国际组织的"自主性"很大程度上就是相对于国家而言的,国家是国际组织取得自主性天然的"敌人"。在这种情况下,理解国际组织的自主性必然涉及国际组织与国家的关系。就此,莱纳尔达(Bob Reinalda)和维尔贝克(Bertjan Verbeek)对国际组织的自主性下了一个可操作的定义,他们认为,对于一个国际组织而言,"当它某个政策的出台并不能被简单解释为其主要成员国之间的妥协时,就可认为它具有自主性……比如说,当一个大国允许国际组织出台与其自身国家利益相冲突的政策之时"。[①] 但是,这是否意味着国际组织必须要采取与国家已经明示的利益相反的行动才能彰显自己的自主性?迈克尔·巴尼特和玛莎·芬尼莫尔认为这一标准过于"严苛",国际组织的自主性可以表现为它们以并非国家规定的方式行动。他们认为国际组织与国家的自主关系可以表现为以下几种类型(见表1)。

表1 国家与国际组织的自主关系:几种类型

国际组织的自主性形式	与国家关系的具体阐述	相关案例
运用自主性推动国家利益(被赋予的自主)	国际组织的自主性是国家赋予的,用以完成国家无法完成的任务,以促进国家的利益	国际货币基金组织和世界银行对国家的援助
在国家漠不关心的地方行事	国家并没有要求国际组织采取行动,国际组织主动作为	联合国难民署处理阿尔及利亚难民问题

① Bob Reinalda, Bertjan Verbeek, et al., *Autonomous Policy Making by International Organizations*, London: Routledge, 1998, pp. 3-4.

（续表）

国际组织的自主性形式	与国家关系的具体阐述	相关案例
对国家的指令拖延或者不作为	国家要求国际组织采取行动，国际组织由于官僚迟钝、行动障碍，甚至是出于自己的利益进行拖延或者是干脆不作为	联合国改革
违背国家的利益	国际组织与公众、非政府组织、保护自身政策免于干涉的国家等结盟来反对一些国家（包括强国）的政策	国际捕鲸委员会与日本，国际原子能机构与朝鲜
塑造和改变国家的偏好和利益，使其与国际组织的规范一致	国际组织通过原则性很强的议程，鼓励和促使国家采纳新的做法和身份，使其与国际组织的使命相一致	教科文组织、难民署等传播规范改变国家行为

资料来源：[美]迈克尔·巴尼特、玛莎·芬尼莫尔：《为世界定规则：全球政治中的国际组织》，薄燕译，上海人民出版社 2009 年版，第 39—40 页，有删改。

总之，对于国际组织而言，虽然不太可能出现直接违反国家意志的"自主性"情况，但它们仍可在不同情况下表现出不同程度的自主性。本文希望讨论的问题是：为何一些国际组织只能完全在国家控制之下行事，或是运用自身的自主性为国家服务？而另一些国际组织却能对国家施加影响，塑造和改变国家的身份和利益，使其与国际组织推崇的规范相一致？同时，对于同一个国际组织而言，为何在某一时期，它只能忠实地服从国家的指令，而在另一时期，它却拥有着塑造和改变国家偏好的能力？换句话说，何种因素影响了国际组织自主性的大小和变化？对于这一问题，学界从国家的授权、国际组织议题和功能的显要性（salience）、国际组织自身的权威等角度进行了探讨。

1. 委托—代理理论：国家的授权与国际组织的自主性

"委托—代理理论"（Principle-Agent Theory）最初起源于经济学的分析，主要阐述了企业经营中委托人与代理人之间的关系。其基本逻辑是，委托人为了实现自身效用最大化，将其所拥有（控制）资源的某些决策权授予代理人，并要求代理人提供有利于委托人利益的服务或行为。由于存在代理人可能会损害委托人利益的代理问题，委托人将建立一套有效的制衡机制（契约）来规范、约束并激励代理人的行为，降低代理成本，提高代理效率，更好地满足自身利益。之后，一些学者也尝试将这一理论引入政治学的分析中，用来分析政治学中涉及授权和代理的一些现象。① 在这些研究的基础上，戴伦·霍金斯、戴维·莱克等学者提出了国际组织的"委托—代理理论"，来尝试解答国际组织的自主性及其相关问题。他们强调国家与国际组织之间的"委托—代理"关系，即国家同意就一项共同政策进行合作，但将完成这种政策的任务授权给国际组织加以完成。② 也就是说，国际组织实际上是国家的代理人，其权力及自主性的扩展来源于国家的需求。在这种情况下，国际组织具有的自主性实际上是一种国家赋予国际组织的"自行决定权"，即国家为了使国际组织更好地完成任务，给予了国际组织适当的自行决定的权力，用以处理一些日常性、程序性的问题，应对可能出现的新形势和新情况。因此，国际组织的"自主性"实际上是国家授予的。就本文的问题而言，不同的国际组织，或者是不同时期同一个国际组织之所以具有不同程度的自主性，也是因为国家根据不同的情况授予它们不同的自主性。

国际组织的"委托—代理理论"将国家与国际组织视为委托人和代理人，认为国际组织存在的"自主性"来源于国家的授权和委托，成为对国际组织自主性行为的流行观点之一。在这一理论的基础上，一些学者也相

① 例如，肯尼斯·谢普斯勒（Kenneth Shepsle）和巴里·温加斯特（Barry Weingast）用"委托—代理"模型分析了美国国会中选民、国会议员和政府官员之间的关系。参见 Kenneth Shepsle, Barry Weingast, "The Institutional Foundations of Committee Power," *American Political Science Review*, Vol. 81, No. 1, March, 1987, pp. 85-104.

② Darren G. Hawkins, David A. Lake, et al., *Delegation and Agency in International Organizations*, New York: Cambridge University Press, 2006, p. 11.

继论证了国际组织的“代理损耗”等问题，提醒国家通过建立正式和非正式的控制机制来监督和激励国际组织的行为。[①]

然而，就本文讨论的问题而言，“委托—代理理论”的解释仍存在一些问题。最根本的问题在于这一理论过于宏观和一般化，且很大程度上是一种静态的视角。首先，“委托—代理理论”并不能解释不同国际组织自主性不同背后的原因是什么。国家在签订法律文件和契约建立国际组织之时，似乎就一般化地确定了每一个国际组织“自行决定权”的大小，然而，为何国家给予一些国际组织更大的自主性，而一些国际组织更小或没有？其次，“委托—代理理论”并不能解释同一个国际组织自主性变化的原因。也就是说，为什么一些国际组织存在自主性扩大的倾向，例如，联合国难民署从一个不受国家待见的国际组织，逐渐成长为国际社会难民事务的权威？为何另一些国际组织却呈现出自主性逐渐缩小的倾向？毕竟在现实中，国家一般会通过正式的文件和契约扩大或减少国际组织授权，但似乎没有人发问：国家通过这些文件的原因是什么？为何国家要扩大或减少对国际组织的授权？总之，“委托—代理理论”解释了国际组织自主性的来源，认为其来自于国家的授权，但并未说明国家授予国际组织自主性背后动态的逻辑，即为什么国家对于不同的国际组织，或者是不同时期的同一个国际组织区别对待？什么因素导致了这种“区别”？这显然要加入其他的中间变量才能进行解释。

2. 国际组织功能和议题的显要性及其自主性

罗伯特·考克斯（Robert W. Cox）与哈罗德·雅各布森（Harold K. Jacobson）曾对8个不同国际组织内部的决策进行了比较研究，讨论了在不同的国际组织中，各个行为体——包括政府代表、总干事/秘书长、国际组织官僚系统、个人（专家学者）、其他国际组织的代表等——在不同类型

① Darren G. Hawkins, Pavid A. Lake, et al., *Delegation and Agency in International Organizations*, New York: Cambridge University Press, 2006, Part III.

的决策中的作用。[①] 他们发现,虽然政府代表可以是国际组织进行决策时最有影响力的行为体,但他们只会关注那些对他们的利益更为重要的组织或者组织中对他们的利益更为重要的决策。[②] 换句话说,国际组织自身功能及其内部决策的显要性很大程度上影响了国家及其代表对于国际组织的控制程度,相应地,国际组织的自主性也会有所变化。对相对重要的国际组织和决策议题,成员国会倾注更多的心力,利用更多的时间和资源来直接参与内部管理,国际组织的自主性空间会相对减少;相反,对于那些不太重要的国际组织和决策议题,国家并不会费心费力对其进行直接管理,因此国际组织能够具有更大的自主性。

这种解释看似解答了本文提出的问题,由于不同国际组织,或者在不同时期的同一国际组织对国家而言具有不同程度的显要性,国家会更加重视或忽视国际组织的行为,由此使得国际组织具有了不同的自主性。但细究之下,我们很容易发现其中存在的问题。第一,如何界定国际组织功能和议题上的"显要性"?"显要性"作为理论建构的关键变量,概念的界定并不清晰,操作性很弱,很容易使人陷入"因为这个国际组织自主性强,它相对于国家的显要性就低"这样循环论证的结果。例如,刘宏松评述这一研究时举例说,联合国安理会具有较高的功能显要性——因其讨论的议题与成员国利益高度相关,它的自主性行动能力就会相对较低;而国际货币基金组织、世界银行等国际组织涉及的经济和发展议题显要性程度较低,较不被成员国重视,这两大国际组织就能获得相对较高的自主性。[③] 而在尼古拉斯·贝恩(Nicholas Bayne)看来,国际经济组织因为涉

---

① Robert W. Cox, Harold K. Jacobson, et al., *The Anatomy of Influence: Decision Making in International Organization*, New Haven: Yale University Press, 1973.

② 两位作者认为,这些组织可包括 UN、IMF、GATT 等,这些决策可包括关于代表权的决定(Representational Decisions)、有关向外界发出信号的决定(Symbolic Decisions)等,参见 Robert W. Cox, Harold K. Jacobson, et al., *The Anatomy of Influence: Decision Making in International Organization*, pp. 378-397.

③ 刘宏松:《国际组织的自主性行为:两种理论视角及其比较》,《外交评论》2006 年第 3 期,第 104—111 页。

及经济和发展议题的重要性,会具有更小的自主性。[1] 经济和发展议题对于国家而言,其显要性到底是高还是低,相关组织的自主性到底是高还是低,我们无从判断。第二,如何解释同一国际组织自主性的变化?根据这一理论,国际组织自主性的变化在于其对于国家而言显要性的变化,而在现实中,国际组织对于国家的显要性并不会任意浮动,在很长时间内都会保持稳定。例如,公共卫生问题一直以来并不是国家工作的重点,其显要性一直保持低位,而在20世纪末的十年间,在不同总干事任内,世界卫生组织的自主性却发生了明显的变化。这显然超出了这一理论的解释范围。

3. 社会制度主义:国际组织自身权威及其自主性

前述两种研究实际上都从国家和国际组织关系的角度来探讨国际组织的自主性问题,认为国家的授权或干预是影响国际组织自主性大小的影响因素。而社会制度主义(sociological institutionalism)则跳出了"国家中心论"的视角,从国际组织自身出发,认为国际组织的自主性来自其自身权威的增长。这种视角尝试将国际组织与国内组织的研究联结起来,把国际组织同样视为一种具有自身组织利益、组织文化和组织行为的"官僚组织"。这一理论认为,国际组织并不是机械执行国家给予任务的行为体,而是能够积极与周围环境互动、有着自身的目的和利益并努力追求实现这些目标的活生生的集合体。[2] 因此,作为一个官僚组织,国际组织会本能地追求脱离其他形式的政治控制,国际组织追求自主性的努力是其规模、劳动分工和逐渐积累的任务主导的专业性的必然结果。[3] 在此框架下,巴尼特和芬尼莫尔尝试对国际组织的自主性、权力、功能紊乱

---

① Nicholas Bayne, "International Economic Organizations: More Policy Making, Less Autonomy," in Bob Reinalda, Bertjan Verbeek, et al., eds., *Autonomous Policy Making by International Organizations*, London: Routledge, 1998, pp. 195-210.

② Gayl D. Ness, Steven R. Brechin, "Bridging the Gap: International Organizations as Organizations," *International Organization*, Vol. 42, No. 2, Spring, 1988, pp. 245-273.

③ Michael W. Bauer, Jörn Ege, "Bureaucratic Autonomy of International Organizations' Secretariats," *Journal of European Public Policy*, Vol. 23, No. 7, April, 2016, pp. 1019-1037.

和变迁等行为进行解释。[①] 就自主性问题而言，他们认为国际组织的自主性源于其作为官僚机构所拥有的权威。国际组织不只是国家委派的公务员，凭借本身的资格也能成为一种权威，并且这种权威给予了它们相对于国家、个人和其他国际组织的自主性。[②] 这种权威既包括官僚机构本身所具有的“理性—合法性”权威（rational-legal authority），以及国家授予的权威（delegated authority）[③]，也包括国际组织作为国际社会利益的代表或者价值观的捍卫者等而拥有的道义权威（moral authority），以及国际组织因其专业知识而具有的专家权威（expert authority）。拥有这些权威使得国际组织能够运用其地位来行使如下权力：(1)对世界加以分类，把问题、行为体和行动分成不同的范畴；(2)确定社会性世界中的意义；(3)表述、制定和传播新的规范和规则，确定行动和创造社会现实。

社会制度主义的研究开创了以国际组织为中心的研究视角，将国际组织视为一个具有自身组织利益、组织文化和组织行为的官僚组织，认为国际组织的行为取向并不完全来源于国家的要求，很大程度上源自其内在需求，丰富了研究国际组织自主性的视角。另外，社会制度主义对国际组织自主性的来源也提出了新的解释，认为这种自主性来源于国际组织所具有的理性—合法性、授予性、道义性和专家权威。但就本文提出的问题而言，社会制度主义也存在问题，其因果解释机制并不完善。社会制度主义认为国际组织的自主性来源于其获得的权威，在国际组织增长权威的过程中相应地就能获得更大的自主性。但是，它并未解释国际组织是如何获得这些权威的，以及为什么有的国际组织可以拥有更大的权威，而另一些国际组织则不然。换句话说，社会制度主义同样只关注了国际组织因其权威而获得自主性这个结果，但没有关注国际组

① [美]迈克尔·巴尼特、玛莎·芬尼莫尔：《为世界定规则：全球政治中的国际组织》，薄燕译，上海：上海人民出版社 2009 年版。

② 同上书，第 6 页。

③ 由此可见，社会制度主义吸收了“委托—代理理论”的观点，认为国家授权是组织权威及自主性增长的来源。

织如何获得权威及由此获得自主性增长的过程。

本文希望在上述研究的基础上，引入官僚领导这一变量，以之为中心构建一套新的关于国际组织追求自主性过程的解释机制。本文并不参与有关国际组织自主性究竟是来源于国家还是国际组织内部的争论，而是同时接受两者的看法，认为国际组织的自主性既可以是国家授权的产物，也可以通过国际组织自身增长权威的方式获取，两者同时作为干预变量存在。本文的关注重点在于国际组织获取自主性的过程，即国际组织如何通过自身的努力来获取国家的授权以及自身权威的增长？哪些变量在这一过程中起到了重要的作用？为何有的国际组织获得了更大的自主性，而有的则不然？在不同时期，同一个国际组织的自主性为何会发生变化？本文认为，官僚领导是决定国际组织获得国家授权大小和自身权威增长的核心变量，也就是说，官僚领导的质量是国际组织获得自主性增长的根本原因，不同国际组织因为有了不同的官僚领导而获得了不同的自主性；同一个国际组织因为不同的官僚领导，其自主性也会相应发生变化。下文将以官僚领导为核心进行理论建构，并选取加利领导下的联合国和高级专员领导下的难民高专办和难民署作为案例来验证这一理论框架。最后，本文将在此基础上提出对国际组织追求自主性的建议。

三、官僚领导与国际组织的自主性：概念、假设与逻辑

有关国际组织官僚领导（executive head）[①]的研究可追溯到20世纪40年代，费伦（E. J. Phelan）对于国际劳工组织第一任总干事艾伯特·托马斯（Albert Thomas）与国际联盟第一任秘书长埃里克·德拉蒙德爵士（Sir Eric Drummond）两人及其领导下的国际组织进行了比较。两位

---

① 国际组织的官僚领导（executive head）有多种称谓，在一些组织中是“秘书长”（Secretary-General），在另一些组织中是“总干事”（Director-General），还有高级专员（High Commissioner）、总裁（President）、主席（Chairman）等称谓。本文统一采用“官僚领导”的称谓，之所以使用这个略显拗口的中文翻译，一是为了显示国际组织是一个官僚组织，二是为了突出其领导的作用。

总干事/秘书长有着极为不同的个性和行事风格,对于如何推进工作也有不同想法,而他们领导下的国际组织也有着不同的命运。[①] 另外,在考克斯和雅各布森关于国际组织内部决策的分析中,官僚领导也被认为是影响国际组织内部决策的重要因素之一,在一些特定的决策中起到了至关重要的作用。[②] 在另外一个研究中,考克斯将这种案例间的比较理论化,认为组织领导力的质量可能是影响国际组织权威增长和活动范围扩大最重要的变量。同时,他还强调官僚领导在将国际组织从一个多边外交场所转化为一个国际社会的自主行为体方面发挥着重要的作用,认为官僚领导可能是导致体系朝着更加整合的方向变革的关键因素。[③] 这应该是最早的将官僚领导与国际组织的自主行为联系起来的研究之一。更近的研究从更具体的角度阐述了官僚领导在国际组织中的作用,认为官僚领导在议程设定、扩展授权以及促使组织更有效率地运转等方面发挥了重要的作用。另外,官僚组织还可以克服政治—法律上、物质资源上以及官僚组织内部的僵化等障碍,带领国际组织走向成功。[④] 总之,学界已经注意到了官僚领导在国际组织发展中起到的作用。我们需要对有关官僚领导及其在国际组织获得自主性的过程中所起的作用进行更全面和更深入的分析,并在此基础上完成相应的理论建构。

本文希望构建一个以官僚领导为核心的理论框架,以考察国际组织追求自主性过程的内在逻辑。

1. 本文的自变量及其衡量:国际组织的官僚领导及其质量

本文认为,官僚领导是决定国际组织自主性变化的关键变量,官僚

---

① E. J. Phelan, *Yes and Albert Thomas*, London: Cresset Press, 1936.

② Robert W. Cox, Harold K. Jacobson, et al., *The Anatomy of Influence: Decision Making in International Organization*, New Haven: Yale University Press, 1973.

③ Robert W. Cox, "The Executive Head: An Essay on Leadership in International Organization," *International Organization*, Vol. 23, No. 2, Spring, 1969, pp. 205-230.

④ Nina Hall, Ngaire Woods, "Theorizing the Role of Executive Heads in International Organizations," *European Journal of International Relations*, Vol. 24, No. 4, Nov. 2017, pp. 865-886.

领导的质量决定了国际组织能否获得自主性的增长。由于国际组织的自主性从根本上来源于国家的授权以及国际组织自身的权威，官僚领导的质量高低便体现在其能否满足国家的要求而扩大国家对它的授权，能否增长自身“理性—合法性”的、国家授予性的、道义上的以及专业上的权威。

由上文可知，扩大国家的授权需要国际组织展现出满足国家尤其是大国要求的能力（或潜力），从而获得大国的认可；国际组织如果要增长自身的权威，除了与生俱来的理性—合法性之外，还应当坚持道义上的中立性，展现出相关事务处理的专业性，这在某种程度上与一味满足国家尤其是大国的要求是相矛盾的。如果只是满足了国家的利益，而忽视了国际组织应坚守的价值，虽然获得了国家的授权，但国际组织在国际事务上的形象并不会被国际社会认可，其行为也会受到国际舆论的束缚，从而难以发挥自主性；如果只是顽固地坚守国际组织的利益和价值，没有很好地满足国家的要求，国家或者会加大对国际组织的控制使其丧失自主性，或者会对国际组织进行惩罚，甚至结束其存在。因此，国际组织的官僚领导必须处理好两者之间的关系，而衡量官僚领导的质量，要看官僚领导能否在满足国家的要求和坚守国际组织自身的利益和价值之间保持动态的平衡。

2. 本文的逻辑框架

本文认为，国际组织追求自主性的过程本质上体现了一个以国际组织的官僚领导为核心自变量、以国家的要求和国际组织内部的利益为干预变量、以国际组织最终获得的自主性为因变量的逻辑链条。官僚领导决定了国际组织追求自主性的方式，其方式选择体现在如何平衡国家的要求和国际组织的自身利益上。当官僚领导实现了国家的要求和国际组织自身利益的平衡，国际组织这种自主性的选择就能成功。当官僚领导无法保持国家的要求和国际组织自身利益之间的平衡，执意按自己的意愿以激进的方式追求国际组织的自主性，这种努力很有可能会失败。

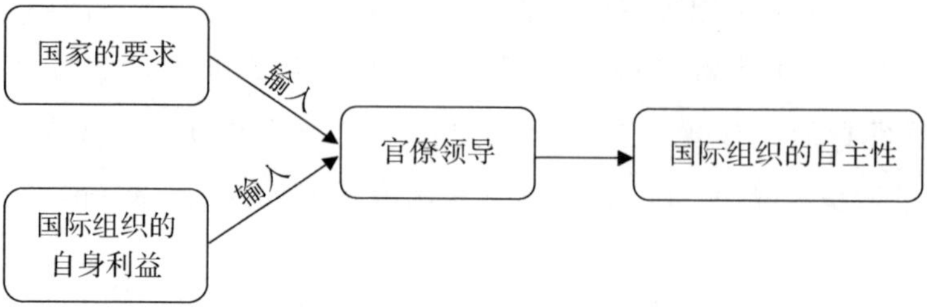

图 1　官僚领导和国际组织自主性的逻辑

3. 本文的假设

基于以上分析，本文提出了以下两个假设。

第一，国家的授权或国际组织自身的权威都可以是国际组织自主性的来源，但如何获得国家的授权或增长国际组织自身的权威是在官僚领导下进行的，官僚领导决定了国际组织以何种方式获得自主性。

国家并不会主动授权国际组织使其增长自主性，国际组织的权威也不会自动地增长，因此，国际组织的自主性有赖于官僚领导主动争取。具体来说，即使国家在制定国际组织相关规章时已经限定了国际组织的职权范围或资金来源，国际组织的官僚领导仍然能够通过游说等手段说服成员国政府增大对其授权的范围，同时，他们也可以通过各种方式筹措资金，使国际组织拥有更多的独立资金来源。国际组织的权威也不是凭空就能增长，很大程度上归功于国际组织展现出的合法性、专业性和道义性，使得国际组织逐渐拥有合法权威、专家权威和道义权威，因此扩大自身的自主性。但由于满足国家的要求和坚守国际组织自身的价值有时存在矛盾，官僚领导决定国际组织选择哪条道路及是否会成功。

第二，国家的压力和国际组织自身的利益对官僚领导的选择有影响作用，官僚领导追求自主性的选择需要在两者之间取得平衡。但这并不容易实现。如果官僚领导完成得好，国际组织追求自主性的努力就能取得成功，如果不能，则很有可能导致失败的后果。

国际组织的官僚领导与其他国内官僚组织中的领导相比面临着更大

的挑战。一方面,国家建立、设计、使用并资助国际组织,很大程度上希望它们能根据自己的要求行事;另一方面,作为一个官僚组织,国际组织自身的组织利益、组织机构和组织文化也会对其行为产生压力。官僚领导既要平衡国家之间的利益冲突,也要平衡组织中工作人员和官僚机构之间的竞争性利益。官僚领导除了在国家政府充当中间人之外,也领导着一个官僚集体,要保证自己的官僚利益,确保自身官僚系统的正常运转并实现既定的目标。例如,联合国秘书长(the Secretary General of the United Nations, UNSG)就是这样一个角色——他既是一个秘书(Secretary),服务于成员国的利益,又是一个将军(General),向官僚系统发号施令。① 同时承担两种角色的官僚领导需要恰当地处理两种利益,力求形成某种平衡,并在这种平衡的基础上谋求其自身利益和自主性,否则很可能走向失败。

在理论建构的基础上,下文将结合加利领导下的联合国和高级专员领导下的联合国难民高专办和难民署等相关案例来检验这些假设。

四、转圜困难的秘书长加利及其领导下的联合国

1991 年 12 月 3 日,联合国大会任命加利为联合国第六任秘书长,加利也因此成为联合国历史上第一位来自非洲的秘书长,国际社会普遍希望他能给联合国带来新的风气。然而,在之后的五年里,加利的工作并不令人满意:他在 1993 年索马里事件中做出了“全面介入索马里事务”的错误决策,使联合国蒙受了巨大的损失;在 1994 年卢旺达大屠杀中却无所作为,大大降低了联合国的声望;对于安哥拉内战的问题,他也没有能够统一联合国的意见积极进行调停。也许对加利最大的质疑在于他对于联合国角色的定位,以及联合国与大国尤其是与美国关系的处理上:他过于强调联合国的独立性,而与美国在许多重大问题上有所龃龉,使得联合国在很多场合失去了美国及其盟友的支持。就此,媒体评论道,加利已经成

① Simon Chesterman, Kofi A. Annan, *Secretary or General: The UN Secretary-General in World Politics*, New York: Cambridge University Press, 2007.

为“空洞的联合国”的象征。诚然,加利在任期间一直在追求联合国的“独立性”和“自主性”,但他似乎错误认识了国际组织自主性的来源,导致他的努力进入了一个死胡同:一方面,加利没有和成员国尤其是美国处理好关系,使国家扩大对于联合国的授权,而这是国际组织自主性的重要来源之一;另一方面,加利领导下的联合国又在诸多事件中劳而无功或无所作为,极大地削弱了联合国在国际社会的权威,这种权威在卢旺达事件中降至最低点。另外,面对联合国日益严峻的财政形势,加利也没有采取更巧妙的方式去获取资金支持,而是多次在演讲中公开地指责成员国尤其是美国拖欠会费,引起了美国极大的反感。在这种情况下,加利追求联合国“独立性”和“自主性”的努力只能归于失败。

(一)加利及其领导下的联合国:好的开始,坏的结局

1991 年 12 月 3 日,加利正式就任联合国第六任秘书长。甫一上任的加利一度面临着一个极好的局面:作为第一位来自非洲的秘书长,发展中国家对他领导下的联合国寄予厚望,而一些大国也给予他相当的支持。这一时期,国家对于联合国的授权是空前的,而这来自成员国对加利作为官僚领导的期许和认可。1992 年 1 月,加利上任后不到四个星期,联合国就召开了历史上第一次由国家元首或政府首脑作为代表参加的安理会会议。在这次峰会结束后发表的联合宣言中,各国一致认为要加强联合国的作用,使其预防性外交斡旋、调解和维和能力更加有效,并授权秘书长提出相关的举措建议来增强联合国的能力。同时,各国还声明要全力支持新任秘书长加利的工作,并希望能够根据《联合国宪章》,让联合国和秘书长发挥更大的作用。连加利自己都承认在这次安理会峰会上他被给予了“比他的任何一位前任更多的责任……实际上是把迄今为止属于安理会本身的权力委托给了秘书长”。[①] 除国家的空前授权之外,凭借着联合国在维护世界和平与安全、促进国际发展与合作方面持之以恒的努力

---

① 加利:《永不言败:加利回忆录》,第 27 页。

及其一贯的良好声望，联合国在国际社会一直都享有极大的权威。这种权威不但体现在《联合国宪章》赋予联合国的理性—合法性权威，也体现在联合国作为公正和专业的国际组织所具有的道义和专家权威。这些权威赋予联合国在国家指导下自主行动的能力，在国际社会事务处理中具有很大的决定权。

然而，加利在上任后，并没有很好地实现国际社会对其领导的期许。他对一些问题的处理过于强硬，使联合国丧失了回旋的余地；而对一些更为棘手的问题却无动于衷。如此行事的结果使得加利及其领导下的联合国转圜困难：一方面，加利没有处理好与国家，尤其是大国美国的关系，逐渐失去了国家的信任和授权；另一方面，加利对一些重大问题处理失当，逐渐削弱了联合国原本拥有的权威。这使得联合国陷入了困境。这集中体现在联合国对索马里危机和卢旺达事件的处理上。

1. 索马里危机与国家对联合国的授权

索马里危机起源于1990年12月，索马里总统西亚德·巴雷的政府倒台。1991年，索马里国内各个派系之间互相争斗，发动了战争。他们争夺食品、领土和资源，索马里完全沦为一个“失败国家”。1992年8月，随着国际社会的关注增加，安理会扩大了对联合国的授权，允许联合国在索马里部署维和部队提供人道主义援助。这本应成为联合国发挥作用的时刻，但联合国提供的人道主义援助物资却大多落在了军阀的手里。加利于11月24日和11月29日两次向安理会报告了这一情况，并敦促安理会对于索马里的情势“使用武力”，以便为索马里境内的人道主义救济行动建立安全的环境。12月3日，安理会出台第794号决议，最终决定对索马里进行军事干预，在索马里执行名为“重建希望行动”的维持和平行动。就此，联合国在索马里的行动从最初的监督停火升级为“采取所有必要的手段，以便创造一个可以毫无障碍地发放人道主义援助的安全环境”。① 联

① 《联合国安理会1992年第794号决议》，https://undocs.org/zh/S/RES/794(1992)，访问时间：2019年9月18日。

合国开始全面介入索马里的事务，并于 1993 年 3 月开始执行联合国索马里特别行动(UNOSOM，简称联索行动)二期行动。

这一系列行为引起了索马里最大的军阀艾迪德(Mohamed Farrah Aidid)的不满，他认为维和部队是其势力扩张的绊脚石，因此在 1993 年 6 月 5 日，艾迪德领导的索马里联合大会的军队袭击了联合国维和部队，导致 26 名来自巴基斯坦的维和士兵被杀，56 名士兵受伤。在加利的呼吁下，安理会通过了 837 号决议，授权联索行动二期部队司令"采取一切必要措施对付那些应为武装攻击负责的人……包括进行调查他们的行动，逮捕和拘留他们，以备进行起诉、审判和惩罚"。① 就此，联合国在索马里国内事务中越陷越深。联合国秘书长特使、美国退役海军上将乔纳森·豪为此悬赏了 2.5 万美元，并请求美国派遣别动队捉拿艾迪德。美国虽然有所犹豫，但仍支持了联合国的决议。② 1993 年 10 月 3 日晚，美国"三角洲"部队和"游骑兵"部队突然袭击摩加迪沙奥林匹克饭店，逮捕了 24 名索马里联合大会成员。在撤退过程中，美国部队遭到了索马里人的围攻，两架"黑鹰"直升机被击落，18 名美国士兵和 1 名马来西亚士兵被杀，90 名美国、马来西亚和巴基斯坦士兵受伤，1 名美国伞兵被俘。这成为越战以来美军所遭受的最为惨重的军事失败。经过漫长的谈判和妥协，索马里事件最终在 1995 年 3 月 2 日结束。随着最后一批联合国维和部队撤出摩加迪沙，历时 27 个月、耗资 20 多亿美元的维和行动以失败告终。联合国既未实现在索马里组建一个民主政府的目标，也未实现各部族的和解，却使 100 多名维和士兵和近万名索马里人丧生。

此次事件极大地加深了美国与联合国之间的隔阂，克林顿政府指责联合国指派美军去寻找杀害巴基斯坦维和人员的凶手，认为是联合国促

① 《联合国安理会 1992 年第 794 号决议》，https://undocs.org/zh/S/RES/794(1992)，访问时间：2019 年 9 月 18 日。

② 在加利的回忆录中也提到，时任美国国务卿克里斯托弗多次向他表达了放弃索马里行动的愿望，但加利认为这是一种退缩而拒绝，直到 10 月 3 日行动。参见加利：《永不言败：加利回忆录》，第 99—104 页。

使美军充当"警察的职能"才导致了此次行动的失败。10月16日,《纽约时报》头版刊登了题为《联合国光辉不再》的文章,称克林顿总统已不再把联合国视为全球未来的维和力量。在索马里问题上与联合国关系破裂,表明克林顿政府对加利极为不满,并使美国加入联合国维和行动复杂化。① 此次事件严重挫伤了美国对联合国主导下的多边行动的热情,美国更加谨慎地评估联合国的维和行动,并单方面削减了维和人数和维和经费比例。肯塔基州的议员米切尔·麦康奈尔(Mitchell McConnell)就此宣称"多边主义在摩加迪沙的小巷死去了"。1994年3月,克林顿签发了总统令,该文件的主题是"美国改革多边和平行动的政策",其核心内容要求减少美国对联合国维和行动承担的费用,并提高投票支持维和行动的门槛。联合国再难以获得美国无条件的支持。

2. 卢旺达大屠杀与联合国的权威

如果说索马里事件使得联合国逐渐丧失了来自国家尤其是美国对其行动的授权和支持,那么,卢旺达事件中联合国的无所作为则在很大程度上削弱了联合国在世界事务中的权威。

卢旺达是位于中非东部的一个小国,在历史上曾先后为德国和比利时殖民占领。在殖民地时期,人口约占18%的图西族始终统治着人口占80%的胡图族。在比利时人离开后,政权交还给胡图族。在之后二十多年里,胡图族主导的卢旺达政府一直对图西族实行种族歧视政策。1994年4月6日,载着卢旺达总统和布隆迪总统的飞机在卢旺达首都基加利附近被击落,两位胡图族总统同时罹难,有传闻说是胡图族激进分子因不满总统向图西族让步而策划了这件暗杀事件。但胡图族领导人宣称是图西族人制造了谋杀,并展开了旨在灭绝图西族人的大屠杀。屠杀从首都基加利开始扩散到全国每个角落,从4月6日到7月初的百余天,共有大约100万人被屠杀,其中大部分是图西族人,另外还有200万人流离失所。

---

① 加利:《永不言败:加利回忆录》,第106页。

然而在这次事件中,联合国表现十分迟钝。秘书长加利在一开始甚至只是把局势简单地总结为“胡图族人屠杀图西族人,图西族人屠杀胡图族人”。甚至在一些来自比利时的维和士兵被杀害后,联合国仍然保持沉默,非但没有增兵介入阻止这一种族灭绝的情势,反而逐渐削减了原先驻扎在卢旺达的联合国卢旺达援助团(简称联卢援助团)的士兵人数。在屠杀最为疯狂的4月21日,安理会甚至通过912号决议,将联卢援助团的人数削减至270人,并仅仅授权他们调解停火和提供人道主义援助。一个月之后,面对日益紧张的局势,安理会虽然最终通过了决议,决定将联卢援助团的兵力增至5500人,然而这一部署却迟迟没有到位。甚至直到1994年8月,当图西族控制的卢旺达爱国阵线已经控制了卢旺达大部分国土,战争即将结束之时,在卢旺达的联合国部队还只有不到500人。在此期间,虽然安理会同时授权法国开展“绿松石行动”,在卢旺达西南部建立了一块占卢旺达国土五分之一的“人道主义保护区”,禁止任何武装力量进入,但实际上并没有起到很大的作用,一些媒体还质疑法国此举实际上是为了对它所支持的胡图族势力提供保护。①

在卢旺达大屠杀事件中的无动于衷使得联合国的国际声望降到了最低点,此事也被一些媒体认为是联合国史上最大的污点之一。学者们也积极反思联合国在此次问题上的责任和错误。阿德尔曼(Howard Adelman)指出,此次事件彰显出联合国在议事层面(包括信息的获取和处理,审议和决策)和执行层面(安理会成员国之间,联合国和地区国际组织之间)的功能缺失:“无论成员国有着多大的责任,也无论联合国面临着多大的财政困难,秘书长身负多重的压力,联合国仍然有着很大的空间进行独立的信息收集、审议、决策并采取行动,然而联合国并没有这样做。”②托尼·厄斯金(Toni Erskine)直接指出,秘书长本人应对此次事件承担很大的责

---

① Gérard Prunier, *The Rwanda Crisis: History of a Genocide*, New York: Columbia University Press, 1997.

② Howard Adelman, “Blaming the United Nations,” *Journal of International Political Theory*, Vol. 4, Issue 1, April, 2008, pp. 9-33.

任，因为作为联合国系统内举足轻重的一员，加利理应比其他人有着更大的能力和责任去行动。①

（二）作为官僚领导的加利：应该做什么和不应该做什么

索马里危机、卢旺达事件、波黑冲突、阿以冲突……加利领导下的联合国面临着一个又一个的问题，人们满怀希望地授权联合国处理这些问题，但联合国交出的答卷却并不让人满意。与此同时，加利也没有很好地处理与成员国尤其是美国的关系，不仅在诸多问题上与美国代表争论，还在多个场合公开批评美国拖欠联合国会费，引起了美国极大的不满。加利在回忆录中多次提及他与时任美国国务卿克里斯托弗和时任美国驻联合国大使奥尔布赖特“不欢而散的会面”，在“一个又一个问题上爆发了激烈的争吵”②，并坚持自己的这些行为实际上是为了彰显联合国的独立性和自主性。1996年1月，加利在牛津大学发表演讲，强调联合国秘书长“独立于国家之外行事”的重要性，因为“对联合国的可信性来说，一位独立的秘书长是至关重要的”。③ 在这次演讲中，加利还强调联合国迫切需要寻找新的途径为联合国筹措资金，因为美国拒绝支付联合国会费。这次演讲激怒了美国白宫和美国国会，美国国会两党四十多位众议员联署了一封信批评加利。加利的这次演讲也最终促使美国做出不支持他连任的决定。④

事实证明，加利这些力求彰显“独立性”的努力非但没有给联合国带来“自主性”的增长，反而最终使自己成为联合国历史上第一位没有连任的秘书长。为什么加利希望获得联合国“自主性”的努力最终走向了失败，甚至还使自己黯然谢幕？本文认为，作为官僚领导的加利并没有很好地达成国家的要求和国际组织利益之间的平衡，并采取了错误的政策去

---

① Toni Erskine, "'Blood on the UN's Hands'? Assigning Duties and Apportioning Blame to an Intergovernmental Organization," *Global Society*, Vol. 18, No. 1, June, 2004, pp. 21-42.

② 加利：《永不言败：加利回忆录》，第118—121页。

③ 同上书，第1—5页。

④ 同上。

追求国际组织自身的自主性，而最终导致了失败。

一方面，加利没有处理好与成员国尤其是大国的关系。联合国的确不应成为大国的工具，应保持独立性，但这并不意味着联合国要反其道而行之，以公开表达不同意见的方式来彰显自身的独立性——毕竟，国家的授权是国际组织拥有自主性的重要来源。诚然，达成这样一种平衡绝非易事，但作为世界上最大的政府间国际组织的掌门人，加利应当明白他需要做的是更好地执行大国集体协商的意志，而不是以自己的意愿行事。因为国际组织要获得自主性，并不是简单表现在执行与国家意愿相反的政策——恰恰相反，它应当更好地执行国家授予的任务，以此使国家认可和信赖国际组织，而最终扩大对其授权。换句话说，国际组织的官僚领导应当认识到，国际组织自主性最重要的来源还是国家的授权。

另一方面，加利领导下的联合国也没有灵活地处理国际社会面临的难题，这在很大程度上削弱了联合国的权威。联合国之所以拥有权威，不仅是因为《联合国宪章》赋予其政治和法律上的理性—合法性权威，而且是来自其在处理世界事务中表现出来的公正性、道义性和专业性。这是联合国自主性的又一重要来源。也正因为如此，在索马里事件中，当联合国最初开始介入时，军阀艾迪德虽然没有隐瞒他反对部署联合国部队的意图，但仍然表态接受联合国的调解，于 1992 年 4 月达成了停火保证。[①] 可以看出，联合国是作为公正、道义和专业的象征而存在的，国际社会以及国家内部的一些组织虽然不情愿，但没人会公开反对联合国的决议。而当联合国越来越深入地介入索马里事务却没有建设性地改变索马里局势时，它不再受人尊敬，也因此导致了袭击联合国维和部队的事件。联合国也不再拥有处理国际事务的自主能力。

---

① 加利：《永不言败：加利回忆录》，第 57—58 页。

五、纵横捭阖的高级专员与联合国难民署的自主性

与联合国不同,联合国难民事务高级专员署(UNHCR,简称联合国难民署)在创立时并没有受到国家的普遍支持,面临着十分艰难的处境。在美国的强烈要求下,难民署仅被赋予了三年的期限和每年 30 万美元的行政预算,而且还被明确禁止在没有得到联合国大会事先同意的情况下筹集或花费资金。同时,难民署的权限和活动范围受到严格的限制,仅仅被授权处理"由于 1951 年 1 月 1 日以前欧洲发生的事情"、因各种理由畏惧而留在本国之外的那些人。同时,它还面临着其他同类型国际组织的竞争,这些国际组织因受到美国的支持而资金充裕,在难民事务上排挤难民署,甚至侵犯了难民署的权限。①

然而,这样一个并不受人待见的国际组织却在之后的几十年里极大地扩展了其自主性和权威,逐渐成为国际社会处理难民事务的领导者。回顾难民署的发展历程,可以发现,难民署的高级专员在难民署权威增长的过程中发挥了重要的作用:他们从各处筹集资金,缓解难民署紧张的财政问题;他们并不满足于充当国家利益被动的代理人,而是抓住每一次出场机会,在一次次难民危机中展现出专业性,从而说服国家扩大对其授权是符合国家利益的;同时,他们还竭力成为难民利益的代言人,并通过斡旋的方式,化解难民危机,赢得了国际社会对其工作的支持和认可。更重要的是,高级专员还通过实际行动传播了保护难民的规范,使国家认识到难民问题的重要性,从而改变了国家的政策选择。在高级专员的带领下,难民署实现了令人印象深刻的组织膨胀,并成功获得了在其领域范围内的自主性和决定权。

---

① 这些组织包括国际难民组织(IRO)、联合国近东巴勒斯坦难民工作小组(UNRWA)、联合国韩国重建小组(UNKRA)、欧洲移民跨国委员会(ICEM)等。参见 Gil Loescher, *Beyond Charity: International Cooperation and the Global Refugee Crisis*, Oxford: Oxford University Press, 1993, pp. 61-66.

（一）难民署的前身：难民高专办及其官僚领导

难民潮已经成为国际社会的基本特征之一。由于战争、政治变革等人为因素，或是地震、海啸、火山喷发等自然因素，当人们认为他们原先居住的地方已经不适合自己的生存，便逃离家园，涌入新的地方。在主权国家建立之前，人口的流动并不是一个很大的问题，甚至会被认为是一种“财富”——因为对统治者来说，在其治下的领土内拥有更多的人口是国家综合国力的重要体现。[①] 而在威斯特伐里亚体系建立之后，随着主权国家的建立和民族主义的兴起，国家希望通过创立文化和政治上同质的民族来巩固统治，因此民族国家逐渐开始管制人口的流动，并引入移民法、护照和其他入境的法律及行政障碍将外来人口拒于门外。[②] 至此，那些被迫逃离家园的人逐渐不能在其他国家自动获得公民资格和合法居住权，而难民也逐渐被国家视为一种负担。19 世纪末、20 世纪初，席卷世界的战争以及四大帝国（俄罗斯、奥匈帝国、奥斯曼土耳其和德意志帝国）的崩溃引起了大规模的人口外逃，欧洲面临着严重的人道主义危机。面对这一形势，第一次世界大战后成立的国际联盟（League of Nations）于 1921 年建立了第一个致力于难民事务的国际组织——难民事务高级专员办公室（HCR，简称难民高专办），也就是联合国难民署（UNHCR）的前身。著名的挪威探险家弗里德约夫·南森被任命为第一任高级专员，获得授权处理在欧洲的俄国难民问题。

如同后来建立的联合国难民署一样，难民高专办也受到了国家极大的限制。虽然难民遍布欧洲，但国联只允许它处理那些从俄国逃离的难民的相关事务。另外，国联仅提供了用于难民高专办行政运转的资金，其他用于难民的援助资金只能依靠国家或志愿机构的捐款。总之，在当时

---

① Michael Marrus, *The Unwanted: European Refugees in the Twentieth Century*, Oxford: Oxford University Press, 1985, Part I.

② Gil Loescher, *Beyond Charity: International Cooperation and the Global Refugee Crisis*, Oxford: Oxford University Press, 1993, pp. 32-36.

没有人认为难民援助的行动应该成为一种制度化的设计，更别说建立一个永久的国际机构了。①

尽管面对这样有限的授权，作为官僚领导的南森仍然卓有成效地扩展了难民高专办的权限和权威。首先，南森利用国家的信任，将难民高专办的活动范围扩展到了希腊、土耳其、保加利亚和亚美尼亚的难民事务中，最终扩大到了整个欧洲。其次，南森通过努力将难民保护机制制度化，确定了一系列难民基本权利。其中最重要的就是说服 51 个国家承认被称为“南森护照”的旅行文件，这保护了难民合法迁徙的权利。同时，南森还与国际劳工组织合作，建立难民专属的就业信息平台，促进难民在当地就业和获得生活来源。更重要的是，南森还积极在国家之间斡旋，促成了一系列的难民“互换”协议。例如，促使土耳其和希腊政府在 1923 年签署《洛桑条约》，让一百多万停留在希腊东正教地区的土耳其人返回土耳其，让在土耳其的三十多万希腊穆斯林返回希腊。

但南森的继任詹姆斯·麦克唐纳没有将工作做得如南森一般卓越。1930 年南森去世，麦克唐纳接替了他的工作。在这一时期，难民高专办主要的工作内容是处理因法西斯主义肆虐而逃离的犹太难民。麦克唐纳想当然地认为，处理犹太难民问题需要从源头抓起——促使纳粹终止对犹太人的敌视政策，而这可以通过国际社会的压力实现。就此，麦克唐纳在国际社会公开宣扬犹太人的困境，希望就此获得其他国家的关注并唤醒各国政府采取针对纳粹的行动。然而，以英法为代表的西方大国无动于衷，这与对纳粹的绥靖政策不无关系，但麦克唐纳空洞无力的呼吁很难说服其他国家采取行动去干预一个国联成员国的“内政”。麦克唐纳最终在争议声中辞职。显而易见，与加利相似的是，麦克唐纳及其领导下的难民高专办一方面没有满足国家的要求，另一方面也丧失了国际社会的信任，最终黯然离场。当国家不再有意愿保护难民时，任何努力都无能为力。在第

① Gil Loescher, *Beyond Charity: International Cooperation and the Global Refugee Crisis*, Oxford: Oxford University Press, 1993, p. 37.

二次世界大战爆发后,难民高专办的工作也停滞了。

（二）作为官僚领导的高级专员与联合国难民署

1. 难民署的建立及其“黯淡的开头”

二战期间,同盟国集团于 1943 年建立了联合国家善后救济总署(UNRRA)来处理因战争而流离失所的人民。在建立之初的一段时间内,UNRRA 获得了充足的资金支持并且帮助了超过 3 万名战争难民。但在二战结束后,东西方两大阵营对难民处理的方式产生了分歧,争论的焦点在于国际社会是否应该对那些拒绝被遣返的难民负责。西方国家认为,难民应该自由地决定是否返回母国,国际社会有责任为他们提供援助;而苏联东欧国家则认为,国际社会只能对那些回到母国的难民提供援助。虽然两者最后达成了妥协,同意对那些拒绝被遣返的人提供最多 6 个月的援助,但美国并不接受这一方案,最后在 1947 年选择停止向 UNRRA 提供资金,并创立了一个新的国际组织——国际难民组织(IRO)。美国操刀设计了国际难民组织的原则和基本功能,坚持不能在违反难民意愿的情况下遣返他们。这为后来难民“不推回原则”正式成为一项难民保护基本原则奠定了基础。另外,国际难民组织也第一次把难民的定义与“恐惧”联系起来。① 在短短几年时间内,国际难民组织卓有成效地帮助了超过 70 万名难民,但所使用的资金超过了 4 亿美元,其中 2.5 亿美元来自美国的资助。在这一背景下,美国逐渐意识到需要通过多边的方式来处理难民问题。在欧洲国家的倡议下,美国支持联合国着手建立一个新的国际难民组织——联合国难民事务高级专员署(UNHCR)。

在美国的倡议下,1950 年 12 月 14 日,第五届联合国大会通过第 428 号决议,决定成立联合国难民事务高级专员署,并通过了《关于难民地位的公约》(以下简称《公约》)草案。1951 年《公约》获得正式通过,成为联

---

① 参见 Gil Loescher, Alexander Betts, James H. S. Milner, *The United Nations High Commissioner for Refugees (UNHCR): The Politics and Practice of Refugee Protection into the Twenty-first Century*, Oxford: Taylor & Francis, 2008, p. 11.

合国难民署的基础性文件。《公约》规定了难民署的工作宗旨、工作职责、资金来源等基本的工作章程。遗憾的是，在美国的强烈要求下，难民署被严格限制了权限。

首先，根据《公约》规定，“难民”仅仅指的是“由于1951年1月1日以前欧洲发生的事情并因有正当理由畏惧由于种族、宗教、国籍、属于其一社会团体或具有某种政治见解的原因留在其本国之外，并且由于此项畏惧而不能或不愿受该国保护的人；或者不具有国籍并由于上述事情留在他以前经常居住国家以外而现在不能或者由于上述畏惧不愿返回该国的人”。[①] 依据这一定义，难民署只能在欧洲活动，只能负责处理那些1951年之前在欧洲沦为难民的人的相关事务。

其次，难民署高级专员由秘书长任命，向联合国大会和联合国经社理事会报告，并受到一个由经社理事会建立的、各国政府组成的咨询委员会(该委员会在1957年成为执委会)的指导和监督。这一委员会对国际难民事务拥有决定权，高级专员需要事无巨细地向委员会报告相关事务，这使得高级专员很大程度上只是承担了一个执行者或者“秘书官”的角色。

再次，《公约》也并未将难民署视为一个永久的机构，它只获得了三年临时性的行动许可，到1953年联合国大会将再次审议决定它能否继续存在。类似审议三年举行一次，换句话说，每过三年难民署就要面临一次决定“生死”的大考。这种制度延续至今，虽然现在这一审议改为五年一次，很大程度上成为一种程序性的流程。

最后，在美国的坚持下，难民署仅被授权为难民提供法律援助，即确认难民身份、发放旅游文件、协助他们获取对各种法律地位的确认等。《公约》规定，物质和后勤上的援助应该交由政府、私人基金会和国际红十字会之类的国际机构解决，而不属于难民署的职责范围。[②]

---

① 《关于难民地位的公约》，联合国官网，https://www.un.org/zh/documents/treaty/files/OHCHR-1951.shtml，访问时间：2019年9月20日。

② David Kennedy, "International Refugee Protection," *Human Rights Quarterly*, Vol. 8, No. 1, Feburary, 1986, pp. 1-69.

最严格的限制在于对难民署资金来源和使用的限制。《公约》规定，联合国只承担难民署组织运行所需的行政经费，而“其他所有难民署活动所需的经费只能通过志愿捐赠获得”。但是，《公约》又对难民署的筹款给予了非常严格的限制：难民署不能随意获得捐款，筹款行为需要得到国家的首肯才能推行。联大428号决议还规定，高级专员未经大会事先同意，不能擅自向各国政府呼吁捐款，也不能擅自做一般性的呼吁。就是在这种恶劣的条件下，美国还一度拒绝与该机构产生联系，甚至还慷慨地赞助了其他人道主义机构，包括美国自己的难民办公室，以及美国流亡者计划(US Escapee Program)，因为这些项目与美国的利益联系更为紧密。显而易见的是，国家尤其是大国并不希望难民署成为一个拥有自主性的国际人道主义机构，难民署在诸多方面都受到广泛的限制。英国学者吉尔·洛舍尔(Gil Loescher)就此评论道，“没有一个国际组织像难民署这样有着如此黯淡地看不到未来的开头”。①

2. 高级专员与难民署的自主性

出人意料的是，尽管面临着西方国家的反对，在高级专员的带领下难民署仍然逐渐增强了自主性，并逐渐成长为国际难民事务的权威，甚至在某种程度上框定(frame)了国际难民事务，影响了国家的利益认知和政策选择。显而易见的是，高级专员的官僚领导在这个过程中发挥了不可替代的作用。

第一任高级专员戈德哈特(Gerrit Jan van Heuven Goedhart)在1951年上任，面对的是一个财政紧张、授权有限且不受支持的人道主义组织。但是，戈德哈特很快扭转了这一局势。1952年，他从福特基金会获得了300万美元的资金支持，使得难民署能够为欧洲的难民提供援助，并在1953年西柏林难民危机中发挥了领导作用。这一系列成功向主要大国

---

① Gil Loescher, et al., *The United Nations High Commissioner for Refugees, the Politics and Practice of Refugee Protection into the Twenty-first Century*, Oxford: Taylor & Francis, 2008, p. 17.

证明了难民署的作用，提高了难民署的国际形象。国家逐渐意识到难民署在难民事务上的专业性，并开始给予难民署行动更多的支持。①

难民署在艰难条件下所取得的这些成就促使联合国改组了难民执行委员会，并授权难民署寻求难民问题的永久解决方案。联合国大会也在1955年第一次以零反对票的结果通过了难民署高级专员报告书，从而成功扩大了对难民署的授权。在1956年匈牙利事件后爆发的难民危机中，尽管受到美国的反对，联合国仍授权难民署在这一事件中发挥领导作用，因为联合国认为难民署过去的经历表明它完全胜任该角色，而这是难民署首度被赋予领导机构的任命。显然，国家扩大了对于难民署的授权，并逐渐认识到难民署在处理难民事务上的作用和价值，这在很大程度上归功于高级专员戈德哈特的官僚领导——他不但为难民署筹集了资金，使得难民署得以开展之后的难民援助活动；同时还领导难民署在一次次行动中表现出专业性，向国家证明扩大对难民署的授权是符合国家利益的。

戈德哈特领导下的难民署权限的扩张只是高级专员与难民署自主性扩张的一个缩影。在之后的几十年内，高级专员领导下的难民署不断扩大了权力和权威。在20世纪50年代处理亚洲难民问题上，联合国大会授权难民署高级专员使用“斡旋”这一工具来处理原不属于他职责的事宜。这种“斡旋”给予高级专员更大的权限，使其能够更加自如地处理国际社会的难民事务。高级专员也没有错过这个机会，利用“斡旋”这一工具更广更深地介入了国际社会的难民事务，而难民署在这些难民事务中的良好表现又进一步扩大了国家的授权以及自身的权威。

在戈德哈特之后，继任的几位高级专员，包括林德特（August R. Lindt，1956—1960年在任）、施奈德（Félix Schnyder，1960—1965年在任）、

---

① Gil Loescher, “The UNHCR and World Politics: State Interests vs. Institutional Autonomy,” *The International Migration Review*, Vol. 35, No. 1, Special Issue: UNHCR at 50: Past, Present and Future of Refugee Assistance Spring, 2001, pp. 33-56.

汗(Sadruddin Aga Khan,1965—1977 年在任)等,成功地延续了戈德哈特的领导风格,在处理阿尔及利亚难民危机、非洲难民危机时进一步扩展了国家对难民署的授权及难民署自身的权威。联合国大会也通过多个决议来扩大高级专员的权威,使得高级专员不用经过联合国大会的同意就可以呼吁国家关注新的难民群体和危机,同时也赋予高级专员可以不经过成员国的同意,自主安排解决难民危机的方案并加以协调的权力。联合国大会还建立了一个 50 万美元的应急基金,高级专员可以在其权限内自由支配这一基金。①

此时的联合国难民署已不再是刚成立时连“能否生存下去都是个问题”的难民署了。在高级专员的领导下,难民署拥有了更广泛的授权、更充足的资金和更大的权威。它不再只能处理 1951 年前因欧洲发生的事件而成为难民的人,可以处理世界上任何地方发生的难民危机;它不再财政短缺,拥有了更多的资金来源和更充分的资金支持;另外,它也不再只能对难民提供法律上的保护,可以为其提供物质上的援助,甚至帮助难民提供教育和工作机会。更重要的是,难民署甚至能够利用其日益增长的自主性和权威建构世界政治,并且直接塑造国家的行为和难民的生活机会——换句话说,难民署不再是国家“忠实的奴仆”,受到国家的节制,相反,它能够通过确定“难民”和“保护”等基本术语的概念和意义,决定如何理解和划分难民的形势,并建立应对这些难民问题的标准做法,来塑造国家思考难民问题的方式。难民署可以随时提醒国家在难民法下的义务,并为国家处理难民事务确定了规则。②

---

① 《联合国大会 1129 号决议》,1956 年,https://www.un.org/zh/documents/view_doc.asp?symbol=A/RES/1129(XI),2019-9-21;《联合国大会 1166 号决议》,1957 年,https://www.un.org/zh/documents/view_doc.asp?symbol=A/RES/1166(XII),2019-9-21;参见 Gil Loescher, *Beyond Charity: International Cooperation and the Global Refugee Crisis*, Oxford: Oxford University Press, 1993, pp. 73-74.

② [美]迈克尔·巴尼特、玛莎·芬尼莫尔:《为世界定规则:全球政治中的国际组织》,第 135 页。

(三)高级专员的成功之道

在高级专员的领导下,难民署令人瞩目地扩展了其自主性和权威,从一个在资金、权限、活动范围等受到诸多限制的国际组织,逐渐成长为一个强大的援助机构,在难民事务上拥有不可忽视的权威。有很多因素可以帮助解释难民署这一令人印象深刻的组织扩展。例如,对国际社会而言,难民问题的确是一个深刻的全球问题,单个国家没有精力也没有能力处理好复杂的难民问题,因此,国家迫切需要这样一个机构来处理难民事务。而难民署之所以能够在国际社会众多同质性难民援助机构中脱颖而出并被国家认可,很大程度上得益于高级专员的正确领导。

第一,在高级专员的努力下,难民署逐渐建立了坚实的财政基础。正如上文所述,高级专员戈德哈特从福特基金会获得赞助,使得难民署第一次获得了行动资金,为之后开展难民援助行动打下了基础。同时,几位高级专员还不断扩大难民署的资金来源,使得难民署不再依赖于特定的资金来源,从而避免了受制于人的困境。另外,高级专员还成功说服国家设立专项基金,由高级专员自由调配,提高了难民署在应对紧急情况时的自主应变能力。难民署实现"财务自由"是其自主性行动的第一步,而高级专员为此作出了巨大的贡献。

第二,高级专员并不只是被动等待国家的命令,而是力求抓住一切出场机会向国家证明,扩大对难民署在难民事务上的授权符合国家的利益。难民署原本只需要负责 1951 年之前因欧洲发生的事件而沦为难民的人,但高级专员随后领导难民署介入 1956 年匈牙利事件后的难民事务,这实际上超出了难民署的职权范围。但国家并未责怪难民署的这种"越权",反而通过联合国大会决议扩大了对难民署的授权,使得难民署可以处理 1951 年之后的难民危机。此后,高级专员成功地领导难民署参与处理了亚洲难民危机、阿尔及利亚难民危机,而国家也乐见难民署专业地处理这些棘手的难民事务,联合国大会也相继通过决议确认了其合法性,使得难民署能够更广泛地介入世界各地的难民危机。

第三，在高级专员的领导下，难民署逐渐增长了在难民事务上的权威。首先是处理难民事务上的专业性权威。高级专员专业地带领难民署处理每一次难民危机，并在难民保护、难民救助、难民遣返、难民融入等专业领域都保持了良好的记录。难民署处理难民事务的专业能力得到国际社会的认可，国家乐于将难民事务交由专业的难民署来处理。其次，难民署作为一个人道主义机构，坚持自己在难民事务上的中立性，很大程度上并不涉及政治并超越了政治，给人留下了公正的印象。[①] 最后，难民署作为难民利益的保护者和代言人，也获得了国际社会道义上的认可，增长了其道义权威。[②] 这是难民署自主性的又一重要来源。

六、结论

研究国际组织的学者认为，国际组织是有自主性的行为体，无论这种自主性是来自国家的授权或是国际组织的权威。但更进一步的问题是：为何有的国际组织拥有更大的自主性和权威，有的则不然？为什么国家会授权给一些国际组织，而限制另一些国际组织？为什么一些国际组织的权威不断增长，而另一些却在逐渐削弱？这些问题需要我们引入新的变量，进行更为深入的研究。本文引入了官僚领导这一新的变量，以其为核心构建了一个新的理论框架。本文认为，国际组织的官僚领导是影响国际组织自主性大小的关键变量。国际组织的官僚领导在国家的压力和国际组织内部利益双重因素的影响下，选择了追求自主性的不同道路。当国际组织的官僚领导正确认识了国家的压力和国际组织内部的利益，并成功在两者之间达成某种平衡，国际组织追求自主性的努力就能获得成功，国际组织的自主性就能够获得增长；相反，如果国际组织的官僚领

---

① Gil Loescher, *Beyond Charity: International Cooperation and the Global Refugee Crisis*, Oxford: Oxford University Press, 1993, p. 72.

② Gil Loescher, *The UNHCR and World Politics: A Perilous Path*, Oxford: Oxford University Press, 2001, p. 140.

导没有处理好两者的关系，其追求自主性的努力很可能会失败。或者更简单地说，国际组织的官僚领导质量如何，是否具有“领导力”，能否“审时度势”，带领国际组织走上追求自主性的正确道路，是国际组织能否获得自主性和权威增长的关键要素。

更进一步说，国际组织官僚领导的“领导力”实际上也是决定国际组织发展成败的关键因素。如何在风云变幻的国际形势中恰当处理好国家的要求与国际组织内部利益之间的关系，使得国际组织一方面完成国家交予的任务，使国家乐于扩大对于国际组织的授权，另一方面又能不断增长权威，甚至能够影响国家的决策，考验的就是国际组织的官僚领导。官僚领导如果能够纵横捭阖，恰当处理矛盾，带领国际组织在国际社会面临的重大问题中发挥应有的作用，利用组织的授予性权威、道义权威和专家权威影响世界政治，就是一个成功的官僚领导。官僚领导如果转圜困难，没有处理好与国家的关系，也没有承担起国际社会交予的责任，他无疑就是失败的。

本文将在理论和现实的基础上对结论进行具体化，对国际组织的官僚领导提出一些建议。前两条建议涉及国际组织的生存，是官僚领导带领国际组织必须做到的；后两条建议涉及如何扩大国际组织的自主性：

(1)至少在高政治领域服从国家的指示。

(2)领导国际组织完成好国家和国际社会授予的任务。

(3)抓住一切机会向国家证明，扩大对其授权符合国家利益。

(4)展现国际组织自身的公正性、道义性和专业性，从国际社会汲取权威。

总之，本文认为，国际组织的官僚领导掌握了国际组织发展的钥匙，国际组织的命运和发展前途取决于拥有怎样的官僚领导。诚然，国际组织通往自由的道路有很多条，但正是国际组织的官僚领导的选择决定了国际组织的命运。正如美国前国务卿亨利·基辛格(Henry Kissinger)所说：“当我们评价每一代人时，要看他们是否正确认识了人类社会最宏大和最重要的问题。而作为他们的领导者，政治家必须要在结果难料的情况下做出应对挑战的决策。”[①]

---

① Henry Kissinger, *World Order: Reflections on the Character of Nations and the Course of History*, New York: Penguin Press, 2014, p. 374.

区域贸易协定对世界贸易组织的挑战

徐海博*

一、引言

(一)争议中的区域贸易协定

只要不包括世界贸易组织(WTO)所有成员方,任何双方或多方的互惠贸易协议都被WTO视为区域贸易协定(Regional Trade Agreement, RTA)。根据《贸易政策术语词典》,区域贸易安排可以包括自由贸易协定、关税同盟或共同市场。[①] 在WTO规则中,RTA主要分为自由贸易协定、关税同盟、经济一体化协议、部分范围协定四种,分别与不同的WTO规则有关。其中,前两者由《关税与贸易总协定》(General Agreement on Tariffs and Trade,GATT)第24条规定;经济一体化协议由《服务贸易总协定》(General Agreement on Trade in Services,GATS)第5条规定;部分范围协定则由"授权条款"(Enabling Clause)规定,仅适用于发展中国家之间的贸易安排。

值得注意的是,在WTO的界定中,"区域"(Regional)仅仅与"多边"(Multilateral)相对。RTA不一定有较多的成员方,成员方之间也不需要

---

* 作者系北京大学国际关系学院2018级本科生。

① [澳]沃尔特·古德:《贸易政策术语词典》,张伟华等译,上海:上海人民出版社2013年版,第418—419页。

具有特定的地理联系，双边的、非相邻国家之间的互惠贸易协议也被视为 RTA。

关于 RTA 对多边贸易体系的影响，主要存在两种观点。一种观点认为 RTA 是多边贸易体系的“垫脚石”，因为 RTA 具有促进贸易自由化、促进贸易规则完善等积极影响；另一种观点认为 RTA 是多边贸易体系的“绊脚石”，因为它正在削弱多边贸易体系，甚至有取代多边贸易体系的可能。

从法律规则层面看，RTA 备受争议的根源是它违背了多边贸易体系中的普遍最惠国待遇原则。

普遍最惠国待遇（General Most-favored-nation Treatment）出现在 GATT 的第 1 条，可见其在多边贸易体系中至关重要。该条规定，一缔约方对原产自或运往其他国家的产品所给予的利益、优待、特权或豁免（优惠），应当立即无条件地给予原产自或运往所有其他缔约方境内的同类产品。① 普遍最惠国待遇原则保护了所有 WTO 成员方在多边贸易体系中享受公正待遇的权利，因此构成了多边贸易制度的基石。

然而，RTA 意味着区域内贸易壁垒的降低，而且这种优惠待遇仅向 RTA 的成员方开放，这必然造成对 WTO 成员方的区别对待。可见，RTA 必然与普遍最惠国待遇原则抵触。这也是认为 RTA 削弱多边贸易体系的理论根基。

虽然理论上普遍最惠国待遇原则是完善全球贸易体系的先决条件，但是，RTA 常常能起到支持多边贸易体系的作用。例如，20 世纪 90 年代初，欧盟的扩大伴随着多边贸易谈判的进行，这构成了区域层面和多边层面实质上的联结。② 由此看来，区域一体化和多边贸易体系的扩大可能相互促进。

理论上，RTA 对 WTO 有如下方面的积极影响。

---

① 韩立余：《世界贸易组织法》，北京：中国人民大学出版社 2014 年版，第 64 页。

② Renato Ruggiero, *The Global Challenge: Opportunities and Choices in the Multilateral Trading System*, https://www.wto.org/english/news_e/pres95_e/pr025_e.htm, 2019-9-15.

第一，RTA能对国际贸易规则起到完善作用。RTA填补了WTO规则的真空地带。WTO的决策方式为全体协商一致，而RTA的形成仅需要WTO部分成员一致。因此，达成RTA协议的难度较低，RTA也就更容易覆盖一些暂时无法达成多边共识的领域。当前，WTO规则主要覆盖货物贸易和服务贸易领域，而电子商务、投资、竞争政策等领域尚未被WTO规则全面覆盖，但很多RTA已经涉及相关内容。例如，2000年至2016年向WTO通报的RTA中，有23%涉及电子商务，54%涉及投资，59%涉及竞争政策。① 可见，RTA对WTO规则起到了补充作用。

不仅如此，RTA还能够为WTO制定新领域的规则提供先例作为参考。理论上，WTO及其成员方可以通过评估RTA落实后的效果来设计更好的规则。在这个意义上，区域经济一体化组织能够作为贸易规则的试验场。

而且，RTA还有利于凝聚共识、统一规则。RTA能够达成，本身就意味着该协定的成员通过谈判弥合了分歧，对规则达成了共识。这种共识对WTO规则在新领域的发展十分重要，因为WTO以全体协商一致作为决策方式，通过RTA凝聚共识，能够减少成员方之间的混乱争吵，可能起到提高WTO规则制定效率的作用。

第二，RTA能对贸易自由化起到引领和保障作用。在政策制定方面，签订RTA相当于以条约的形式保障贸易自由化进程，这对某些国家的政策选择十分关键。例如，NAFTA对墨西哥的改革进程可能有促进作用，安第斯协定对成员方的经济改革进程可能起到了促进作用。② 此外，影响较大的RTA（如欧盟等）能够向其他WTO成员方展现贸易自由化的好处，促进其采取贸易自由化措施。另一方面，"授权条款"对发展中国家间的RTA做出了较宽松的规定，这使得RTA有助于发展中国家实

① Rohini Acharya, ed., *Regional Trade Agreements and the Multilateral Trading System*, Cambridge: Cambridge University Press, 2016, p. 10.

② 刘俊：《区域贸易安排的法学进路：GATT/WTO框架下区域贸易一体化的法理学及其实证研究》，北京：中信出版社2004年版，第75—76页。

现贸易增长，并能促进发展中国家走上贸易自由化的改革之路。

值得注意的是，RTA 自身的扩大趋势可能促进原始缔约方以外更大范围的贸易自由化进程。依据政治经济学理论分析，RTA 原始缔约方以外的国家，将因 RTA 的签订受到 RTA 域内国家更强的贸易竞争，这可能导致这些国家更加倾向于加入 RTA，并做出贸易自由化承诺。RTA 自身的这种扩大趋势被称作“多米诺骨牌效应”。① 然而，对于上述分析，有必要做两点评论。其一，RTA 的“多米诺骨牌效应”建立在对域外国家强经济影响的基础上，而 RTA 成员方数量过少，贸易体量过小，都可能导致上述影响不显著。其二，除加入 RTA 之外，域外国家也可以通过谈判签订新的 RTA 应对前述冲击。尤其是在 RTA 具有封闭性特征时，这几乎是唯一的选择。如果订立新 RTA 成为域外国家的对策，则新 RTA 的关税减让一般意味着更大的贸易自由化程度，但新 RTA 在非关税领域的规定却可能导致规则冲突，甚至阻碍贸易自由化进程。上述分析表明，“多米诺骨牌效应”具有局限性，对于成员方数量少、封闭性强的 RTA 尤其如此。

基于 RTA 对多边贸易体系的正面影响，根据 WTO 规则，成员方可以在满足特定规则的情况下建立 RTA。下文将阐述关于 RTA 的 WTO 规则及其落实机制。

（二）关于 RTA 的 WTO 规则

WTO 对 RTA 的规范以 GATT 第 24 条、GATS 第 5 条以及“授权条款”为基础。其中，GATT 第 24 条覆盖了货物贸易领域的 RTA，GATS 第 5 条覆盖了服务贸易领域的 RTA，“授权条款”则规范了针对发展中国家的优惠安排。其中，GATT 第 24 条的历史最为悠久，地位最为重要。GATT 第 24 条主要对 RTA 提出了两方面的限制。

第一，RTA 必须覆盖所有贸易范围。根据 GATT 第 24 条第 8 款规定，缔约方间需要取消“实质上（substantially）所有的贸易”的“关税和其

---

① Richard Baldwin, “Multilaterilising Regionalism: Spaghetti Bowls as Building Blocs on the Path to Global Free Trade,” NBER Working Paper No. 12545, pp. 11-12.

他限制性贸易法规”。这条限制的目的在于:帮助 RTA 抵制利益集团的保护要求;提高 RTA 的严肃性和政治风险;杜绝借 RTA 之名搞歧视的做法。①

第二,不在 RTA 之内的 WTO 成员方不能因为 RTA 而受到更多的贸易限制。这是为了将 RTA 对第三方贸易的影响降到最低,尽可能减少贸易转移效应,杜绝假借 RTA 名义的贸易歧视。

GATS 第 5 条对服务贸易领域 RTA 的限制也主要围绕以上两个方面。根据该条规定,RTA 必须涵盖众多服务部门,并且对于该协定外的任何成员,不得提高相应服务部门或分部门内的服务贸易壁垒的总体水平。

根据“授权条款”第 1 条以及第 2 条 c 段的规定,发展中国家之间签订旨在降低关税和其他贸易壁垒的协定,可以不对其他成员方采取同等优惠措施。该条款并未提及 GATT 第 24 条的其他限制条件。可见,WTO 对于发展中国家之间的货物贸易协定限制较为宽松。

应当指出,根据 WTO 规则,只有发展中国家之间的 RTA 才能适用“授权条款”,发展中国家与发达国家之间的贸易协定不能适用该条款。此外,1979 年“授权条款”通过时,有关服务贸易的多边协定尚不存在,因此在 WTO 框架下,“授权条款”属于 GATT 1994 的一部分,仅覆盖货物贸易。而服务贸易领域的自由贸易协定必须满足 GATS 的规范。② 虽然 GATS 第 5 条中也规定了对发展中国家灵活对待,但该规定十分含糊,并未提及灵活处理的程度。“授权条款”也并未明确规定对发展中国家优惠待遇的程度。总之,WTO 在 RTA 领域对发展中国家的优惠安排有较强的限制条件,且优惠程度不明确。

为了实施关于 RTA 的 WTO 规则,WTO 在 1996 年设立了 RTA 委员会(Committee on Regional Trade Agreement, CRTA),并赋予其如下

① 刘光溪:《互补性竞争论:区域集团与多边贸易体制》,北京:经济日报出版社 1996 年版,第 21—22 页。

② Rohini Acharya, ed., *Regional Trade Agreements and the Multilateral Trading System*, Cambridge: Cambridge University Press, 2016, p. 3.

职能：审查 RTA 是否符合 WTO 条款；考察如何建立 RTA 执行的报告机制；考察促进和提升 RTA 审查的机制；考察 RTA 对多边贸易体系的系统性影响。①

由于 RTA 的数量不断增加，并且 RTA 对 WTO 成员方贸易政策的影响不断上升，WTO 在 2006 年建立了 RTA 的透明化机制（Transparency Mechanism），并据此改进了 CRTA。透明化机制规定了 RTA 的“早期宣布”（early announcement）以及“通报”（notification）两项制度：前者规定，参加 RTA 谈判的各方以及新签署 RTA 的各方应当将有关信息通知 WTO 秘书处；后者规定，RTA 被正式批准或决定执行之前，有关方需向 WTO 提交协定的完整文本等详细信息。CRTA 以及贸易与发展委员会（Committee on Trade and Development）是负责执行透明化机制的部门。具体而言，依照 GATT 第 24 条或 GATS 第 5 条向 WTO 通报的 RTA 由前者负责，依照“授权条款”向 WTO 通报的 RTA 由后者负责。根据透明化机制，对一个 RTA 的审查将通过单次正式会议进行。WTO 秘书处在会前至少 8 周提供关于 RTA 的事实性报告，WTO 成员方提出的问题以及 RTA 成员方的回应也在会前以书面形式分发给所有 WTO 成员方。②

二、当前 RTA 对 WTO 的挑战

（一）关于 RTA 的 WTO 规则面临措辞含糊、执行困难的挑战

GATT 第 24 条、GATS 第 5 条以及“授权条款”对于 RTA 的限制措施都有措辞含糊的问题。例如，前文述及，GATT 第 24 条规定 RTA 必须覆盖“实质上所有”贸易，但 WTO 成员方围绕对于“实质上所有”的解

---

① WT/L/127，“Committee on Regional Trade Agreements，” 6 February，1996，Article 1，https://www.wto.org/english/tratop_e/region_e/127.pdf，2019-9-15.

② WT/L/671，“Transparency Mechanism for Regional Trade Agreements，” 14 December，2006，Article 12，https://docs.wto.org/dol2fe/Pages/SS/directdoc.aspx? filename = q:/WT/L/671.pdf，2019-9-15.

读产生了巨大分歧。不同成员方的解读主要可分为两类:第一类通过覆盖贸易量的大多数界定“实质上所有”,第二类则通过覆盖贸易部门的大多数界定“实质上所有”。不论采取何种界定方式,都存在数量标准不明确的问题,甚至有些 WTO 成员方(如欧盟)提出考虑到不同区域贸易的特点,不设定统一的百分比。[①] 由此可见,GATT 第 24 条对 RTA 覆盖范围的含糊规定引来了 WTO 成员方的重大分歧。GATS 第 5 条 1(a)款则明确规定服务贸易领域的 RTA 需要覆盖“众多服务部门”[②],比 GATT 第 24 条的规定更加明确。但是,其中“部门”的定义也不明确,还存在取消某个部门的部分贸易壁垒是否算作覆盖该部门的问题。总之,关于 RTA 的 WTO 规则是含糊不清的。

WTO 对 RTA 的限制规定的措辞含糊往往导致执行困难。例如,取消“实质上所有”贸易壁垒在 GATT 时代很难达成,因为当时大部分 GATT 成员方都不愿意放弃对农产品的保护措施。如此理想化的规定与现实中的 RTA 产生了巨大的差距,然而,通常 RTA 成员方不会为此让步。较为经典的案例是 GATT 对于《欧洲自由贸易协定》(EFTA)的审查。农业部门被该协定完全排除。在对该协定的审议文件中,GATT 工作小组对此表达了失望,并且据此怀疑该协定是否能成为 GATT 第 24 条意义下的自由贸易协定。然而,EFTA 成员方认为,评价该 RTA 是否符合 GATT 第 24 条规定应该从整体着眼,而不是独立地考虑 RTA 的特定条款。并且,EFTA 成员方坚持认为它们之间有关农产品贸易的双边协定也应视为自由贸易协定安排的一部分。[③] 最终,GATT 工作小组决定在未来根据具体案例考察上述问题,实际上默许了

① 郑玲丽:《WTO 关于区域贸易协定的法律规范研究》,南京:南京大学出版社 2008 年版,第 206—207 页。

② 韩立余:《世界贸易组织法》,第 238 页。

③ Spec(60) 142, “Draft Report of the Working Party on the European Free-Trade Association,” 30 May, 1960, pp. 8-9. https://docs.wto.org/gattdocs/q/GG/SPEC/60-142.pdf, 2019-9-15.

EFTA 在争议下存在。①

上述案例表明,WTO 对 RTA 的限制规则过于简单和理想化,导致 RTA 很可能不完全符合 WTO 规则,但 RTA 成员方却可以利用规则的空泛为自己寻求辩护空间。当 RTA 事实上不符合 GATT 第 24 条规定时,结果却往往是 GATT/WTO 妥协,这种妥协常常表现为默许 RTA 存在。更为严重的是,一旦 GATT/WTO 对某项 RTA 做出妥协,以后的 RTA 就可以援引该案例为自己与 GATT 第 24 条不一致辩护。久而久之,对 GATT 第 24 条的背离就成为常态。WTO 前总干事雷纳托·鲁杰罗曾于 1995 年指出,在已被核查的 80 个自由贸易协定中,仅有 6 个符合 GATT 第 24 条的规定。② 然而,尚没有一个区域贸易协定被认定为不符合 GATT 第 24 条。这意味着,大部分正在生效的 RTA 实际处于既不合法又不非法的灰色地带。欧盟的区域贸易安排就是其中之一。WTO 一方面赞赏欧盟对贸易自由化的贡献,另一方面对其并未完全遵守 GATT 第 24 条的现实采取默许的态度,这充分体现了 WTO 在 RTA 面前软弱无力的尴尬地位。

另外,WTO 规则对 RTA 的覆盖程度也不理想。很多 RTA 在生效之后并未及时向 WTO 通报,长期游离于 WTO 监管之外。例如,墨西哥在 2019 年 7 月 23 日向 WTO 通报了 6 个 RTA,其中与厄瓜多尔、巴拉圭的双边贸易协定早在 1983 年和 1984 年就已生效。③ 在一份 CRTA 于 2019 年 9 月编写的文件中,列出了 79 个事实上已经生效但至今未向 WTO 通报的 RTA。④ 另据 2016 年的估计,有约 100 个当时生效的 RTA 并未

---

① Spec(60)142, "Draft Report of the Working Party on the European Free-Trade Association," 30 May, 1960, pp. 8-9. https://docs.wto.org/gattdocs/q/GG/SPEC/60-142.pdf, 2019-9-15.

② Renato Ruggiero, *The Global Challenge: Opportunities and Choices in the Multilateral Trading System*, https://www.wto.org/english/news_e/pres95_e/pr025_e.htm, 2019-9-15.

③ 数据来源为 WTO 官方网站有关 RTA 通报的数据:http://rtais.wto.org/UI/PublicAllRTAListAccession.aspx, 2019-9-15.

④ WT/REG/W/141, "List of RTAs which have Appeared in Factual Presentations and have not yet been Notified to the WTO," 2 September, 2019, https://docs.wto.org/dol2fe/Pages/FE_Search/DDFDocuments/256603/q/WT/REG/W141.pdf, 2019-9-15.

向 WTO 通报。[①] 对于这些 RTA 的成员方，WTO 规则并没有规定任何惩罚措施。

处于规则灰色地带或游离于规则之外的 RTA 对多边贸易体系构成了巨大的威胁。RTA 只有符合规则才能避免沦为贸易保护和贸易歧视的工具，因此，背离 WTO 规则的 RTA 很可能违背了 WTO 允许 RTA 存在的初衷，从而损害多边贸易体系的原则基础。

（二）RTA 的双边化、封闭性导致了国际贸易体系的碎片化[②]

当前，RTA 在很大程度上已呈现出小范围化甚至双边化的趋势。如图 1 所示，截至 2019 年 9 月，已生效的 320 个 RTA（含“加入”[③]）中，有 178 个是两个 WTO 成员方的双边协定，占比 55.6%。而且，还有大量 RTA 是由一个已经存在的 RTA 与另一个 WTO 成员方签订。此外，RTA 向 WTO 通报的时间与 RTA 成员方数量的关系如图 2 所示。经检验，二者呈显著负相关。[④] 这说明随着时间的推移，WTO 成员方越来越多地希望推进小范围的 RTA。

另一方面，已存在的 RTA 却较少吸纳新成员，这更不利于大范围的区域融合。目前，WTO 只收到了 18 个新成员加入 RTA 的通报，占其收到所有通报的 5.6%（这里只考虑仍有效的 RTA）。并且，这 18 个通报中，有 7 个是关于欧盟的扩大。事实上，真正曾扩大的 RTA 只有 10 个。更多 RTA 通过与其他 WTO 成员方订立新的 RTA 来促进自身的贸易发展与影响提升，而不是选择直接扩大其自身。可见，大部分 RTA 封闭性较强。这意味着，RTA 对非成员方的贸易很难起到潜在的促进作用，

---

① Rohini Acharya，ed.，*Regional Trade Agreements and the Multilateral Trading System*，Cambridge：Cambridge University Press，2016，p. 5.

② 本节所有 RTA 相关数据来源为 WTO 官方网站有关 RTA 通报的数据：http://rtais.wto.org/UI/PublicAllRTAListAccession.aspx，2019-9-15.

③ “加入”(accession)指一方加入已有的 RTA 的协定。

④ 相关性检验使用的数据包含“加入”。然而，对于货物贸易协定和服务贸易协定通报时间不同的情况，未予计入。一共有 298 个 RTA 的通报符合上述要求。使用 Spearman 检验分析这些 RTA 通报时间与成员数量的相关性，在 0.05 水平上呈显著负相关(Sig=0.012)。

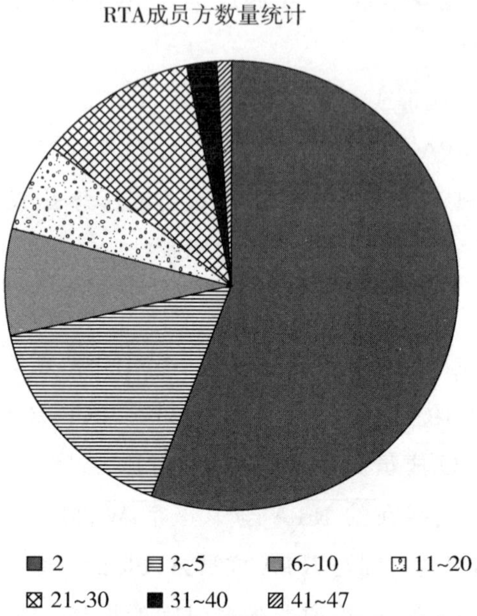

图 1　按照成员方数量对 RTA 的分类统计

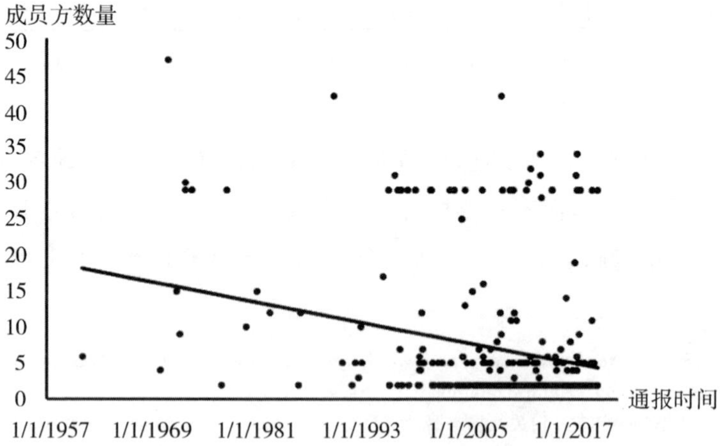

图 2　RTA 成员方数量与通报时间的关系

RTA 的规则协调功能也在地域范围上存在重大局限。因此,以 RTA 为中间步骤实现更大区域的贸易自由化并不现实。

总之,RTA 发展的趋势并不是原有 RTA 扩大,而是 RTA 在数量上不断增加。目前,世界上已经形成了复杂而庞大的贸易协定网络。

前文的政治经济学分析业已表明,成员方数量少、封闭性强的 RTA 难以发挥"多米诺骨牌效应"。因此,本节阐明的 RTA 的双边化和封闭性特征严重阻碍了 RTA 对贸易自由化进程的推动作用,在非关税议题上尤其如此。

此外,RTA 的双边化和封闭性还带来了严重的法律问题,这表现为国际贸易体系的碎片化趋势。

碎片化首先表现为管辖重叠。很多 RTA 都规定了争端解决机制,这往往与 WTO 的争端解决机制冲突。如果两个国家同时是多个 RTA 的成员方,那么 RTA 之间也可能出现管辖重叠的问题。一旦成员方出现分歧,应当在 RTA 的框架下解决还是在 WTO 框架下解决?区域内的成员方未必希望将争端提交给多边机制,但如果在 RTA 框架下解决,则多边贸易体系的权威性或将受损,国际贸易规则也可能面临从统一走向分裂的危险。

碎片化还表现为规则冲突。RTA 可以在一些 WTO 尚未覆盖的领域订立规则,但不同 RTA 之间可能在这些规则上相互冲突。对企业而言,这可能直接导致法律成本上升。而对 WTO 而言,RTA 之间的规则冲突会成为多边贸易体系覆盖更广领域的障碍。因为,如果 RTA 之间发生规则冲突,那么任何有关该领域 WTO 规则的设想,都必然与至少一个 RTA 的现有规则冲突。因此,前述设想就可能被某个 RTA 的成员方反对。又因为 WTO 的决策形式是全体协商一致,所以 WTO 规则难以向 RTA 之间已经出现规则冲突的领域延伸。然而,随着科技进步,新兴的贸易部门必然涌现并且占据越来越重要的地位。据 WTO 发布的 2018 年《世界贸易报告》,数字技术的发展导致了贸易组成的大幅变化。一方面,数字技术使得很多服务贸易可以在线上进行,从而促进了跨境服务贸易;另一方面,数字技术也使得一部分货物贸易可以被服务贸易代替,例如 CD 和报纸等货物已经受到线上音乐、资讯服务的巨大冲击。[①] 而规则的碎片化却导致 WTO 难以覆盖电子商务等新领域,也就使得 WTO 规则面临不断落后甚至过时的危险。

(三)RTA 削弱了各界对多边贸易体系的信心

WTO 成立以来,RTA 的数量日益增加。至今,所有 WTO 成员方都已加入一个或一个以上的 RTA。有学者认为,一些亚洲国家已经倾向于 RTA 而不是多边贸易体制,通过区域机制而非多边机制进行贸易谈判可能更加容易。[②] 可见,RTA 已经削弱了 WTO 成员方对多边贸易体系的信心,转移了 WTO 成员方对多边贸易体系的关注,影响了 WTO 成员方的贸易政策。

这种趋势对 WTO 的长期影响是致命的。如果一国相信 RTA 比 WTO 更容易帮助自己达成经济贸易增长的目标,其贸易政策的优先方向就会由多边转向区域。那么,一旦 RTA 与 WTO 规则不相符合,该国就很可能选择违反 WTO 规则而保护 RTA。这也将作为案例影响其他国家的贸易政策,并进一步削弱各界对于多边贸易体系的信心。可以看出,成员方转向 RTA 和对多边贸易体系缺乏信心构成了一个恶性循环。而且,多边贸易体系的基础是成员方之间的共识,但成员方之间凝聚共识的过程常常伴随着让步和妥协。如果成员方对多边贸易体系缺乏信心,它们就可能不愿做出妥协,多边贸易体系的共识基础就将受损。这一发展趋势带来的最终后果是,多边贸易体系将形同虚设。

---

① WTO, *World Trade Report 2018: The Future of World Trade — How Digital Technologies are Transforming Global Commerce*, p. 9, https://www.wto.org/english/res_e/publications_e/world_trade_report18_e.pdf, 2019-9-15.

② Rohini Acharya, ed., *Regional Trade Agreements and the Multilateral Trading System*, Cambridge: Cambridge University Press, 2016, p. 8.

三、RTA对多边贸易体系构成挑战的根本原因

(一)国家权力制约了WTO相关规则的效力

从历史角度看,多边贸易体系容许RTA与之并存,反映了国家意志对国际组织效能的制约。20世纪40年代多边贸易体系建立时,区域贸易安排已经有了逾两百年的历史,而且很多欧洲发达国家都参与其中。美国作为当时的超级大国之一,非常希望推进欧洲一体化进程。因此,当时多边贸易体系的主要参与方大多支持RTA继续存在。最终,这些成员方的意志以GATT第24条规定的形式被固定下来,从而为WTO的效能与影响受到RTA的不断挑战埋下伏笔。

在多边贸易体系及其规则建立后,主权国家依然时常在RTA领域无视甚至违反WTO规则。前文述及的RTA不通报或延迟几十年通报的情形即为典型代表。多边贸易体系的制度设计,对主权国家违反RTA领域的WTO规则几乎无能为力。

第一,多边贸易体系并没有能力对RTA领域的违规进行阻止。WTO是由成员方驱动的,按照WTO的制度设计,WTO秘书处在RTA的透明化机制中只负责提供事实性报告,真正的决策机构CRTA则由WTO成员方组成。CRTA在审查一个RTA时,一个成员方很可能考虑到与其他成员方的政治经济关系,未必完全依照WTO规则作出判断。而且,欧共体(欧盟)和EFTA虽在GATT第24条框架下有争议却仍被默许,这对此后WTO成员方对RTA的审议也构成制约。因为,挑战RTA作为一种反常情况,通常意味着较大的政治风险。以上分析表明,从成员组成看,CRTA本质上是外交导向而非规则导向的机构。因此,从权力分布看,RTA的透明化机制本质上也是外交导向而非规则导向的。这意味着国家权力制约了多边贸易体系阻止RTA领域违规的能力。

第二,多边贸易体系并没有能力对RTA领域的违规施加惩罚。

WTO是由成员驱动的。因此,世界贸易组织本身并没有权力就成员违反WTO规则施加惩罚措施。真正有能力施加惩罚措施的是WTO成员方。如果一个WTO成员方认为另一方参与RTA违规且对己方的贸易产生损害,可将此事实提交给争端解决机制。通过争端解决机制,WTO成员方可能被授权进行报复。然而,争端解决机制对RTA领域违规的制约效果并不理想。虽然20世纪50年代起就有RTA生效,但直到1998年才出现第一个直接涉及GATT第24条的争端解决案例。① 考虑到20世纪50年代至90年代生效的RTA大部分游走于"既不合法也不非法"的灰色地带,上述事实表明,很长一段时间内,对RTA违规的惩罚机制是缺位的。造成这种缺位的原因,一是大量"既不合法也不非法"的RTA作为案例存在,加大了通过法律程序挑战RTA的难度;二是在技术层面,针对其他成员方参与RTA损害己方利益的举证相当困难。可见,虽然争端解决机制具有一定的规则导向性质,但由于国家权力是决定争端解决机制启动与否的条件,争端解决机制并不能解决RTA领域违规的惩罚问题。

总之,在强势的国家主权面前,WTO对于RTA的限制规则实际上缺乏效力。

(二)国际政治博弈导致国际贸易体系的碎片化

贸易属于经济领域,却能带来政治领域的后果。因此,贸易势必受到国际政治的影响。国际政治作用于贸易政策,并间接影响国际贸易体系的结构。

对于国家而言,签订RTA可能带来经济实力的提升以及政治影响力的提升。因此,RTA可能被用作国际政治斗争的工具,国家间的竞争也就可能表现为RTA的分立。例如,欧洲经济一体化的历史上,先后出现了欧共体(欧盟)与EFTA两个重要的区域贸易协定。在当时的国际

① 郑玲丽:《WTO关于区域贸易协定的法律规范研究》,第234页。

政治背景下，法国为谋求自身地位，不希望英国在欧洲一体化进程中占有重要地位，英国于是在欧共体外主导了 EFTA。理论上，如果欧共体对英国的包容程度提升，这两个 RTA 并立的局面可能被打破，两个 RTA 的融合可能促进更大范围的规则协调。然而，在这两个协定的基础上，分别又产生了大量的区域贸易协定。在现在仍生效的 RTA（不含“加入”）中，有 40 个 RTA 的成员方包括欧共体（欧盟），26 个 RTA 的成员方包括 EFTA。以欧共体（欧盟）、EFTA 为成员方的 RTA 数量不断增长，导致欧共体（欧盟）与 EFTA 这两个 RTA 的关系不断复杂化，二者的分立也不断固化。可以看出，国际政治形势可能催生 RTA，而 RTA 增多的趋势会固化 RTA 的分立，最终导致国际贸易体系的碎片化。

另外，多边贸易体系的正和逻辑与传统国际政治博弈的零和逻辑并不完全兼容。如果一个国家的贸易政策以追求经济利益为目标，稳固的多边贸易体系有利于其实现目标。然而，如果一个国家的贸易政策以追求政治权力为目标，那么多边贸易体系未必是最优选择。因为，多边贸易体系的影响是普惠性的，一个国家很难确保自身通过多边贸易体系比其他国家获益更多。然而，如果一个国家通过双边安排与他国达成贸易协定，在谈判过程中，该国更有可能有能力将实力转化为地位，从而确保己方获益大于对方。因此，两国贸易中强势的一方有可能希望达成双边的 RTA。这导致了双边 RTA 的剧烈增长，造成了国际贸易体系的碎片化。

（三）RTA 和 WTO 的特征是成员方在行动和心理上倾向前者的重要原因

除国家权力与国际政治博弈因素外，RTA 和 WTO 的不同特征可能导致成员方倾向于 RTA 而不是 WTO。

首先，成员结构的差别决定了 RTA 成员方比 WTO 成员方更容易达成一致。WTO 成员方众多，各方经济贸易等方面的条件差异很大，因此共同利益有限，立场往往存在差异。RTA 成员方之间往往经济联系更为紧密，因而共同利益更大。这导致 RTA 谈判达成共识的难度通常低于多边贸易谈判达成共识的难度，从而促进成员方更加倾向 RTA。

其次，对于多边贸易体系的过高甚至不合理的期望也使得成员方将 WTO 放在贸易政策的次要位置。多哈回合谈判陷入僵局，未达到一些成员方的期望，可能导致这些成员方的贸易政策更加倾向 RTA。此外，美国的一些贸易官员对 WTO 有着不合理的期望，导致其贸易政策倾向于 RTA 甚至单边措施。笔者认为，特朗普执政时期，美国贸易部门对 WTO 的期望是成为美国贸易政策目标的工具。这集中反映在美国前贸易代表莱特希泽（Robert Lighthizer）在 2020 年 7 月发表的一篇文章中。[①] 莱特希泽的文章表明，在美国贸易政策的制定环节，RTA 已经先行于 WTO；在美国贸易政策的实施环节，美国放弃 WTO 平台在贸易政策中的优先性，转而采用 WTO 规则以外的做法。并且，美国通过单边做法瘫痪 WTO 上诉机构，试图将 WTO 的目标解释为保障美国提出的“平衡的、工人导向的贸易政策”，并迫使其他成员方接受这种解释。美国贸易部门试图通过多边贸易体系外的措施，主导 WTO 规则与目标的解释权，从而实现美国贸易部门对 WTO 的期望。美国一些贸易官员对 WTO 不合理的期望，导致特朗普政府时期美国将 WTO 放在贸易政策次要位置。

最后，RTA 比 WTO 更容易受到关注，这也导致成员方可能在贸易政策领域倾向 RTA 而不是 WTO。

笔者在 Lexis 数据库检索了 2000 年至 2020 年有关区域贸易协定和世界贸易组织的新闻内容。包括三类关键词的检索：一是涉及 WTO、多边贸易概念的关键词；二是涉及区域贸易协定、自由贸易协定、自由贸易区概念的关键词；三是涉及具体区域贸易协定（如 NAFTA、TPP/CPTPP、MERCOSUR）的关键词。[②] 检索结果如表 1 所示。结果表明，

---

① Robert Lighthizer, “How to Make Trade Work for Workers: Charting a Path Between Protectionism and Globalism,” *Foreign Affairs*, 2020, Vol. 99, No. 4, pp. 78-92.

② NAFTA 指北美自由贸易协定，TPP 指跨太平洋伙伴关系协定，CPTPP 指全面与进步跨太平洋伙伴关系协定，MERCOSUR 指南方共同市场。

包含WTO和多边贸易关键词的新闻条目数量仅略高于包含区域贸易协定、自由贸易协定、自由贸易区关键词的新闻条目数量,前者为后者的1.27倍。然而,如果同时考虑具体的自由贸易协定(如NAFTA、TPP/CPTPP、MERCOSUR),则与区域贸易协定有关的条目数量多于与WTO有关的条目数量,前者为后者的1.58倍。并且,这些检索仅涉及少数具体的自由贸易协定,而不包括一些同时具有重要政治含义的贸易协定(如EC/EU、ASEAN等),也不包括一些协定的"升级"版本(如USMCA),因此低估了与区域贸易有关的新闻条目数。由此可知,新闻媒体对区域贸易协定的关注很可能高于对WTO的关注。

表1 Lexis数据库新闻检索结果[①]

	关键词所涉概念	新闻条目数
检索1	WTO、多边贸易	964968
检索2	区域贸易协定、自由贸易协定、自由贸易区	761613
检索3	具体的区域贸易协定(NAFTA)	544814
检索4	具体的区域贸易协定(TPP/CPTPP)	255059
检索5	具体的区域贸易协定(MERCOSUR)	237868
检索6	区域贸易协定、自由贸易协定、自由贸易区、具体的区域贸易协定(检索2—5所有关键词)	1527555

有学者指出:"如果RTA的好处比多边协定的好处更容易传达给选民,那么RTA可能比多边协定对于寻求连任更重要。在这种情形下,相比通过WTO促进多边自由化,政治家可能更倾向通过RTA促进区域自由化。"[②]这表明,在一些西方国家选举政治的背景下,媒体更加

① 选取2000年1月1日至2020年12月31日的结果。访问时间:2021年5月7日。

② Lorand Bartels, Federico Ortino, eds., *Regional Trade Agreements and the WTO Legal System*, Oxford: Oxford University Press, 2006, pp. 37-38.

关注区域贸易协定可能导致政策制定者为追求选举中的有利地位而更加倾向于 RTA。

笔者认为,RTA 比 WTO 受关注度高,主要有如下两方面原因。第一,多边贸易体系带来的贸易和经济增长是潜在的和长期的,但 RTA 带来的贸易和经济增长则可能在短期内有所体现。不同成员方之所以要签订 RTA,很可能是基于已有的贸易合作。因此,一旦 RTA 生效,贸易扩大就可能迅速发生。而多边贸易体系的建立并不意味着两个之前贸易联系薄弱的国家会迅速加强贸易联系。因此,在理论上,签订 RTA 可能比多边贸易体系的变化更快地影响国际贸易。因为多边贸易体系对经济的影响具有潜在性和长期性,以及多边贸易体系比 RTA 复杂得多,所以准确评价多边贸易体系作用的难度远大于准确评价 RTA 的作用。因此,政府更容易关注和分析 RTA 对有限的双边贸易的影响,而较难关注到多边贸易体系出现变化如何影响本国的贸易。第二,RTA 常常具有重要的政治外交含义。欧盟、东盟等区域合作机制,既包括区域经济一体化机制,也是政策协调平台,甚至可能是政治一体化的动力。因此,这些 RTA 具有更强的政治含义以及更高的受关注度。此外,如前文所述,RTA 的谈判与签订可能服务于选举政治,而这种政治含义又增强了 RTA 的受关注程度。这导致 RTA 政治含义增强和受媒体关注度提高的正向循环,最终的结果可能是 RTA 替代 WTO 成为成员方贸易政策的核心。

四、如何促使 RTA 对国际贸易发挥更加积极的作用

(一)明确规则含义,强化规则执行

有关 RTA 的 WTO 规则含义模糊、执行低效,这导致很多 RTA 游走在规则的灰色地带,甚至游离在规则之外。这些不符合规则的 RTA 削弱了多边贸易体系。而且,规则的不明晰强化了多边贸易体系的外部性特征,弱化了成员方维护多边贸易体系的积极性。因此,提高 WTO 规则的清晰度和效力是促进 RTA 发挥更加积极作用的必由之路。

然而，如前文所述，国际组织面对主权国家通常处于弱势，WTO本身并没有能力阻止RTA的违规行为。因此，要提高关于RTA的WTO规则的执行效力，必须让WTO成员方切实成为RTA的监督主体，从根本上扭转RTA领域规则形同虚设的现状。

为此，首先应当恢复WTO争端解决机制的有效性。争端解决机制经过几十年的发展历程，很大程度上减少了“外交谈判”的特点，而转向了规则导向。[①] WTO争端解决机制恢复正常运行，就有可能依照WTO规则公正地裁决有关RTA的争端。更进一步，笔者希望WTO的争端解决机制能够提升效率，授权成员更及时、更有效地采取合理维权措施。这样，成员方才可能通过多边机制真正有效应对RTA违规带来的不利影响。照此趋势发展下去，WTO成员方会将更多与RTA有关的贸易争端提交争端解决机制，从而使RTA不再游走于监督的边缘甚至游离于监督体系之外。

另一方面，由于WTO成员方掌握了对WTO规则的控制权，明晰规则的根本条件也是成员方的同意。如果WTO规则的执行机制被证明有效，成员方也可能希望规则更加明晰。其原因在于，成员方希望防止规则模糊带来执行阶段的不确定性，并且希望更充分地运用规则维护自身合法权益不受RTA的侵蚀。因此，有效的执行机制可能带来规则的清晰合理化。这些规则虽然在文字层面未必比现有规则更加严苛，但一定在实际层面比现有规则更加有效。由此可见，规则的明晰与执行的强化是良性循环过程，这是对抗RTA违反规则的趋势的根本途径。

（二）促进RTA多边化和开放化，增强规则协调

前文业已表明，RTA的双边化与封闭性是国际贸易体系碎片化的原因，这表现为国际贸易中的管辖重叠以及规则冲突。笔者认为，在当今RTA数量和影响增长的背景下，促进RTA的多边化和开放化，能够起到

① ［美］约翰·H.杰克逊：《国家主权与WTO：变化中的国际法基础》，赵龙跃、左海聪、盛建明译，北京：社会科学文献出版社2009年版，第166—167页。

增强规则协调的效果，有助于 RTA 发挥更加积极的作用。

第一，应当促进 RTA 的多边化。这首先要求对 RTA 做出更加明确的区分。进而，应当适当加强对双边 RTA 的限制，适当减少对成员方数量众多的 RTA 的限制。

当前的 WTO 规则对 RTA 不论成员数量而一视同仁。笔者认为，这是不恰当的。目前，双边协定在 RTA 中占了过大的比重，这促进了国际贸易体系的碎片化。为确保 RTA 服务于贸易自由化而非贸易保护和歧视，WTO 规则应当对双边贸易协定制定相对严格的审查标准。这既有助于避免双边贸易协定沦为贸易歧视的工具，也有助于避免 WTO 成员方通过双边谈判的形式迫使贸易伙伴做出偏离多边贸易体系基本原则的让步，从而减轻单边主义行为对多边贸易体系的损害。另一方面，考虑到成员方数量增加会加大达成共识的难度，WTO 规则可以对成员方数量较多的 RTA 明确做出适当灵活的规定，或对其施加相对宽松的限制。但这些相对灵活和宽松的规定应当集中于内部贸易自由化领域，而不应该成为 RTA 针对域外国家提高贸易壁垒的依据。WTO 规则的上述调整，能够促进 RTA 覆盖更大的范围，有助于 RTA 在 WTO 规则的框架内真正促进较大范围的贸易自由化与共识凝聚。

第二，应当弱化 RTA 的封闭性特征，进而通过适当的规定，促进 RTA 的融合，防止 RTA 成为相互对抗的集团。

如果封闭化的 RTA 演变为相互对抗的集团，那么 RTA 规则制定的导向就有可能从 RTA 内部的贸易自由化变为针对域外国家的贸易保护。这可能导致多边贸易体系最终被撕裂。但是，如果 RTA 保持开放性，以吸引更多成员方加入进而影响全球贸易规则制定为目标，则 RTA 规则的保护主义属性就将受到限制。因此，应当弱化 RTA 的封闭性特征，并促进 RTA 的融合，从而避免 RTA 演变为对抗性集团。具体而言，WTO 规则中，可以明确规定具体优惠待遇促进 RTA 的融合，尤其是成员方众多的 RTA 之间的融合。这种优惠待遇可以包括在一定期限内不要求新协定覆盖所有贸易行业等。有了 WTO 规则的倾斜,更大程度的区域融合将更容易发生。在此基础上,有可能出现一些诸边协定(plurilateral agreement)的雏形,从而推动多边贸易体系规则扩展至更多领域。上述过程有利于多边贸易体系不断完善。

(三)认清主次关系,防止本末倒置

在 2015 年的《内罗毕部长宣言》中,部长们重申需要保证 RTA 仍然是多边贸易体系的补充而非替代品。① 认清多边贸易体系与 RTA 的主次关系,既有助于各国制定符合长远利益的贸易政策,也有助于多边贸易体系的健康发展。

一方面,应当正确认识多边贸易体系的作用。虽然 RTA 的作用也很重要,但是多边贸易体系的作用是基础性的。在看到 WTO 对 RTA 的限制的同时,我们还应看到 WTO 对 RTA 的支撑。事实上,如果没有 GATT 第 24 条、GATS 第 5 条以及"授权条款"的规定,RTA 成员方很有可能早就受到了多边贸易体系其他成员的报复。一旦非歧视原则的根基倒塌,世界上所有国家的贸易都将受损。另一方面,应当正确认识多边贸易体系的缺陷。必须承认,WTO 具有局限性。例如,WTO 成员方未必能对 WTO 规定的解释达成一致,WTO 也没有足够的能力保证所有 RTA 都符合 WTO 规则。但是,WTO 的缺陷并不能撼动其在多边贸易体系中的基础性地位。因此,在一般情形下, WTO 的既存缺陷以及有关 WTO 规则解释的争议应当在多边贸易体系的框架下解决,而不是只通过区域机制解决,更不应该通过以破坏 WTO 机制运行为目的的单方面做法解决。在正确认识多边贸易体系的作用及其局限性的基础上,成员方应当将多边机制作为实施贸易政策的主要途径,防止过于强调 RTA 而忽视 WTO 的"本末倒置"。

WTO 等国际组织必须加强对多边贸易体系的宣传力度,扭转 RTA

---

① WT/MIN(15)/DEC, "Nairobi Ministerial Declaration," 19 December, 2015, Part III, https://www.wto.org/english/thewto_e/minist_e/mc10_e/mindecision_e.htm, 2019-9-15.

和 WTO 受关注程度严重不均衡的局面。这样，才能让更多人认识到 WTO 的基础性作用。在此基础上，一方面，选举政治导致一些西方国家领导人更加倾向 RTA 的前提条件将不复存在；另一方面，在增加了解的同时，成员方也将不再对 WTO 抱有过高甚至不合理的期待，成员方也将因此更愿意在 WTO 平台上而非多边贸易体系之外解决问题。

五、展望与结论

（一）巨型 RTA 如何影响 WTO 的未来——以 RCEP 和 CPTPP 为例

近几年来，随着《区域全面经济伙伴关系协定》（RCEP）和《全面与进步跨太平洋伙伴关系协定》（CPTPP）等成员方众多的 RTA 被签署，国际社会日益关注这些“巨型”RTA 对多边贸易体系的影响。

笔者认为，RCEP 和 CPTPP 既可能以促进规则协调的方式推动 WTO 改革进程，也可能在一定程度上削弱甚至替代多边贸易体系。这两方面影响中何者占主导，主要取决于 RCEP 和 CPTPP 是否保持开放性。如果 RCEP 和 CPTPP 保持开放性，即对新成员的加入和与其他 RTA 的融合保持开放，则二者将有助于促进更大范围的规则协调，进而成为 WTO 改革的“垫脚石”。但如果 RCEP 和 CPTPP 呈现出封闭性的特征，就可能长期造成管辖冲突和规则冲突问题，逐渐削弱多边贸易体系。

依据滨中慎太郎（Shintaro Hamanaka）的分类，国际协定依据其开放程度可以分为四类。一是封闭型，其协定不包含“加入”条款；二是半封闭型，其中新成员加入要求已有成员全体一致同意；三是半开放型，其中新成员的加入要求已有成员的多数同意；四是开放型，任何同意条约规定的国家均可加入。①

---

① Shintaro Hamanaka, “Anatomy of South-South FTAs in Asia: Comparisons with Africa, Latin America, and the Pacific Islands,” *ADB Working Paper Series on Regional Economic Integration*, No. 102, Manila: ADB, 2012, p. 15.

RCEP和CPTPP的文本，均对日后可能有新成员加入的情况做出了规定。例如，《区域全面经济伙伴关系协定》第20章第9条规定：本协定应当自生效之日起18个月后，开放供任何国家或单独关税区加入，该加入应当经缔约方同意。这条规定同时包含注释："尽管有此规定，本协定自生效之日起，对作为原始谈判国的印度开放加入。"[①]《全面与进步跨太平洋伙伴关系协定》第30.4条规定，该协议开放供属APEC成员或缔约方可能同意的国家或关税区加入，新成员加入需要每一缔约方同意。[②]可见，按照滨中慎太郎的界定标准，RCEP和CPTPP都不属于封闭型的RTA，而是属于半封闭型的RTA。因此，未来RCEP和CPTPP是否能对多边贸易体系产生积极作用，取决于这两个协定缔约方是否对协定保持开放性的态度。如果缔约方同意更多成员方加入，则RCEP和CPTPP可以在更大程度上发挥凝聚共识与协调规则的作用，进而对多边贸易体系发挥积极作用。

（二）结论

东盟东亚经济研究中心（ERIA）的一份研究报告指出，如果多边贸易体系是坚固的并且受到成员方的支持，尤其是世界上主要经济力量的支持，特惠贸易协定的增长就不会威胁到WTO。[③] 对于RTA而言，它不威胁WTO的条件是类似的。在本文中，笔者将这种条件具体化为如下方面：首先，多边贸易体系的规则必须稳固，足以压倒RTA违反规则的趋势；其次，多边贸易体系的结构必须稳固，足以克服贸易体系的碎片化趋势；最后，多边贸易体系在成员方贸易政策中的地位必须稳固，足以抑制

---

① 《区域全面经济伙伴关系协定》，第20章，http://fta. mofcom. gov. cn/rcep/rceppdf/d20z_cn. pdf，2021-3-7.

② 《〈全面与进步跨太平洋伙伴关系协定〉（CPTPP）中英对照文本》，第30章，http://images. mofcom. gov. cn/gjs/202101/20210114111620561. pdf，访问时间：2021-3-7。

③ Yoshifumi Fukunaga, et al., eds., *The Road to Bali: ERIA Perspectives on the WTO Ministerial and Asian Integration*, 2012, p. 55, http://www. eria. org/RPR-FY2012-31. pdf, 2021-3-7.

RTA 喧宾夺主的趋势。

毋庸讳言，当前多边贸易体系正面临严峻考验，一些单边主义的做法正试图动摇多边贸易体系的根基。然而，对于所有成员方而言，WTO 规定的贸易待遇都是保护自身权利的最坚固防线和最重要底牌。只有多边贸易体系能够保证各方在面临低迷的经济形势时不陷入互相发动贸易战争的“自然状态”。基于此，各方都应当重视多边贸易体系的基础性作用，为了一个规则、结构、地位稳固的多边贸易体系相互调适、凝聚共识，从而实现更大范围的贸易增长和经济发展。

第二部分

国际组织的互动与比较

无论是出于促进行为体间的对话和全球协作,还是为了更有效应对贸易、投资、环境、卫生、水资源、恐怖主义等全球性公共议题,全球治理不仅必要,而且日益紧迫。作为全球治理和多边合作的主要平台,国际组织对于全球性问题的解决至关重要。国际组织存在的要义,即为了加强全球治理,以提升全球福利和健康水平,促进和平和可持续发展,消弭战争的威胁。尽管国际组织的政治属性决定了国际组织的主体性和能动性有限,但不同的国际组织在治理效能方面仍然存在差异。分析导致差异的原因存在不同的视角。一是从体系结构的视角,分析国际体系的结构变化及其对国际组织治理效能的影响;二是从权力的视角,关注成员国的合作意愿和资源投入,特别是主要大国的态度和偏好的影响;三是从组织制度的视角,分析国际组织的领导力、协调能力、决策机制、动员能力等;四是从观念、理念或文化的视角,分析国际组织观念、理念的差异或变化对它们参与全球治理的影响。

本部分的三篇论文着眼于不同国际组织的互动、效能和角色比较。余欣的论文从联合国贸易和发展会议(UNCTAD,简称贸发会议)与关贸总协定/世界贸易组织(GATT/WTO)互动的视角,梳理了贸发会议自成立以来四个阶段的角色转型及其背后的动因。作者整合运用了上述三种视角的分析,认为贸发会议的转型是由于经济全球化进程中南北力量的变化和南南关系的分化,美国为首的发达国家的干预,以及贸发会议历任秘书长领导风格和思路的转化。

胡侠义的论文比较了联合国教科文组织(UNESCO)和经济合作与发展组织(OECD)在开展国际难民教育的行动逻辑和教育成效方面的差异及其背后的原因。作者从教育理念的视角出发,分析了这两个政府间国际组织的难民教育理念差异及对其难民教育行动的影响。

钟若凌的论文以食品安全领域为例,比较分析了世界卫生组织

(WHO)与世界贸易组织(WTO)在公共卫生领域的具体行动和行动机制。作者认为,两者的组织结构、行动机制和行动模式都有着显著区别,但世界贸易组织在公共卫生领域有非常大的影响力,甚至挑战了世界卫生组织在全球卫生治理领域的领导地位。作者进而指出,世界卫生组织和世界贸易组织可以立足于确认在该领域的"核心功能",重新进行自我定位,在相同目标下展开广泛合作。

联合国贸易和发展会议的角色转型与动因分析
——以与GATT/WTO的互动为视角

余 欣*

一、问题的提出

联合国贸易和发展会议(United Nations Conference on Trade and Development, UNCTAD,以下简称贸发会议)于1964年12月30日建立,是联合国大会常设机构之一,总部坐落于瑞士日内瓦,如今有195个成员。

贸发会议是联合国系统内唯一综合处理发展、贸易、资金、技术、投资及可持续发展领域相关问题的政府间机构,其主要目标为:最大限度地增加发展中国家的贸易、投资和发展机会,帮助它们在平等基础上参与世界经济。① 贸发会议的职能可概括为三方面。第一是研究和政策分析,通过经济研究成果提出政策建议,为各国政府决策提供参考。第二是建立国际共识,为各国代表搭建自由对话、交流协商的论坛和多边平台。第三是技术合作,致力于将研究成果转化为实际应用,为发展中国家提供技术

---

* 作者系北京大学国际关系学院2018级硕士研究生。

① 李东燕:《联合国》,北京:社会科学文献出版社2018年版,第182页。

援助，帮助它们更好地融入世界经济。[①] 贸发会议也是我国最早加入的多边经济组织。1971 年我国恢复联合国合法席位之后，曾派代表团出席 1972 年在智利首都圣地亚哥召开的第三届贸发大会。作为一个权威的知识型机构，贸发会议曾被誉为“发展中国家的良心”和“南方知识库”。[②]

贸发会议成立前，以美国为首的发达国家根据 1944 年达成的《布雷顿森林协定》牵头建立了国际复兴开发银行（世界银行）和国际货币基金组织，还于 1947 年主导签订了多边国际协定——《关税与贸易总协定》（GATT），旨在共同恢复战后的国际经济秩序。然而，随着二战后广大发展中国家的独立和经济的发展，布雷顿森林体系及 GATT 偏袒发达国家的性质日益受到发展中国家的批评和指责。[③] 贸发会议就建立于发展中国家强烈要求改变战后不平等的国际政治经济秩序的背景之下。有学者将贸发会议与 GATT 的冲突和竞争描述为“穷人俱乐部”（poor man’s club）与“富人俱乐部”（rich man’s club）的对抗。[④]

如今，贸发会议与 WTO 的关系则呈现了更大的互补性。例如，两个组织在联合国机构间贸易和生产能力小组（United Nations Inter-Agency Cluster on Trade and Productive Capacity）中开展协调合作，共同帮助最不发达国家以更有益的方式参与全球经济和多边贸易体系，在签署合作备忘录的基础上不断深化合作，双方互派代表定期交流磋商等。[⑤]

以此为背景，本文以贸发会议与 GATT/WTO 的互动为视角，探究

---

① UNCTAD 官方介绍中将这三个职能概括为 Think，Debate 和 Deliver，参见 UNCTAD，“UNCTAD at a Glance，” https://unctad.org/en/PublicationsLibrary/osgciomisc2017_en.pdf?user=17，2019-8-20.

② 王雨本：《WTO 之外的国际经济组织》，北京：人民法院出版社 2002 年版，第 144 页。

③ 董国辉：《劳尔·普雷维什经济思想研究》，天津：南开大学出版社 2003 年版，第 155 页。

④ Kathryn C. Lavelle，“Participating in the Governance of Trade: The GATT，UNCTAD and WTO，” *Journal of Political Economy*，Vol. 33，No. 4，2005，pp. 28-42.

⑤ Craig Van Grasstek，*The History and Future of the World Trade Organization*，Geneva：World Trade Organization，2013，p. 160.

贸发会议的角色转型并分析这一现象背后的动因。

二、文献综述

(一)国内文献

国内学术界对贸发会议及其与GATT/WTO关系的研究成果相对有限。相关国内文献可分为如下两类。

第一类文献侧重于梳理贸发会议历史沿革。舒建中分析了贸发会议的建立背景和为争取建立国际经济新秩序开展的相关工作,如主持设计共同基金、倡导普遍优惠制、关注最不发达国家特殊需求、呼吁建立国际技术转让制度等。① 然而,文章在肯定贸发会议贡献的同时,忽略了其在发展过程中的挑战和转型,分析层次较为单薄。孙伊然较为全面地分析了贸发会议成立五十年来的成就和局限,认为它在研究分析、建立共识和技术合作方面取得了卓越成就,但也存在协议难以取得成效、缺乏实地派驻、预算有限等制约因素。此外,作者还从结构、制度、意识形态三个层面剖析了贸发会议局限的成因,认为贸发会议在组织本身、政治层面支持和资金保障方面都有重振和复兴的迹象。文章资料丰富、角度全面,多维分析视角对本文写作具有较强启发性,但题目较为宏观、关注点不够聚焦,没有结合时代背景的变化对贸发会议的角色转型进行阶段性的动态分析。②

第二类文献主要关注贸发会议与多边贸易体制的互动关系。何艳梅在阐述贸发会议宗旨、活动的基础上分析了贸发会议与WTO的区别与联系,认为贸发会议必须适应世界形势发展变化,在多边贸易体制中发挥

---

① 舒建中:《联合国贸发会议与国际经济新秩序》,《云南师范大学学报(哲学社会科学版)》2008年第1期,第48—52页。

② 孙伊然:《联合国贸发会议五十年:成就、局限与复兴》,《国际论坛》2015年第1期,第1—8页。

更大作用。[①] 然而，文中对贸发会议和多边贸易体制的阐述较为简略，忽视了贸发会议自身的转型和发展。朱晓勤从法律制度的角度深入研究了贸发会议与 GATT/WTO 的互动关系。[②] 文章以贸发会议的历史为线索，通过翔实的细节呈现了发展中国家和发达国家在贸发会议与 GATT/WTO 平台上的博弈和协调，清晰阐释了贸发会议在普惠制(General System of Preference，GSP)议题上的推动作用。然而，文章成文于 2003 年，缺少对后续十余年发展、变化的论述，同时也有待补充从国际组织转型视角的剖析。

（二）国外文献

国外关于贸发会议的学术研究成果较为丰富和全面，具体可分为如下三类。

第一类文献主要关注贸发会议的发展历程。约翰·托伊(John Toye)受贸发会议委托，于贸发会议成立五十周年之际撰写了《联合国贸易和发展会议五十周年简史》一书，全面概述了贸发会议的起源、1964 年至 2014 年间的发展和未来参与国际治理机制的趋势。[③] 该书素材丰富、资料权威，对本文写作有较强参考价值。马塞厄斯·芬格(Matthias Finger)等人以组织转型模型为基础分析了贸发会议转型的过程和原因，认为组织内部和外部环境同时发挥着重要作用。该文探讨的维度涉及贸发会议的结构、组织文化、领导力、员工等。其分析框架有很强的借鉴意义，但分析重点不够明确，且因成文较早，未分析贸发会议 2000 年后的发展和变化。[④] 马苏德·

---

① 何艳梅：《联合国贸发会议与多边贸易体制》，《上海政法学院学报》2006 年第 6 期，第 67—71 页。

② 朱晓勤：《UNCTAD 与 GATT/WTO 相关法律制度研究》，《国际经济法学刊》2003 年第 1 期，第 421—480 页。

③ John Toye, *UNCTAD at 50: A Short History*, Geneva: United Nations, 2014.

④ Matthias Finger, Bérangère Ruchat, "The Transformation of International Public Organizations: The Case of UNCTAD," *International Symposium on Power Electronics Electrical Drives Automation & Motion*, 2003, https://citeseerx.ist.psu.edu/viewdoc/download?doi=10.1.1.490.4244&rep=rep1&type=pdf, 2023-5-25.

卡什纳斯(Massoud Karshenas)分析了贸发会议"思想传统"(Intellectual Traditions)的形成、发展和价值等,阐述了自由主义思潮盛行、"华盛顿共识"形成等历史背景对贸发会议的影响。该文分析视角具有很强的启发性,但对贸发会议转型动因的分析层次相对较为单薄。[①]

第二类文献主要侧重贸发会议与发展中国家的互动关系。约翰·托伊以七十七国集团和贸发会议的关系变迁为切入点,展现了七十七国集团的成立、发展及其与贸发会议的合作、隔阂、分歧等。[②] 作者认为,时至今日,贸发会议部分功能已被 WTO 取代,贸发会议对七十七国集团重要性有所下降,发展中国家内部的差异和分化也在不断加大,两者关系面临全新变局。这一观点为本文分析贸发会议角色转型动因提供了思路。但文中指出,贸发会议规模缩小的原因主要源于 WTO 的发展,这一因果关系的链条还有待商榷和完善。罗伯特·沃尔特斯(Robert Walters)认为,最不发达国家将贸发会议视为表达立场、与发达国家协调利益、塑造政治权力、获取信息的平台,但贸发会议作用较为有限。[③] 该文不足之处是成文较早,意识形态色彩较浓厚,例如,认为贸发会议已被最不发达国家操控的说法缺乏证据支撑。凯瑟琳·拉维尔(Kathryn Lavelle)侧重反思非洲国家的观念和话语在贸发会议发展过程中的作用。同时,作者还阐述了非洲国家在七十七国集团中的贡献及两者的差异、分歧等。[④] 该文涉及理论较多,论证较复杂,在阐述非洲国家与七十七国集团关系、非洲国家与贸发会议关系时略显混乱。

---

① Massoud Karshenas, "Power, Ideology and Global Development: On the Origins, Evolution and Achievements of UNCTAD," *Development and Change*, 2016, Vol. 47, No. 4, pp. 664-685.

② John Toye, "Assessing the G77: 50 Years after UNCTAD and 40 Years after the NIEO," *Third World Quarterly*, 2014, Vol. 35, No. 10, pp. 1759-1774.

③ Robert Walters, "International Organizations and Political Communication: The Use of UNCTAD by Less Developed Countries," *International Organization*, Vol. 25, No. 4, 1971, pp. 818-835.

④ Kathryn C. Lavelle, "Ideas Within a Context of Power: The African Group in an Evolving UNCTAD," *Journal of Modern African Studies*, Vol. 39, No. 1, 2001, pp. 25-50.

第三类文献主要关注贸发会议与GATT/WTO的关系。沃尔登·贝罗(Walden Bello)指出,发达国家主导下建立的WTO已陷入公信力危机,贸发会议应进一步弥补WTO的缺陷,发挥引领的作用。[①] 然而,该文的分析缺少历史纵深,说服力和解释力不足。凯瑟琳·拉维尔通过贸发会议和WTO的历史互动展现了南北利益冲突和博弈,突出了两个国际组织关系的转型和变迁,认为公民社会崛起、跨国公司发展冲击着原有的贸易治理体系,挑战着国际组织的既有理论。[②] 该文对贸发会议与GATT/WTO关系的梳理较为清晰,展现了阶段性变化,但文章中心思想不够突出,缺乏完整的结构。

综合来看,国内关于贸发会议的研究成果较少,主要关注贸发会议的价值、局限、挑战及其与多边贸易体制的关系。国外有关贸发会议的文献理论视角更多样、论述视角更丰富,对贸发会议发展阶段及其与GATT/WTO的互动关系有更为深入的分析。但总体上看,国内外文献均缺乏以贸发会议与GATT/WTO的互动为切入点,专门分析贸发会议角色转型及动因的文章。

三、贸发会议的角色转型

(一)1964年至20世纪80年代前:GATT的"挑战者"与发展中国家利益的"捍卫者"

第二次世界大战后,以美国为首的西方发达国家开始着手恢复国际经济秩序,设想建立世界银行、国际货币基金组织和国际贸易组织(International Trade Organization,ITO)三大支柱,构成促进战后经济振兴的专门性机构体系,维护战后国际经济秩序平稳运行。[③] 1944年6月,

---

① Walden Bello, "UNCTAD: Time to Lead, Time to Challenge the WTO," *Focus on Trade*, No. 44, 2000, pp. 16-25.

② Kathryn C. Lavelle, "Participating in the Governance of Trade: The GATT, UNCTAD, and WTO," *Journal of Political Economy*, Vol. 33, No. 4, 2003, pp. 28-42.

③ 董国辉:《劳尔·普雷维什经济思想研究》,第153页。

国际货币金融会议达成《布雷顿森林协定》,决定成立国际复兴和开发银行与国际货币基金组织。为了建立与上述两个机构并列的国际贸易组织,联合国于1947年11月21日至1948年3月24日召开了联合国贸易与就业大会,会议最后通过了《国际贸易组织章程》(通称《哈瓦那宪章》)。《哈瓦那宪章》将落后地区经济发展问题提升到重要地位,体现和彰显了发展中国家的诉求。然而,美国国会对《哈瓦那宪章》的阻挠使建立国际贸易组织的设想落空。与此同时,以美国为首的23个国家于1947年开始了互免关税的谈判,10月签订了《关税与贸易总协定》(GATT)。GATT于1948年1月1日开始生效,旨在以"互惠"原则和"非歧视"原则为基础,通过削减关税和减少贸易壁垒促进国际贸易的发展。由此,GATT暂时取代《哈瓦那宪章》,成为国际贸易中唯一的国际多边协定。

从成员构成来看,参与GATT的23个国家中包括12个发达国家,发达国家占据支配地位,而发展中国家力量则相对弱小。从议题来看,GATT主要关注与发达国家利益相关的议题,如工业产品贸易自由化等问题。加之发达国家对发展中国家采取的贸易保护措施,例如对劳动密集型产品、农产品加征关税等行为,更是使发展中国家感到游戏规则的不公。因此,许多发展中国家将GATT称为"国际富人俱乐部"。①

随着初级产品出口停滞、贸易条件恶化、国际收支逆差扩大,发展中国家越来越关心经济和贸易的公平性②,开始指责GATT偏袒发达国家,积极呼吁召开国际性会议,研究和解决发展中国家的经济和贸易发展问题。1962年7月18日,发展中国家在埃及首都开罗举办了发展中国家经济发展问题国际会议,致力于讨论国际贸易、初级商品贸易以及南北经济关系等重大议题,呼吁召开联合国贸易和发展会议。时任联合国拉丁美洲经济委员会执行秘书、拉美著名经济学家劳尔·普雷维什(Raúl

---

① 李钢:《从"国际富人俱乐部"到"经贸联合国":关税与贸易总协定》,北京:人民出版社1993年版,第3页。

② 王雨本:《WTO之外的国际经济组织》,第139页。

Prebisch)作为联合国代表出席了会议,充分支持发展中国家的团结意愿。为响应发展中国家的呼声,联合国经济和社会理事会决定于1964年召开有关贸易和发展的国际会议,并成立由普雷维什领导的秘书处,负责文件起草和会议组织工作。

1964年3月23日至6月15日,为期近三个月的第一届贸发大会在日内瓦举办,吸引了来自120个国家的4000余名代表参会。[①] 作为首任秘书长,普雷维什发表了主题报告《迈向发展的新贸易政策》,初步提出了建立国际经济新秩序的构想,在大会上引发了强烈反响。在这次会议中,发达国家和发展中国家各执一词、难达共识。其中,发展中国家要求GATT必须在"肯尼迪回合"框架内针对发展中国家制成品出口问题开展单独谈判。然而,发达国家(B集团)不愿对发展中国家作出让步。会议结束时,77个发展中国家和地区发表了《七十七国联合宣言》,形成了参加贸发会议谈判的发展中国家集团——七十七国集团(Group of 77),与经济合作与发展组织(OECD)形成"对垒"之势。[②] 虽然成果有限,但贸发会议作为历史上第一个致力于推动发展中国家贸易和经济发展的国际机构,为发展中国家提供了和发达国家对话的讲坛,反映了发展中国家改变不合理国际经济秩序的愿望,同时也对GATT等发达国家主导的国际机制构成了压力。[③]

联合国第一届贸发大会召开后,为了回应发展中国家的指责,GATT于1964年11月召开了特别缔约方大会,决定将关于发展中国家的新条款作为第四部分纳入GATT中。新纳入部分包括三个条款——原则和目标、发达国家的承诺和联合行动,其目标是促进发展中国家的贸易和经济发展。此外,GATT还建立了贸易与发展委员会监督第四部分的实

---

① John Toye, *UNCTAD at 50: A Short History*, p. 16.

② John Toye, "Assessing the G77: 50 Years after UNCTAD and 40 Years after the NIEO," *Third World Quarterly*, Vol. 35, No. 10, 2014, p. 1762.

③ 张向晨:《发展中国家与WTO的政治经济关系》,北京:法律出版社2000年版,第39页。

施。[①] 第四部分也为发展中国家享受优惠待遇奠定了基础。在新德里召开的联合国第二届贸发大会上，普遍优惠制（普惠制，GSP）成为会议讨论的核心，与会各国一致通过了同意建立发达国家和发展中国家双方都能接受、有利于发展中国家的普遍的、非互惠的、非歧视的优惠制度。1970 年 10 月第四届贸发大会第二阶段会议上南北双方达成协议，决定由每个发达国家制订各自的普惠制方案，对发展中国家的制成品和半制成品出口给予普遍优惠待遇。[②] 1971 年 6 月 25 日，GATT 缔约国大会通过决议，以临时豁免义务的形式授权发达缔约国可以在十年内背离 GATT 的规则对发展中国实行普惠制。这一举措是 GATT 对于发展中国家不断施压的反应，也是贸发会议取得的重要成果。值得一提的是，贸发会议与 GATT 竞争的同时仍保有合作。GATT 为了落实 GATT 第 4 条提出建立制度性协议的要求，与贸发会议共同建立了国际贸易中心（International Trade Center），为发展中国家促进出口提供咨询和帮助。[③]

总之，1964 年至 20 世纪 70 年代是贸发会议的“黄金年代”，发展中国家发出了强有力的声音，第三世界国家成为设置发展议程的重要力量。“构建国际经济新秩序”成为贸发会议的主导意识形态，会议也以南北对抗为主。[④] 发达国家希望 GATT 能够成为唯一的贸易协商场所，承担技术性和实质性任务，将贸发会议的任务限制在贸易政策辩论和研究范围内，只能提出设想而不具有实质权力。以普雷维什为代表的观点却认为国际经济新秩序不可能从 GATT 的框架内产生，贸发会议应该成为处理

---

① 朱晓勤：《UNCTAD 与 GATT/WTO 相关法律制度研究》。

② 姜圣复：《南北关系中的普遍优惠制问题》，《世界经济》1982 年第 9 期，第 34—39 页。

③ ［南非］法扎尔・伊斯梅尔：《改革世界贸易组织：多哈回合中的发展中成员》，贺平、凌云志、邓峥晖译，上海：上海人民出版社 2011 年版，第 160 页。

④ Matthias Finger, Bérangère Ruchat, “The Transformation of International Public Organizations: The Case of UNCTAD,” *International Symposium on Power Electronics Electrical Drives Automation & Motion*, 2003. p. 8.

贸易和发展问题的核心。[①] 因此，贸发会议与 GATT 的关注点虽存在重合，但贸发会议创造了不同于布雷顿森林体系的发展路径，扮演着 GATT“挑战者”与发展中国家利益“捍卫者”的角色。

（二）20 世纪 80 年代至 1995 年：发展中国家参与 GATT 谈判的“智囊团”

进入 20 世纪 80 年代，GATT 对发展中国家的态度也发生了转变。在乌拉圭回合谈判之前，发展中国家对 GATT 谈判参与程度较为有限。而自 1986 年乌拉圭回合谈判起，GATT 对发展中国家参与协商表示了更热烈的欢迎。在第四任秘书长肯尼思·达兹伊（Kenneth Dadzie）的领导下，贸发会议开始鼓励发展中国家加入 GATT 并积极参加乌拉圭回合谈判。大多数发展中国家担心被置于更加不利的境况而被动地参与 GATT 的多边谈判进程。

在历时八年的乌拉圭回合谈判推进的同时，贸发会议的职能也在不断遭受质疑和削弱。1992 年，以“新发展伙伴关系”为主题的联合国第八届贸发大会在哥伦比亚卡塔赫纳举行。在发达国家的主导下，贸发会议在有关商品、金融和国际协定谈判等方面的关键职能被削弱甚至取消，其价值和作用也遭到了否定。这次会议对贸发会议的地位造成重创，标志着贸发会议逐渐从有关贸易和发展的多边谈判平台转向政策分析、政府间审议、科技合作等。[②] 此后，贸易谈判被视为 GATT 专属职能。

虽然职能遭到削弱，但贸发会议在这一时期仍不乏新的“增长点”。例如，贸发会议于 1981 年开始出版《贸易和发展报告》，于 1984 年开始发布《最不发达国家报告》，于 1991 年首次推出《世界投资报告》。这些出版物在全球具有较强影响力，是贸发会议标志性的“旗舰”成果。同时，贸发会议在国际贸易统计数据的全面性和精确度方面也独树一帜，其数据受

---

① John Toye, *UNCTAD at 50: A Short History*, p. 25.

② Ibid., p. 82.

到会员国、学术界、非政府组织的广泛使用。[①] 在这一阶段，贸发会议开始逐渐向“发展型智库”转型，在政策分析与引导、全球信息和数据搜集等方面的优势已逐渐凸显。

20 世纪 80 年代至 90 年代，贸发会议已经失去了在贸易和发展领域的议程设置主导权，在核心经济议题上被逐渐边缘化。[②] 此时的贸发会议更像是发展中国家的“教练”，通过缜密和专业的分析指导发展中国家，使其更好地参与比赛，而不是打破或重新制定原有的“游戏规则”。

(三)1995 年至 2008 年：发展中国家融入国际贸易体系的“推动方”

1995 年 1 月 1 日，WTO 正式成立，GATT 近半个世纪的“临时适用”地位宣告结束，贸发会议的存续遭遇空前挑战。1997 年，在南非米德兰举行的第九届贸发大会上，贸发会议机构被进一步弱化，谈判授权受到削减，涉及初级产品、资助、外债和发展中国家合作方面的职能被削弱。同时，中小企业贸易便利化、发展中国家外国私人投资等领域的问题成为贸发会议的主要关注事项。贸发会议的职能无法与 WTO 相提并论。

此时，贸发会议与 WTO 的互动关系也有了新变化。第九届贸发大会上通过的报告《增长和发展的伙伴关系》指出，贸发会议可作为 WTO 的补充方式，帮助发展中国家和经济转型国家融入国际贸易体系，配合发展中国家特别是最不发达国家的特殊需要，集中关注发展问题，为发展中国家提供指南。2000 年 2 月，在第十届贸发大会上，前秘书长加马尼·科里亚(Gamani Corea)指出，贸发会议对 WTO 必不可少，可以在两个阶段作出贡献。其一是在谈判前和谈判中帮助发展中国家筹备谈判；其二是帮助发展中国家更好地参与多边体系、区域性协定等合作创造贸易机会。[③] 这些变化均表明，WTO 的出现并不意味着贸发会议变得可有可无，贸发会议可在贸易和发展领域继续发挥独特作用，在发展中国家融入

---

① John Toye, *UNCTAD at 50: A Short History*, p. 86.

② [南非]法扎尔·伊斯梅尔：《改革世界贸易组织：多哈回合中的发展中成员》，第 160 页。

③ 朱晓勤：《UNCTAD 与 GATT/WTO 相关法律制度研究》。

全球经济过程中不可缺少。

这一阶段，贸发会议与WTO的合作和交流日益增多。2003年，时任WTO总干事素帕猜·巴尼奇巴格迪（Supachai Panitchpakdi）和时任贸发会议秘书长鲁本斯·里库佩罗（Rubens Ricupero）签署了一份谅解备忘录（MOU），双方在对最不发达国家开展综合技术援助等方面达成一致。这一事件也标志着两个组织合作的制度化。

在发展过程中，贸发会议也没有停止反思和转型的步伐。2005年10月，贸发会议秘书长素帕猜成立了名人小组（Panel of Eminent Persons），于2006年发布了题为《增强贸发会议的发展作用和影响力》的报告，以探讨贸发会议在发展议题方面的职能、影响和未来的作用。报告认为，贸发会议应与WTO有明确分工。WTO工作的重点是贸易领域的规则制定和推行，而贸发会议则主要处理与贸易相关的发展问题，例如在谈判前达成共识、贸易能力建设、贸易基础设施和贸易便利化等。两方应避免工作领域的重叠。贸发会议的前景在于它能否就发展问题提出高质量的研究和政策分析。这一报告的出台标志着贸发会议对自身的反思和未来道路的探索。

WTO成立后至2008年，贸发会议都处于关键的十字路口。在历史上，它在发展中国家贸易和发展问题上出色地履行了使命，但在WTO成立后又面临着外界的质疑。贸发会议对GATT/WTO的立场也从对抗、观望，转向互补、合作，开始发掘自身的比较优势和核心价值，向发展中国家融入国际贸易体系的“推动方”转型。

（四）2008年至今：与WTO共谋发展、分工合作的“互补者”

2008年，第十二届贸发大会在阿克拉举办。在此次会议上，贸发会议的职能有所增强。大会通过的《阿克拉协定》重申了贸发会议的重要性，指出贸易和发展仍将是联合国正在进行的改革的核心重点，贸发会议将在履行联合国的贸易和发展使命方面发挥独特的作用。2012年的《多哈宣言》和2013年的《德班宣言》都肯定了贸发会议的存在意义和独特价值。可见，此时的贸发会议在政治层面得到越来越坚定的支持。

此外，贸发会议秘书处也在进一步拓展影响力，牵头创立了两个多利益攸关方论坛，分别是 2008 年创办的世界投资论坛和 2010 年创办的全球大宗商品论坛，目的是进一步搭建探讨投资和大宗商品的平台。其中，世界投资论坛在 2010 年吸引了 120 个国家的 1200 名代表参会，2012 年有 145 个国家的 1400 人参加，从参会人数和参会规模上看，已显现出了强大的号召力。①

2008 年后，贸发会议与 WTO 的工作呈现出更深层次的互补。2008 年，贸发会议在时任联合国秘书长潘基文的委任下开始担任联合国机构间贸易和生产能力小组牵头协调机构，与 WTO、国际贸易中心（ITC）、联合国粮农组织（FAO）、联合国开发计划署（UNDP）、联合国环境规划署（UNEP）等国际机构共同协调联合国系统内国家和区域的贸易和发展业务，落实联合国可持续发展议程。② 2015 年 10 月，贸发会议和 WTO 在 2003 年备忘录的基础上进一步深化合作，确定了 11 个进一步合作的领域。贸发会议、WTO 和 ITC 的分工进一步明晰：WTO 主要管理全球贸易规则和裁决；贸发会议从发展的角度处理国家、区域和国际各级的贸易政策、条例等；ITC 的重点则是帮助中小企业与全球市场进行联系。

由此可见，金融危机暴露了全球经济机制的弊端和 WTO、世界银行、国际货币基金组织在参与全球经济治理中的不足和缺陷，使得贸发会议作为“警报器”的价值逐渐凸显。贸发会议在为发展中国家寻求解决问题方案的同时进一步扩展影响力，积极与 WTO 开展协调和配合，双方互补程度不断加深。

---

① John Toye, *UNCTAD at 50: A Short History*, p. 105.

② UNCTAD, “United Nations Inter-Agency Cluster on Trade and Productive Capacity: Towards the 2030 Agenda for Sustainable Development (UNCTAD/TC/2010/1/Rev. 8),” 13 May 2019, https://unctad. org/en/pages/PublicationWebflyer. aspx? publicationid = 2455, 2019-8-20.

四、贸发会议角色转型的动因分析

梳理贸发会议与 GATT/WTO 互动关系可见,贸发会议从 1964 年成立至今,角色定位发生了多次变化。本文从国际环境、成员国影响和国际组织领导人三个层次出发,从宏观到微观、由外而内地分析贸发会议角色转型的动因。

(一)经济全球化进程中南北力量变化和南南关系分化

贸发会议的角色转型与国际环境变迁息息相关,折射了经济全球化进程中南北力量变化和南南关系的分化。贸发会议建立初期,发展中国家在经济上总体取得了更快增长,南南合作也取得了新进展,例如,1961 年至 1970 年,南南贸易增长了 173.5%,已经高于同期南北出口增速(122.5%)。在政治上,发展中国家谋求政治独立、反对既有国际政治经济秩序的诉求更为强烈。贸发会议便是发展中国家团结起来谴责不合理的贸易制度、要求建立国际经济新秩序的产物,在发展初期不可避免地带有南北对立的深刻烙印。贸发会议成员国分为了不同集团:七十七国集团(发展中国家)、B 集团(发达国家)、D 集团(中东欧国家)和中国。其中七十七国集团与 B 集团在贸发会议的平台上观点对立、矛盾尖锐。七十七国集团与贸发会议秘书处联系紧密、相互依赖,贸发会议秘书处为七十七国集团在谈判筹备、制度化运作等方面提供支持,而七十七国集团则是贸发会议的坚实后盾和堡垒。在特定历史背景下,被视为"穷人俱乐部"的贸发会议和被称为"富人俱乐部"的 GATT 形成对抗之势。

然而,发展中国家主张建立的国际经济新秩序在进入 20 世纪 80 年代后渐渐瓦解。20 世纪 80 年代被视为发展中国家"失去的十年"。20 世纪 80 年代初期,石油价格二次暴涨诱发世界经济衰退和国际经济形势恶化。1980 年世界贸易增长仅 1%,发达国家高通货膨胀、国际收支不平衡、货币波动、失业率上升等问题波及发展中国家。[①] 20世纪80年代债务危机也影响了发展中国家的团结。各个发展中国家在债务危机面前自顾不暇、各行其是,未能作出集体反应。许多七十七国集团成员被迫接受了发达国家的结构调整计划和新自由主义经济政策,开始逐步减少国家干预,更大程度依赖市场作用。[②] 在此背景下,发达国家也越来越意识到将发展中国家纳入多边贸易体制、推动发展中国家开放市场符合其长远利益,GATT向发展中国家伸出了橄榄枝。而在贸发会议内部,发展中国家的差异和分歧渐渐掩盖了共识,贸发会议主导的"会议外交"效率低下、成果有限,令发展中国家感到失望[③],联合国在管理和调整全球经济政府间活动中的作用也遭到否定。权衡之下,许多发展中国家转而投向"乌拉圭回合"谈判的"怀抱"。乌拉圭回合谈判标志着发展中国家首次全面参与多边贸易体制。在该谈判中,跨越南北的谈判联盟开始形成。例如,1986年8月,3个发达国家和11个发展中国家共同组成了凯恩斯集团,要求撤消贸易壁垒并削减影响农业贸易的补贴。南北关系的变化和发展中国家阵营的分化使贸发会议改变对GATT的立场,开始为发展中国家参与GATT谈判提供帮助。

随着冷战的结束,意识形态色彩逐渐弱化,经济一体化进程逐渐加快,南北之间经济的互补性和相互依赖性逐渐增强,形成了"你中有我、我中有你"的格局。[④] WTO的成立严重削弱了贸发会议的谈判职能,WTO也逐渐成为发展中国家开展全球贸易谈判的唯一平台。在南北相互依存的局面下,贸发会议对WTO的态度以合作为主线,通过自身在政策分析、建立国际共识、技术合作等方面的相对优势与WTO谋求合作与协调。

---

① 张向晨:《发展中国家与WTO的政治经济关系》,第65页。

② 同上书,第17页。

③ [美]斯蒂芬·D.克莱斯勒:《结构冲突:第三世界对抗全球自由主义》,李小华译,杭州:浙江人民出版社2001年版,第271页。

④ 张贵洪:《联合国与南南合作》,北京:时事出版社2015年版,第145页。

进入21世纪后，南方国家内部的分化更为明显。最不发达国家与中国、印度、南非、巴西等新兴经济体差距显著。南方国家内部发展失衡、贫富差距加大、利益诉求各异的现象日益严重。因此，贸发会议的工作重点也更多放在与WTO深化互补，为发展中国家"量体裁衣"，帮助发展中国家尤其是最不发达国家融入国际贸易体系，为发展中国家提供指南。2008年金融危机使人们开始反思西方发达国家所倡导的新自由主义经济理论、"华盛顿共识"。早在2004年就曾在《贸易和发展报告》中发布了货币和金融市场不稳定性警告的贸发会议重新回到人们的视线。它在政策建议、独立研究领域的远见和前瞻性日益受到世界的关注，成为不可或缺的"发展中国家智囊"和"南方思想库"。

贸发会议的角色转型与经济全球化进程中南北力量变化和南南关系分化密不可分。从贸发会议建立以来，南北关系经历了南方挑战北方、北方塑造南方、南北相互依赖的过程，而七十七国集团等发展中国家团体内部也日益分化，差异性日益凸显。这些变化成为贸发会议角色转型的重要动因。

（二）美国为首的的西方成员国外在影响的变化

联合国天然的局限性在于它不是"世界政府"和凌驾于主权之上的机构，其权力来源于成员国授权，对会员国尤其是大国没有强制约束力。①成员国缴纳的会费是联合国财政资金的主要来源，美国对其施加的影响更是远超其他国家。贸发会议作为联合国系统内唯一综合处理发展和贸易、资金、技术、投资及可持续发展领域相关问题的政府间机构和主要服务于发展中国家的国际组织，其走向和立场也必然受到美国为首的发达国家的干涉。

正如前文所述，与GATT/WTO、国际货币基金组织、世界银行等美国主导的多边国际协定或国际组织不同，贸发会议在联合国的框架内建

① 李东燕：《联合国》，第25页。

立，在创立之初带有南北对立的烙印，其立场和观点时常与美国等发达国家主流价值观相左。因此，贸发会议自诞生以来就受到美国为首的发达国家的警惕和戒备。

克莱斯勒认为北方国家，尤其是美国权力的大小是影响发展中国家改变国际制度可能性的重要因素。[①] 贸发会议是联合国大会决议的产物，尽管美国极力反对并指责贸发会议是发展中国家对国内责任的逃避，但发展中国家在贸发会议上团结一致和一国一票的决策程序，压倒了美国等发达国家的反对声音。20 世纪 70 年代，贸发会议成为发展中国家表达诉求的场所，建立新的国际经济秩序更是成为整个发展战略中最突出的主题。[②] 发展中国家的支持和美国权力的受限使得贸发会议迎来黄金时代，得以与 GATT 比肩对垒。此时美国对联合国的态度也日益恶劣，认为联合国的"多数暴政"已对美国构成威胁。[③]

1975 年以来，美国拖欠联合国会费的问题给联合国造成了财政预算危机，美国以此为筹码要求缩小贸发会议的规模并限制其影响。20 世纪 80 年代发达国家出现了新一波保守派领导人，如英国首相撒切尔夫人、美国总统罗纳德·里根等，他们希望迅速结束南北对话，并对意识形态不同的贸发会议更加警惕和戒备。1984 年，里根政府牵头组建了审查小组，撰写了"绿皮书"，指责贸发会议的工作只能加剧南北对抗，不能促进南北贸易；秘书处的研究偏袒七十七国集团，有失中立和公正等。[④] 同时，为了防止贸发会议在 GATT 筹划乌拉圭回合谈判的进程中对发达国家的利益形成掣肘，美国还阻挠时任贸发会议秘书长——口才极佳、才华出众、谈判经验丰富的科里亚任期到期后连任，只允许他续任一年。这些削弱贸发会议的举措使贸发会议在 20 世纪 80 年代无法与在贸易谈判领域更为熟稔、专业的 GATT 相提并论。在乌拉圭回合谈判前后，为顺应

---

① [美]斯蒂芬·D. 克莱斯勒：《结构冲突：第三世界对抗全球自由主义》，第 5 页。

② 李东燕：《联合国》，第 188 页。

③ 门洪华：《联合国与美国霸权》，《新远见》2008 年第 1 期，第 28—39 页。

④ John Toye, *UNCTAD at 50: A Short History*, p. 75.

发展中国家参加 GATT 的趋势,贸发会议改变了对 GATT 的立场和工作的重心。

冷战结束后,经济发展的作用进一步凸显,美国致力于在联合国经济领域的改革中,削减或取消其经济发展和技术合作机构,使联合国在经济发展领域的职能边缘化,并强化布雷顿森林体系"三驾马车"的作用。[①] 在这一背景下,长期被美国等发达国家提防和忌惮的贸发会议首当其冲。1995 年出版的《全球治理委员会报告》指出,在后冷战时代,南北划界已不再重要,贸发会议和联合国工业发展组织(UNIDO)已无存在必要。发达国家采纳了这份建议报告并提交给了 1996 年 6 月在法国里昂举行的七国集团峰会。幸运的是,七十七国集团在南方中心的协助下坚持捍卫贸发会议,提交了详细的立场报告,挫败了发达国家想要解散贸发会议的建议。正是美国等发达国家的质疑和打压,使得艰难生存的贸发会议不断向"知识型智库"转型,在与 WTO 开展合作的同时发挥自身的比较优势。

2008 年金融危机对美国等发达国家和全球经济造成重创。美国主导的"华盛顿共识"和"三驾马车"的经济治理效力遭到广泛质疑。一直站在"华盛顿共识"批判前沿的贸发会议重新受到人们的重视。随着互联网的发达和信息传播速度的加快,尽管美国等发达国家仍对贸发会议心怀芥蒂,但很难控制贸发会议一系列旗舰报告的传播力,更难以否认贸发会议有别于其他国际经济组织的独立研究能力和在观念上的前瞻性、影响力和批判精神。与此同时,随着 WTO 机制化程度加深和发展中国家成员增多,美国越来越难在 WTO 里发挥主导作用。近年来,美国在若干涉美争端中败诉也证明 WTO 已逐渐脱离了美国的控制。面对一个发展中国家成员增多且美国控制力逐渐减弱的 WTO,贸发会议的立场也更倾

---

① 门洪华:《联合国与美国霸权》,《新远见》2008 年第 1 期,第 28—39 页。

向于开展互补与合作。①

（三）贸发会议秘书长领导思路的演变

贸发会议的角色转型也受组织内部变化的影响。贸发会议历任秘书长的领导风格和思路在贸发会议角色转型中也发挥着不容忽视的作用。贸发会议秘书长由联合国秘书长任命、联合国大会认可而产生。其工作主要内容包括：提供实质性事项和管理事项的通盘指导；制定处理贸易、金融、技术、投资和可持续发展等领域的发展问题所需战略；指导贸发会议与私营部门、工商界和学术界的非政府组织开展交往。秘书长全面掌管贸发会议的工作，在该组织内拥有较大的职权和影响力。

梳理贸发会议秘书长的履历，可以发现他们的相同点与变化。相同点是历任秘书长都来自亚非拉发展中国家，除了第一任和第二任秘书长来自拉美以外，秘书长的轮换均按照"拉丁美洲—亚洲—非洲"的规律进行地域间轮换。同时，历任秘书长都曾在国内担任外交、经济等重要部门的关键岗位并拥有卓著的功绩，他们中不少人兼具经济、国际关系等领域的学者身份，例如普雷维什、素帕猜、里库佩罗都在学术领域贡献突出。

纵观贸发会议秘书长的变迁，可以发现秘书长的领导观念也在悄然改变。贸发会议首任秘书长普雷维什是贸发会议历史上的重要人物，他作为贸发会议筹备委员会主席全程见证和参与了贸发会议的诞生。在第一届贸发大会上，他发表了《迈向发展的新贸易政策》的报告。他在报告中提出，旧国际经济秩序使发展中国普遍面临着初级产品出口增加缓慢、工业国家对发展中国家制成品出口采取歧视政策、外债负担加重等问题，因而迫切需要建立一种新秩序以解决困扰发展中国家的贸易和发展问题。他提出了有利于外围国家经济发展的新政策，要求对现行的国际贸易体制进行全面的改革，这一观点引发了国际社会激烈的讨论。许多西方学者对普雷维什的观点持反对态度，认为他的建议不符合市场机制和

① 苏庆义、王睿雅：《特朗普政府处理与世贸组织关系的三种走向》，《世界知识》2018 年第 20 期，第 43—45 页。

自由贸易原则。[①] 贸发会议成立后，其秘书处与七十七国集团的密切联系引发了发达国家集团的抗议和不满，认为贸发会议有失公正。第二届贸发大会召开后，普雷维什对贸发会议低下的效率、双方难以合作的态度和有限的成果表达了失望。1969 年 3 月，普雷维什因身体等原因辞去了贸发会议秘书长的职务。

接任的曼努埃尔·佩雷斯-格雷罗延续了普雷维什的工作思路，在特别提款权与发展援助相联系、划定最不发达国家等问题上贡献突出。第三任秘书长科里亚致力于追求国际经济新秩序，希望以共同基金为旗舰项目推动相互联系的国际商品协定，并使贸发会议的角色从辩论场向智库和谈判论坛的双重功能转型。[②] 由此可见，从成立到 20 世纪 80 年代，建立国际经济新秩序是贸发会议前三位秘书长一以贯之的目标，普雷维什的“中心—外围”思想和建立国际经济新秩序的观念对贸发会议前期的发展产生了强大的塑造力，是贸发会议挑战 GATT 并对其施压的重要背景。[③]

在科里亚卸任后，来自格林纳达的阿利斯特·麦金太尔（Alister McIntyre）暂时担任了贸发会议的代理秘书长。亲美的麦金太尔将反西方的官员从重要岗位撤下并重新任命了近 30 个官员，一些官员因此出走。这次“换血”使贸发会议原有的意识形态悄然改变。1986 年，贸发会议第四任秘书长达兹伊走马上任。与前三任秘书长对 GATT 挑战或对立的态度不同，他做出了一个重大的改变——支持 GATT 的乌拉圭回合谈判并为发展中国家参与谈判提供评估和帮助。同时，达兹伊在任内也致力于重塑贸发会议内的南北关系。达兹伊的上台标志着贸发会议的角色向 GATT/WTO 的合作者转变。

从达兹伊的继任者鲁本斯·里库佩罗开始，贸发会议秘书长都具有

---

① 董国辉：《劳尔·普雷维什经济思想研究》，第 161 页。

② John Toye, *UNCTAD at 50: A Short History*, p. 55.

③ Ibid., p. 41.

在GATT或WTO参与深度谈判和担任重要职务的历史。里库佩罗曾担任GATT理事会主席、GATT缔约方主席、GATT贸易和发展委员会主席、GATT发展中国家非正式小组主席和发言人；素帕猜在担任贸发会议秘书长之前是世界贸易组织总干事；现任贸发会议秘书长穆希萨·基图伊也曾牵头世界贸易组织部长级会议农业谈判。其中，实现从世界贸易组织总干事到贸发会议秘书长跨越的素帕猜更是成为弥合两个国际组织隔阂的关键领导者。[①] 他积极推动贸发会议与世界贸易组织的配合。自他于2005年上任后，贸发会议和世界贸易组织的互补程度得到了明显加深，人员往来和项目合作更为密切。

由此可见，贸发会议秘书长个人的思想观念和行事风格直接关乎贸发会议整体发展。贸发会议秘书长对GATT/WTO的态度从“对立—缓和—合作”的变化影响了贸发会议与GATT/WTO的互动关系变化，是塑造贸发会议角色转型的重要动因。

五、结论

本文以贸发会议与GATT/WTO的互动为视角，梳理了贸发会议的角色转型。1964年至20世纪80年代，贸发会议对GATT采取敌对立场，是GATT的“挑战者”和发展中国家利益的“捍卫者”。20世纪80年代至1995年，贸发会议是发展中国家参与GATT谈判的“智囊团”。1995年至2008年，贸发会议成为发展中国家融入国际贸易体系的“推动方”。2008年至今，贸发会议已成为与WTO共谋发展、分工合作的“互补者”。这一角色转型受到经济全球化进程中南北力量变化和南南关系分化、美国为首的西方成员国影响与贸发会议秘书长领导思路的驱动。

如今贸发会议的定位是知识型智库，与“黄金时代”的职能无法比肩，但贸发会议的工作仍不可或缺。贸发会议研究成果的批判性和前瞻性是

---

① Craig Van Grasstek, *The History and Future of the World Trade Organization*, Geneva: World Trade Organization, 2013, p. 159.

全球经济治理的“预警系统”和“晴雨表”，它在贸易、发展领域的专业性，也使其在促进发展中国家融入世界经济的过程中发挥着重要作用。回顾贸发会议角色转型的曲折历史，可以从侧面观察到经济全球化加速、南北关系变迁、主权国家和国际组织等国际行为体力量消长和国际组织观念文化更迭对国际组织发展的影响。

近年来，多哈回合谈判僵局、上诉机构法官任命危机以及美国单边贸易保护行为加剧，使世界贸易组织陷入危机，其改革已然成为全球经济治理议程中的焦点。一个充满活力的贸发会议对构建公平合理的多边贸易体制至关重要，其价值可以在政策分析、建立国际共识等领域得以彰显。正如前世界贸易组织贸易与发展委员会特别主席、前南非驻世界贸易组织大使法扎尔·伊斯梅尔所言，贸发会议和 WTO 在今后几年面临的挑战是如何加强互补，双方应该发挥各自的比较优势，在贸易和发展领域相辅相成，为“发展”这一最高目标作出贡献。①

① [南非]法扎尔·伊斯梅尔：《改革世界贸易组织：多哈回合中的发展中成员》，第 161 页。

国际组织的难民教育理念探析

——以联合国教科文组织和经济合作与发展组织为例

胡侠义*

一、引言

难民和无家可归者的社会现象一直存在。因北非和中东战乱而起的欧洲难民危机影响过于广泛和严重，使得难民问题成为国际社会广泛关注的话题，甚至掀起国际秩序重建的舆论热潮。根据联合国难民署(UNHCR)2021年发布的《全球趋势报告》①显示，截至2019年年底，流离失所者人数达到前所未有的7950万人。这意味着，自2010年“阿拉伯之春”引发的难民潮以来，被迫流离失所者人数几乎翻了一番。这也迫使联合国统计委员会在2020年3月宣布，将难民纳入到“不让任何人掉队”的“2030年可持续发展目标”的承诺中。

《世界人道主义峰会秘书长报告》②早在2016年就声明，难民危机不

* 作者系北京大学教育学院2018级硕士研究生。

① UNHCR, "Global Trends: Forced Displacement in 2020," 18th June, 2021, https://www.unhcr.org/statistics/unhcrstats/60b638e37/global-trends-forced-displacement-2020.html, 2023-5-28.

② United Nations, "One Humanity, Shared Responsibility: Report of The Secretary-General for The World Humanitarian Summit," 31st Jan., 2016, https://sgreport.worldhumanitariansummit.org/, 2023-5-28.

只是一个政治问题，还是一个教育问题。这可以从难民的高辍学率和低学历等相关数据中得到证明。根据联合国难民署的统计①，早在2016年，难民儿童的辍学率就已约为全球平均水平的5倍。当全球儿童接受小学教育的平均机会为90%时，难民儿童仅为50%；随着年龄的增长，当全球儿童接受初中教育的平均机会为84%时，难民儿童仅为22%；而在高等教育层次，当全球34%的青年都能够进入大学时，难民青年仅为1%。

与此同时，暴力极端组织也在打压教育体系。2015年9月，极端反政府组织"博科圣地"在尼日利亚东北地区和乍得湖盆地边境地区发动屠杀和暴乱，中小学和大学校园设施遭到有组织的破坏。这场暴乱之后，约200万人沦为难民，成千上万名儿童被迫加入博科圣地组织的运动。

尽管难民教育问题日益突出，但长期未受重视。早在2012年叙利亚难民危机开始的时候，联合国人道主义援助组织就把"消除迷失的一代"这句话作为最优先的口号，并将叙利亚青少年的教育问题放在国际援助的优先地位。但由于难民数量激增，很多叙利亚人拒绝被安置在难民营，以及难民新闻带来的争议，国际救助机构又将叙利亚青少年的教育问题从"可实现"的清单中逐渐删除，为叙利亚难民提供优质教育资源这件事也逐渐淡出人们的视线。如今，难民问题从现象演变成问题，再从问题演变成危机，迫切需要政府间国际组织发挥影响力，转换单打独斗的观念，通过合作共同反对暴力极端主义，维护难民接受教育的基本人权。

（一）研究问题

本文旨在探讨政府间国际组织（含部门）与难民教育事务之间应然和实然的关系，重点基于比较研究视角，聚焦联合国教科文组织、经济合作与发展组织（以下简称经合组织）进行案例研究，通过分析、比较这两个组织与难民相关的教育理念与行动，以冀讨论以下问题：(1)目前国内外难

① UNHCR, "Global Trends: Forced Displacement in 2020," 18th June, 2021, https://www.unhcr.org/statistics/unhcrstats/60b638e37/global-trends-forced-displacement-2020.html, 2023-5-28.

民教育的研究特点与重点是什么？(2)联合国科教文组织与经合组织分别在难民教育行动中发挥了怎样的作用？存在哪些不足？(3)联合国科教文组织与经合组织在难民教育行动中存在哪些差别？对国际组织参与难民教育事务的启示是什么？

(二)研究意义

由于难民迁出国和迁入国主要集中在非洲与欧洲，对中国的直接影响较小，因此难民议题尚未成为中国学者的研究重点，关于难民教育的论文更少。与此同时，近年来中国积极谋求提高国际话语权，不断向联合国等国际组织输送人才，有关国际组织的学术研究日趋丰富。本文聚焦国际组织的难民教育理念，通过具体比较联合国教科文组织和经合组织的难民教育目标和手段及其差异，旨在丰富国际组织主题下的相关研究，拓展对国际组织功能的理解。

由难民潮引发的问题涉及政治、经济、社会和文化等各个方面，就急迫程度而言，教育问题并非排在第一位。但教育作为基本人权，是保证个人生存和发展、促进社会稳定和世界和平的重要因素。联合国教科文组织在《全球教育监测报告：迁徙、游离失所与教育》中强调，被迫流离失所者被剥夺教育之后，脆弱性会进一步加深。① 但难民教育只是国际组织诸多议题之一，并且由于政治复杂性、高资本投入、效果难测量、文化冲突等诸多原因，成为一个容易被推迟考虑的议题。忽视教育的优先性将会导致更为严重的负面结果，因此本文旨在抛砖引玉，以冀引发对于难民教育的更多关注与思考。

二、文献综述

(一)难民教育

"难民"顾名思义为"遭遇灾难而流离失所的人"，可划分为经济难民、

---

① UNESCO, *Global Education Monitoring Report: Migration, Displacement and Education*, Paris: The United Nations Educational, Scientific and Cultural Organization, 2019, p. 25. https://unesdoc.unesco.org/ark:/48223/pf0000265866, 2023-5-28.

战争难民、种族与宗教难民、政治难民、自然灾害难民等。本文所讨论的难民主要指战争难民以及种族与宗教难民（难民常常同时兼具这两种身份）。难民问题由来以久，比如2010年“阿拉伯之春”运动中，大量来自叙利亚、阿富汗、伊拉克、索马里和厄立特里亚等国的难民进入欧盟国家寻求居留，规模之大以至被称为“欧洲难民危机”。

难民为国际安全与稳定带来了较大的不确定性，在严重情形下，青年难民甚至会成为暴力冲突的源泉。关于青年人在暴力冲突中的作用的研究显示，三种主要因素会使青年人变成社会不稳定的因素。首先是“青年膨胀”，即年轻人口数量太多或者在人口结构中比例过大，导致这类群体由于缺乏社会和就业机会而萌生不满。其次是较低的社会参与度，这意味着加入武装力量群体的机会成本也随之降低。最后，在青年人看来暴力冲突能带来更多的好处，因为“和平”的处境只能赋予他们非常有限的权力。那些被迫流亡、失去工作、东道国又不能为其提供积极参与社会的机会的难民青年人在面对是否加入暴力团体组织的选择时，更容易做出孤注一掷的决定。同时难民儿童时期的认知又往往会对其青年时期的价值观产生主导影响。①

基于此，教育是帮助难民克服对暴力和无家可归的恐惧的有力工具之一。教育的作用在于激励年轻人，用知识与技能武装他们，帮助他们反抗剥削与武装分子征兵。国外部分研究已表明，只要在一定程度上满足年轻人“重返社会”与“赋予权力”的需求，就能显著地激发他们清醒判断形势的倾向，促进和平而非诉诸武力，进而成为和平的推动者。②

对难民教育权利的保障主要体现在一系列国际公约中。1951年，联合国在日内瓦召开讨论难民和无国籍人地位的会议，通过了有关难民的第一份国际公约——《关于难民地位的公约》。该公约明确规定了难民所

---

① Stephanie Schwartz, *Youth and Post-Conflict Reconstruction: Agents of Change*, Washington DC: United States Institutes of Peace Press, 2010, p. 45.

② Ibid.

享有的教育权利："缔约各国应给予难民凡本国国民在初等教育方面所享有的同样待遇。缔约各国就初等教育以外的教育，特别是就获得研究学术的机会，承认外国学校的证书、文凭和学位，减免学费，以及发给奖学金方面，应对难民给以尽可能优惠的待遇。此项待遇不得低于一般外国人在同样情况下所享有的待遇。"①

1989 年，联合国大会通过《儿童权利公约》，其中规定，缔约国应确保申请难民身份的儿童或可视为难民的儿童，得到适当的保护和人道主义援助，确认儿童有受教育的权利。② 1990 年，联合国儿童基金会、联合国教科文组织、联合国开发计划署及世界银行联合举办世界全民教育大会，发布《世界全民教育宣言：满足基本学习需要》③。该报告明确维护了难民的教育权利：必须积极消除教育差异，不应使社会地位不利的群体在获得学习机会上受到任何歧视，包括因战争而流离失所的难民；所有国家必须共同努力来消除冲突和战乱，安置难民并确保他们的基本学习需要得到满足。此外，难民的教育权利也被视为基本权利。

然而，难民教育的现实常常与这一承诺形成鲜明对比。尽管近几十年来有所改善，但难民仍面临着许多障碍。④ 即使是对于那些能够获得教育机会的难民而言，教育质量通常也很低或参差不齐，常见情况包括：师生比例过高；缺乏接受专业训练以应对遭受心理创伤的难民儿童的老

---

① "Convention Relating to the Status of Refugees," 1951, https://www.ohchr.org/sites/default/files/refugees.pdf, 2023-5-28.

② "Convention on the Rights of the Child," 1989, https://www.ohchr.org/en/instruments-mechanisms/instruments/convention-rights-child, 2023-5-28.

③ "World Declaration on Education for All and Framework for Action to Meet Basic Learning Need," 1990, https://unesdoc.unesco.org/ark:/48223/pf0000127583, 2023-5-28.

④ L. Karanja, "The Educational Pursuits and Obstacles for Urban Refugee Students in Kenya," *International Journal for Cross-Disciplinary Subjects in Education*, Vol. 1, No. 3, 2010, pp. 1-9; M. A. Mendenhall, S. G. Russell, and E. Bruckner, *Urban Refugee Education: Strengthening Policies and Practices for Access, Quality, and Inclusion*, New York: Teachers College at Columbia University, 2017, pp. 1-64.

师;客观环境对难民儿童存在歧视等。①

国内鲜有与“难民教育”直接相关的教育学类学术研究,更多是从管理学、社会学、心理学、国际关系学等学科视角进行讨论,常见主题包括“难民治理”“难民救济”“难民心理”“难民与国际关系”等。

国外关于“难民教育”的研究在数量和分析角度方面则更为多元和丰富。总体来看,国外近年的研究呈现出以下几个主要特点:(1)从研究方法来看,定性分析占绝大多数,具体形式包括案例分析、焦点访谈或个人访谈;(2)从研究对象来看,对难民儿童初等教育的关注要明显高于对难民高等教育的关注;(3)从研究视角来看,基于教育学(教育方法、教育心理、教育技术等)和公共政策学(教育政策、国际政策、制度政策等)的讨论最为活跃;(4)从难民迁出国来看,对叙利亚难民教育的关注热度最高,这和叙利亚难民的迁移规模最大有关;(5)从难民迁入国来看,对土耳其的分析更为丰富,这可能是出于对土耳其的特点(主要难民收容国兼发展中国家)以及土耳其的快速反应(在难民教育政策、难民社区建设、难民临时教育中心设计、难民教育方法探索等方面)的考虑。

国外学术界关于“难民教育”研究的主张众多,但重点是在《世界全民教育宣言:满足基本学习需要》四大主张的基础上进行了拓展。② 第一类主张为“创造支持性的政策环境”,强调教育的实施有赖于政治上的承诺和决心,并配以恰当的教育、经济、贸易、劳工、就业、保健等政策。有学者追踪调查了安置到英国的 86 位年轻难民,发现年轻难民的话语权至关重

---

① Sarah Dryden-Peterson, “The Educational Experiences of Refugee Children in Countries of First Asylum,” Washington, D. C.: National Center on Immigrant Integration Policy, 2017; R. Kronick, “Exploring Primary School Teachers’ Attitudes towards Urban Refugee Education in Nairobi, Kenya,” *Special Contributions*, Vol. 2, No. 1, 2013, p. 49.

② 《世界全民教育宣言:满足基本学习需要》的主张包括:普及入学机会并促进平等,强调学习,扩大教育的手段和范围,改善学习环境,加强伙伴关系,创造支持性的政策环境,调动资源,加强国际团结。

要,但在当前制度设计下很难提高。[①] 尽管表面上各类难民公约对难民教育权做出了种种保障,但受到民族主义、条款局限性等影响,难民获得教育资源仍很困难。[②] 因此许多学者呼吁黎巴嫩[③]、希腊[④]、土耳其[⑤]等主要难民迁入国加快完善文化政策,聚焦无人陪伴的难民学生,探索帮助其融入迁入国教育生活的方式[⑥]。此外,减少政府对民间社会组织的政策管制,促进难民社区的自我发展[⑦],废除将难民儿童集中分配到特定学校的人为隔离政策[⑧]等讨论,也体现了对难民教育更深层次的关怀。

第二类主张为"改善学习环境",强调确保所有学习者在学习环境中得到基本的物质和情感支持,创造温暖的学习环境。讨论最多的学习环境主要包括难民教师、难民学习材料与难民教育氛围。难民教师的能动性被认为是重中之重,对于难民教师的要求包括但不限于:加强对难民心

---

① Linda Morrice, et al., "Resettled Refugee Youth and Education: Aspiration and Reality," *Journal of Youth Studies*, Vol. 23, No. 3, 2020, pp. 388-405.

② Sarah Dryden-Peterson, et al., "The Purposes of Refugee Education: Policy and Practice of Including Refugees in National Education Systems," *Sociology of Education*, Vol. 92, No. 4, 2019, pp. 346-366; Sarah Dryden-Peterson, "Refugee Education in Countries of First Asylum: Breaking Open the Black Box of Pre-Resettlement Experiences," *Theory and Research in Education*, Vol. 14, No. 2, 2016, pp. 131-148.

③ A. Hamadeh, "A Critical Analysis of the Syrian Refugee Education Policies in Lebanon Using a Policy Analysis Framework," *Journal of Education Policy*, Vol. 34, No. 3, 2019, pp. 374-393.

④ Nagy Zsófia, "From Camps to Schools: The Participation of Refugee Children in Greek Public Education," *Journal of Modern Greek Studies*, Vol. 36, No. 2, 2018, pp. 373-399.

⑤ Aslihan Tezel McCarthy, "Politics of Refugee Education: Educational Administration of The Syrian Refugee Crisis in Turkey," *Journal of Educational Administration and History*, Vol. 50, No. 3, 2018, pp. 223-238.

⑥ Annika Lems, "Being Inside Out: The Slippery Slope Between Inclusion and Exclusion in a Swiss Educational Project for Unaccompanied Refugee Youth," *Journal of Ethnic and Migration Studies*, Vol. 46, No. 2, 2020, pp. 405-422.

⑦ Nimer Maissam, "Transforming State—Civil Society Relations: Centralization and Externalization in Refugee Education," *New Perspectives on Turkey*, Vol. 63, No. 5, 2020, pp. 32-54.

⑧ Pinelopi Vergou, "Living with Difference: Refugee Education and School Segregation Processes in Greece," *Urban Studies*, Vol. 56, No. 15, 2019, pp. 3162-3177.

理创伤以及康复方法的了解①、充分意识到难民因流亡而产生的不安和矛盾情绪②、给予难民儿童充分的爱和关怀③等。而随着难民教师教育经验的积累与反思，对难民学习材料的要求也从一开始的聊胜于无，演变为强调在教育过程提供难民儿童母语书籍④。从难民教育氛围来看，建设难民社区组织文化⑤、鼓励和引导当地学生与难民儿童之间的文化理解⑥、难民学生与当地学生实行同伴学习、提高难民的归属感⑦等也成为改善学习环境的主要手段。

第三类主张为“扩大基础教育的手段和范围”，强调儿童、青年基本学习需要的多样性和复杂性，要求扩大基础教育的范围，例如教育场所、教育技术、传播媒介等。目前对教育技术的使用存在一定争议。有研究显示，即时消息聊天小组（即时通讯）在支持肯尼亚难民营中的教师培训和

---

① Morten Greaves, et al., “Shelter in a Storm: A Case Study Exploring the Use of Psycho-Social Protection Strategies in Non-Formal Refugee Education in Lebanon,” *International Journal of Educational Development*, Vol. 66, 2019, p. 66.

② B. Leonardo, “Finding Refuge in Exile: Education as Movement,” *International Journal of Leadership in Education*, Vol. 123, No. 1, 2020, pp. 102-106.

③ Arar Khalid, et al., “These Students Need Love and Affection: Experience of a Female School Leader with the Challenges of Syrian Refugee Education.” *Leading and Managing*, Vol. 24, No. 2, 2018, pp. 28-43.

④ Daly Nicola, Limbrick Libby, “The Joy of Having a Book in Your Own Language: Home Language Books in a Refugee Education Centre,” *Education Sciences*, Vol. 10, No. 9, 2020, p. 250.

⑤ Ulaş Sunata, Amal Abdulla, “Lessons from Experiences of Syrian Civil Society in Refugee Education of Turkey,” *Journal of Immigrant & Refugee Studies*, Vol. 18, No. 4, 2020, pp. 434-447.

⑥ R. D. Nordgren, “Cultural Competence and Relational Closeness: Examining Refugee Education,” *Journal of Research in Innovative Teaching & Learning*, Vol. 10, No. 1, 2017, pp. 79-92.

⑦ Trang A. Phan, “When One Door Closes, Another Opens: Community Colleges as Gateways to Higher Education for Refugee Students,” *Community College Journal of Research and Practice*, Vol. 42, Issue. 7—8, 2018, pp. 564-568; Rabia Hos, “Education in Emergencies: Case of a Community School for Syrian Refugees,” *European Journal of Educational Research*, No. 2, 2016, pp. 53-60.

性别平等计划方面发挥了重要作用①;但对约旦、黎巴嫩和土耳其的私人参与叙利亚难民教育的案例研究发现,对技术干预的过度自信和乐观不利于难民学习②。对难民教育方法的设计较为活跃,难民教学经验来源的不同催生了不同的教育方法③④⑤。

第四类主张为"加强伙伴关系",强调在组织之间、部门之间、部门内部建立有活力的伙伴关系。研究强调在流离失所的环境中保障难民家庭单位的重要性和必要性⑥;要求学校领导者(非教师)主动加强探索支持难民教育经验的自觉性⑦;肯定了私营部门(如高盛、谷歌、麦肯锡等)的参与,但呼吁全球教育界需要以合乎道德的方式利用这些私营部门的专业知识和资金⑧;从更广泛的意义上鼓励社会各界加强合作消除种族偏见⑨。

① Negin Dahya, et al., "Social Support Networks, Instant Messaging, and Gender Equity in Refugee Education," *Information, Communication & Society*, Vol. 22, No. 6, 2019, pp. 774-790.

② Francine Menashy, Zeena Zakharia, "Private Engagement in Refugee Education and the Promise of Digital Humanitarianism," *Oxford Review of Education*, Vol. 46, No. 3, 2020, pp. 313-330.

③ Nelly Kostoulas-Makrakis, Vassilios Makrakis, "Developing Student-Driven Learning Activities to Promote Refugee Quality Education through the CARE Methodology," *International Journal of Early Years Education*, Vol. 28, No. 2, 2020, pp. 176-188.

④ Anna Asimaki, et al., "Training Adequacy and Pedagogic Practices of Teachers in Reception Facilities for Refugee Education in Greece During the Economic Crisis: A Case Study," *Journal of Studies in Education*, Vol. 8, No. 3, 2018, pp. 79-97.

⑤ Kaukko Wilkinson, "Educational Leading as Pedagogical Love: The Case for Refugee Education," International *Journal of Leadership in Education*, Vol. 23, No. 1, 2020, pp. 70-85.

⑥ Sewall Erwin, et al., "Do not Forget Families and Households when Addressing Urban Refugee Education," *Compare: A Journal of Comparative and International Education*, Vol. 50, No. 1, 2020, pp. 141-145.

⑦ Angela Rose, "The Role of Teacher Agency in Refugee Education," *The Australian Educational Researcher*, Vol. 46, No. 1, 2019, pp. 75-91.

⑧ Zeena Zakharia, Francine Menashy, "Private Sector Engagement in Refugee Education," *Forced Migration Review*, No. 57, 2018, pp. 40-41.

⑨ James Adam Campbell, "Attitudes towards Refugee Education and Its Link to Xenophobia in the United States," *Intercultural Education*, Vol. 28, Issue 5, 2017, pp. 474-479.

(二)国际组织与难民教育

国际组织指的是“以加深国际合作、实现共同利益为目的的跨越国界的组织,该组织成员包括两个及以上的国家、政府、组织或个人,以协议形式为桥梁而存在的机构”①。按照成员类型,国际组织可进一步划分为政府间国际组织、非政府间国际组织以及跨国公司,但是被认可具备国际法主体资格的只有政府间国际组织,本文聚焦的联合国教科文组织和经合组织均属于此类国际组织。

1. 国际组织与难民

国际组织是难民保护的责任主体之一。一般认为,国际组织能够承担这个责任由三个原因所决定②。第一,国际组织具备行动的持续性。难民被遣返回国后,难民接收国不能继续实施难民保护政策,但国际组织不受限制。第二,国际组织具备公益性。主权国家作为难民保护的责任主体之一,需要将本国利益放在第一位,因而可能出于保护国家安全、稳定等需要,拒绝履行保护难民的责任。第三,国际组织具有制度的规范可行性。国际组织最早呼吁保护难民,因而在实践上具有较为丰富的经验,所制定的制度相较主权国家也更成熟。

目前,国际组织对于难民的保护呈现出领域差异明显的特点。例如,联合国难民署承担了目前最主要的难民国际救助义务;联合国教科文组织志在保障难民教育,尤其是难民儿童的初等教育权;红十字国际委员会主要为因战乱或武装冲突而沦为难民的人提供人道主义援助;国际移民组织主要为难民提供移民咨询服务,帮助其合法迁移;世界卫生组织聚焦难民所面临的各种健康问题,为难民提供医疗服务。因此,在思考国际组织在难民事务中发挥的作用时,针对特定的国际组织进行案例研究会比

---

① 易洋:《论国际组织的法律责任》,呼和浩特:内蒙古大学硕士学位论文,2019 年 5 月,第 1—47 页。

② 郭星:《论难民的国际法保护》,石家庄:河北经贸大学硕士学位论文,2020 年 5 月,第 15—66 页.

宽泛讨论更贴近现实。

2. 国际组织与教育

20世纪50年代以来，国际组织开始频繁参与全球治理。随着教育扶贫、教育治理、人才竞争等教育主题不断升温，国际组织也开始投身于教育事务，但其出发点不尽相同。例如，联合国教科文组织主要从人文主义教育观出发，主张教育是一项基本人权。1957年，联合国教科文组织发布著名的《世界文盲报告》，其中提出的"世界文盲地图"与"世界贫困地图"高度一致，为各国教育政策与经济政策的结合提供了启发。随后，联合国教科文组织又相继发布了《提高质量势在必行》(2005)、《2000—2015年全民教育：成就与挑战》(2015)、《为了地球与人类的教育：为所有人创造可持续的未来》(2016)等报告，有力地推动2030教育目标、全民学习、终生学习等理念的普及。此外，联合国教科文组织定期发布的《全民教育全球监测报告》，从性别教育(2003)、识字教育(2006)、消除不平等(2009)、武力冲突与教育(2011)等视角反映了联合国教科文组织对教育议题持续的关注。

与联合国教科文组织不同，经合组织主要从人力资本理论出发，主张教育的意义在于提供个体谋生所需的知识与技能，进而增加收入，减少贫困。2017年，经合组织发布《2016年全球教育指标概览》，强调教育是消除贫困的有力手段，建议各国政府重点关注初等教育与职业教育。2019年，经合组织开始在部分成员国推广教育扶贫计划，主张为青少年提供免费的课程培训，进而增强青少年的就业竞争力。

2015年，联合国教科文组织、开发计划署、难民署、人口基金会、儿童基金会、妇女署、世界银行等国际组织在韩国仁川联合举办了世界教育论坛，强调了教育作为公共事业和基本人权的共识，重申了人文主义教育观。同年11月，联合国教科文组织在第38届大会上通过了《教育2030行动框架》，对协同治理的具体目标与治理框架进行了讨论，标志着国际组织开始系统性地协同应对全球教育问题①,联合国教科文组织、经济合作与发展组织、世界银行、欧盟等国际组织也逐渐成为全球教育事务中影响力较大的国际组织②。

(三)文献综述对本研究的启示

总体来看,现有研究的贡献主要在于丰富了国外难民教育研究的角度,难民教育的宏观政策环境、难民教育的微观学习环境、难民教育的手段方式、难民教育行动的多元参与主体等研究主题都得到了大量研究,因而可对难民迁入国教育政策的制定以及相关主题下的拓展研究提供启发。

现有研究的不足之处主要在于两点。第一,从研究主题来看,专门聚焦国际组织在难民教育事务中作用的直接研究较少,由于常见的研究报告往往是国际组织自行撰写与发表的难民教育报告,因而主观性较强。第二,从研究方法来看,绝大多数研究都是以访谈、案例研究等定性分析为主,使用难民数据进行分析的定量研究仍显单薄;而在定性研究之中,基于比较研究视角的案例研究也要明显少于对个案的研究。

本文的创新之处主要在于两点。第一,从研究主题来看,本文将国际组织与难民教育相结合,不仅补充了国内现有研究的薄弱之处,也丰富了国外难民研究的主题。第二,从研究方法来看,本文在个案研究的基础上增加了对不同国际组织在难民教育行动中的横向比较,深化了分析的层次,有利于为不同类型国际组织参与难民教育事务提供启发。

三、联合国教科文组织、经合组织的比较分析

本文将联合国教科文组织(UNESCO)、经合组织(OECD)作为案例研

① 沈伟:《人文主义与工具理性的张力:国际组织在全球教育治理中的价值导向和政策实践》,《华东师范大学学报(教育科学版)》2019 年第 1 期,第 95—102 页。

② 乔鹤、徐晓丽:《国际组织全球教育治理的路径比较研究:基于核心素养框架的分析》,《比较教育研究》2019 年第 8 期,第 52—58 页。

究对象，主要是基于以下三个原因：一是二者均属于政府间国际组织，具有较强的国际影响力；二是二者均参与难民教育事务，出版了与难民教育直接相关的公开报告，在难民教育领域具有一定的话语权；三是二者在组织特点与教育理念上存在明显差异，各自具有一定的代表性。

（一）基于教育理念的比较分析

联合国教科文组织是联合国主要机构之一，是各国政府讨论教育、科学和文化的一个专门的国际组织，也是国际教育的重要协调和指导机构。其宗旨在于通过教育、科学及文化来促进各国合作，对和平与安全作出贡献，以增进对正义、法治及《联合国宪章》所确认的人权与基本自由的普遍尊重。因此联合国教科文组织倾向于将教育理解为一种促进国际理解、和平与人权的途径和手段。

经合组织是由 34 个发达市场经济国家组成的政府间国际组织，成立初衷是为了应对经济、社会和政府治理等方面的挑战，把握全球化带来的机遇。经合组织主要关心工业发达国家的共同问题，经常为成员国在制定国内政策、确定在国际组织和国际事务活动中的立场方面提供帮助，被誉为发达国家的“智囊”。经合组织倾向于将教育作为一种增值手段来理解。就个人层面而言，经合组织理解的教育需要有助于提高个人生活质量、稳定经济收入以及助力于满意的职业发展规划；就社会层面而言，经合组织理解的教育需要有助于成员国以及国际社会经济增长以及社会和谐发展的价值观的传递。

尽管联合国教科文组织和经合组织的成员国呈现出高度一致的特征，但这两个组织成立的初衷和对教育属性的理解各不相同，因此在教育理念、教育政策等方面也表现出不同的特点。联合国教科文组织作为一个意识形态和伦理性较强的组织，以促进国际理解和交流、维护世界和平、实现人类的基本权利为诉求，因此在实施教育行为、制定教育政策方面，遵循人道主义原则。经合组织作为一个主要由发达国家组成的政府间国际组织，追求教育的效率、效益以及成效共享的平等性，因此在实施教育行为、制定教育政策方面更多地以利益为导向(见表1)。

表1 联合国教科文组织、经合组织的教育理念对比

分析角度	联合国教科文组织	经合组织
组织特点	意识形态和伦理性组织	发达国家政府间国际经济组织
教育目的	促进人类和平	利用教育的有效性
行动原则	人道原则	利益原则
对教育的期待	促进国际理解、和平与人权	个人层面:提高生活质量、经济收入,有利于职业发展; 社会层面:促进成员国以及国际社会经济增长及社会和谐发展的价值观的传递

联合国教科文组织和经合组织如此明显的分歧和组织内部成员的权力博弈激烈程度密切相关。联合国教科文组织同时包括了超级大国(美国)、老牌发达国家(如英国、法国)和第三世界发展中大国(中国)。随着国际化逐渐加深,国际竞争与合作显著加剧,国际组织在承认文化多元和文化无优劣的价值观的前提下,才能有效地开展政治、经济领域的广泛合作。基于此,联合国教科文组织将难民教育的核心主张定义为"要搭建桥梁而不是筑起高墙",同时也从侧面反映出,比起迅速完成目标,优先考虑在过程中保证言辞政治正确、不被误解、不轻易得罪任何一方显得更为重要。

相比之下,经合组织的情况较为不同。经合组织由观点相近的西方发达国家组成,在共识方面不会经历联合国教科文组织同等程度的摩擦。经合组织主要通过政策的制定和实施来提高教育水平,消除教育不平等现象,从而促进成员国的经济增长、就业及生活水平的提高,同时保持财政稳定,在多边、平等的基础上促进世界贸易的发展,以此对世界经济发展作出贡献。因此,教育被视为追求经济利益的手段之一。基于此,经合组织对于难民教育的核心主张是希望通过制定和实施教育政策,直接或间接促进成员国的经济发展，这就意味着对难民教育政策的讨论必然带有经济性的考虑和对量化指标的重视。

（二）基于难民教育行动的比较分析

1. 联合国教科文组织的难民教育行动

联合国教科文组织主要从两个方面对难民教育采取行动。一个方面是将年度出版物（即《全球教育监测报告》）2019 年热点主题确定为“难民教育”，旨在提高国际社会对于“难民教育”议题的关注度。另一个方面是重视媒体的作用，努力改变媒体关于难民和移民的错误观念。

难民问题在 2011 年以叙利亚内战爆发为标志进入国际社会视野，但一直未受到国际组织的足够重视。联合国教科文组织的《全球教育监测报告》主题反映的是最需要国际社会关注的教育主题，但连续 7 年都未聚焦难民群体[①]。2019 年联合国教科文组织《全球教育监测报告》终于聚焦难民群体，出版了《移徙、流离失所与教育：搭建桥梁而不是筑起围墙》年度报告。

该报告的贡献主要有两点。一是在难民教育数据支离破碎的情况下，对既有的统计数据进行了基本的描述统计（并非复杂的数据分析），力图用可量化的数据说明“将移民和难民纳入国民教育体系”进展缓慢。二是对教育和迁徙（主要指流离失所）之间的关系进行了较为清晰（并非充分）的说明，力图解释教育对移民问题的重要影响，以及人口流动对难民教育系统和技能获取提出的挑战。

对媒体的广泛呼吁与沟通也是联合国教科文组织的重要举措。2016 年 3 月，联合国教科文组织在巴黎召开的媒体与移民主题辩论会上明确指出，尽管很多媒体都专注于人道主义报道和讲述难民故事，但

① 联合国教科文组织历年的《全球教育监测报告》主题分别为：2012 年的《青年与技能：拉近教育和就业的距离》；2013/2014 年的《教学与学习：实现高质量全民教育》；2015 年的《2000—2015 年全民教育：成就与挑战》；2016 年的《为了地球与人类的教育：为所有人创造可持续的未来》；2017/2018 年的《教育问责：履行我们的承诺》）。

实际上很少有记者受过报道这类题材的相关培训。这会导致一些问题，例如，没有受过培训的记者意识不到区分“移民”“庇护申请者”和“难民”这些称呼的重要性；不自觉地将难民描述成男性威胁或是受害者的形象，进而在无形中制造一种“我们和他们”的区别，掩盖当地居民和新加入者之间共同面临的人道主义问题；片面强调难民突然涌入而造成的挑战（骗取社保福利、抢占就业机会、带来恐怖主义等），却对难民迁入国可能获得的好处、难民个体受过的良好教育和融入新社会的迫切愿望避而不谈。

联合国教科文组织认为，媒体因缺乏准确、可获取的信息而传递出的错误观念和误解会导致原本就复杂的难民挑战变得更加严峻。基于此，联合国教科文组织创设了一门针对新闻和媒体培训机构的课程“聚焦难民，报道移民现象”①。此番用意非常明显：借助媒体和政府间国际组织的合作，鼓励国际社会对难民危机和难民教育体系形成更公允的评价；通过搭建难民媒体和难民记者的多边论坛来提高难民新闻的客观性和公正性。

2. 经合组织的难民教育行动

与联合国教科文组织强调“难民教育”本身不同，经合组织对难民教育的关注是以帮助难民获得（更好的）工作机会为前提。在联合国教科文组织网站，“难民教育”单列为特殊关注模块；在经合组织网站，教育和移民（含难民）分属两个模块。经合组织对难民教育的聚焦源于与联合国难民署的一场长期合作，动因是为了兑现国际社会在 2016 年《纽约难民和移民宣言》中作出的承诺：“面对发展中国家所在地区拥有世界上 85％的难民的现实情况，各国承诺要增加难民进入第三国安置的机会，并确保各国更及时、公平和可预测地分担责任；为了实现这个承诺，国际社会必须

① Fackson Banda, “Teaching Journalism for Sustainable Development: New Syllabi,” Paris: United Nations Educational, Scientific and Cultural Organization, 2015, https://unesdoc.unesco.org/ark:/48223/pf0000233878, 2023-5-27.

加速协同行动。”经合组织和联合国难民署由此开展了一项名为“安全的难民途径”的研究。

这项研究旨在进行关于难民重新安置和难民入境途径的数据收集(定期更新),这是此类研究首次开展如此大规模的调查工作。2018年12月,经合组织和联合国难民署联合出版了研究报告。面对当前大规模难民流动和被迫流离失所的全球背景,该报告通过定量分析56万难民进入经合组织国家的方式、数量、比例,发现除移民定居外,家庭、学习和工作许可证等合法准入许可(即替代途径)对难民在第三国的安置发挥了重要作用。

但需要注意的是,经合组织的核心部门集中在就业、劳工和社会事务部。难民教育并不是该研究的目的,而是该研究达到目的的手段,即促进难民合法进入第三国。为了实现这一目的,经合组织的确对“难民教育现状”进行了分析,但在系统性和充分性上有所欠缺。

3. 两大组织行动的比较分析

从行动结果来看,联合国教科文组织和经合组织均希望通过吸引国际社会聚焦难民教育这个议题,缓解难民和东道国、东道社区之间的摩擦,促进共存共处。这种“共存共处”无论是出于对人道主义的考量,还是对经济增长的考量,无疑都会对维护国际安全产生积极的正面作用。同时,二者在难民教育行动上的差异更为突出。从行动目标来看,联合国教科文组织是为了通过关注、支持难民教育进而保障难民的人权,维护国际社会的稳定;经合组织则是为了通过关注、支持难民教育而增加难民在迁入国的合法就业机会,促进经济稳定与增长。

从分析角度来看,尽管二者所发布的相关报告都包含大量数据展示内容,但联合国教科文组织更侧重于定性分析,通过叙事和文本描述强调难民的教育现状以及教育对难民和国际社会的紧迫性,同时这部分既有的学术文献和专家意见也较为丰富,例如国际政策和教育合作组织(NORRAG)[1]早在2016年就专门将“难民教育”作为当年《国际教育政策研究与合作通讯》的主题,发布了《难民、无家可归者与教育:发展与政策新挑战》报告[2]。反观经合组织,其报告更侧重于对面板数据进行描述统计和交叉分析,观察数据的变化趋势和变化特点,同时由于难民的高流动性和低登记意愿,难民数据成为进行实证研究的一大障碍,因此经合组织可供参考的高质量的学术文献和专家意见远不如联合国教科文组织丰富。

从国际合作的角度来看,经合组织与联合国难民署的合作为政府间国际组织在难民问题上的合作提供了一个范例。这种合作的意义至关重要,意味着国际组织可以通过部分业务的联合(尽管目前这两个组织的成员国高度重合)提高在国际事务中的影响力。与此相比,就难民议题而言,联合国教科文组织在与其他国际组织的合作方面仍然有较大的空间。从面临的挑战来看,联合国教科文组织需要想办法在“咨询”业务之外增加实质性的行动,并拓展与其他国际组织的合作关系。经合组织则需要在数据挖掘的基础上对难民教育做更为深入的原因分析。

(三)两大组织的行动不足及原因分析

1. 联合国教科文组织

尽管联合国教科文组织做出了诸多努力,但在实践过程中仍有一些不足,如与其他国际组织合作程度低,对难民教育的科普性也远大于文本的政策影响力。第一,联合国教科文组织与其他国际组织之间的关系看

---

① 国际政策和教育合作组织(Network for International Policies and Cooperation in Education and Training, NORRAG)是一个全球会员制的国际政策和教育合作网络,旨在通过传播多样化的观点、事实和证据,积极促进全球教育发展的关键对话;目前集中于探讨2030年可持续发展议程中的教育和培训政策、城市暴力、青年与教育等主题。

② Network for International Policies and Cooperation in Education and Training (NORRAG), “Refugees, Displaced Persons and Education: New Challenges for Development and Policy,” May 2016, https://resources.norrag.org/resource/2/refugees-displaced-persons-and-education-new-challenges-for- -development-and-policy, 2021-6-20.

似丰富，实则单薄。2019 年的《全球教育监测报告》显示，联合国教科文组织合作的组织机构共包括 11 个国家的 14 个组织机构。从绝对数字来看似乎已经不少，但如果对这些组织结构进一步划分，会发现这 14 个组织机构主要分为三类。第一类为 10 个国家政府机构，包括澳大利亚外交部、法国外交部、芬兰外交部、爱尔兰外交部、挪威外交部、英国国际发展部、瑞典国际开发合作署、德国联邦经济合作与发展部、瑞士国际开发与合作署、加拿大全球事务署。第二类为 1 个多边机构，即联合国儿童基金会（UNICEF）。第三类为 3 个私营基金会，包括休利特基金会、万事达基金会、开放社会基金会。这意味着，一方面，联合国教科文组织的合作对象始终是发达国家的政府机构，与其他国际组织尚未形成合作关系；另一方面，在难民教育的报告上，仍然是发达国家掌握着话语权，真正的难民来源国和承受了大量难民涌入的发展中国家（如黎巴嫩）并没有机会发声。

第二，联合国教科文组织通过媒体培训，试图搭建难民媒体和政府间国际组织的多边论坛，但难民及其组织的声音依然微弱。这也是黎巴嫩导演娜丁・拉巴基的电影《何以为家》①能够在世界引起热议的关键原因。联合国教科文组织的难民教育报告《迁徙、流离失所与教育》无法获得类似的关注度，和表达媒介有关，但也要反思在报告中难民群体较低的参与及表达会在多大程度上影响人们对这份报告的重视和兴趣。尽管报告撰写小组中包含两位曾经为难民的成员，但难民群体的复杂性和多样性意味着需要更多的代表性。

2. 经合组织

经合组织和联合国难民署这项研究初期的难点在于如何获得高质量的数据，包括直接收集数据、对已有的各来源的难民数据库进行大规模的合并、对数据口径进行统一、对重复或无效数据进行清洗等。报告的不足

① 影片描述了黎巴嫩的贫民窟儿童赞恩与难民们的辛酸生活，该影片最大的特点在于影片大部分演员均为真实生活中的难民与贫民窟居民。

在于使用数据的方式和层次都较为简单,挖掘数据背后的价值成为一个难点。

第一,在集成这个庞大的数据库后,报告选择采用较为简单的描述统计和分类讨论的方式对数据进行交叉分析,侧重对现状进行描述。例如,报告对经合组织国家向五个难民来源国人民发放的所有非人道主义准入许可证的类别进行分析,发现家庭许可证占 86%,学生许可证占 10%,工作许可证占 4%,以此表明难民通过申请家庭许可证进入第三国的概率更大。报告也对叙利亚难民 2010—2017 年获得的许可证进行趋势分析,发现学生许可证的比例呈现出“先上升后下降”、家庭许可证呈现出“先下降后上升”的趋势,以此表明持续时间过长的难民潮的确引发了难民教育断层,以及越来越多难民正以家庭为单位受到影响。

细究其原因,一方面可能是整理后的难民数据库尚未做好进行深度定量分析的准备;另一方面,两大重要政府间国际组织之间的难民问题合作,考虑到研究投入成本、研究周期和工作绩效(述职)等原因,需要尽快呈现出初步的研究成果以便获得进一步的支持。因此,如何更深入地挖掘数据成为经合组织在未来需要克服的挑战。

第二,如何将“对难民学习许可证的定量分析”和“如何促进难民教育的定性分析”更紧密地结合也值得商榷。经合组织—联合国难民署(OECD-UNHCR)报告显示出鲜明的量化测量风格而在定性分析上显得不足,这可能和经合组织深受新自由主义影响,将推动绩效文化作为一项重要教育工作,并且将绩效简化成量化测量有关。①② 国际社会对难民教育越来越重视,主要是考虑到其正外部性(减少青少年难民陷入暴力极端主义或加入暴力极端组织)对国际安全的贡献,是出于对维稳

① 孔令帅、马文婷:《国际组织教育政策价值取向的个性、共性与局限性》,《外国教育研究》2018 年第 1 期,第 67—78 页。

② 孔令帅:《透视国际组织教育政策背后的运作逻辑:以世界银行和经合组织为例》,《比较教育研究》2011 年第 10 期,第 50—54 页。

的关切。经合组织力图将整理难民数据作为行动核心，强调对难民进入第三国的不同方式的分析，但对难民教育对东道主经济和国际安全的影响本身并没有给予足够的研究。例如，难民的学生许可证占整体许可证的比例的高低和东道主社区的就业情况、税收收入变化是否有关？如何相关？何种程度的难民教育更容易获得学生许可证？难民的教育分层情况和进入东道国后发生的暴力事件之间是否存在某种联系？以家庭许可证进入东道国二部制学校进行学习的难民儿童，又经历了哪些审核指标的变化？这些都是令人好奇但经合组织尚未提供足够分析的问题。

图 1 UNESCO－2019 报告封面

图 2 OECD－UNHCR－2018 报告封面

图 3 UNHCR－2016 报告封面

图 4　NORRAG－2016 报告封面

这可能受到两个方面的影响。一方面，作为一个以推动经济发展为己任的组织，与教育对难民个人发展和社会进步的作用相比，经合组织更看重难民教育的经济功能以及如何对成员国的经济增长负责，因而容易倾向于对趋势的分析和对定量指标的监测；另一方面，经合组织自身的定量分析传统要显著优于定性分析，与联合国难民署的合作又以数据共享为主，因此倾向于定量分析，而在定性分析方面相对薄弱，需要依靠新的合作方来借力。

四、建议与总结

(一)对国际组织的建议

1. 共享数据与信息，促进联合国教科文组织、经合组织、联合国难民署多边合作

联合国教科文组织掌握一手教育信息，经合组织掌握丰富的数据收

集和指标设计经验，联合国难民署掌握一手的难民信息。考虑到三个组织均已从组织利益的角度出发聚焦到“难民教育”主题研究，它们所需信息和已有信息存在明显的互相重叠的情况，因此在特定协议的基础上互相开放信息资源库和数据库，将有助于减少三个组织不必要的经济成本支出。同时，三者既可以保留独立撰文的权利，也可以像经合组织和联合国难民署一样选择联合撰文和发表。无论是何种方式，都能扩大报告（实则是国际组织本身）的国际影响力并减少相当程度的运营支出。

2. 促进联合国教科文组织、经合组织、世界银行多边合作

世界银行将教育视为减少贫困、消除平等、稳定经济发展的最有利的武器之一。世界银行注重对第三世界发展中国家的教育援助，而发展中国家普遍存在着基础薄弱、教育落后的现实困境，世界银行的大多数贷款都流向了发展中国家的基础教育。难民教育恰好符合世界银行的三个诉求：儿童基础教育缺失；难民多来自发展中国家；难民对经济发展、国际安全、教育平等造成威胁。由于难民危机已演变为国际问题且在短期内无法自行消亡，资金问题又是制约国际组织开展实质性行动的一大难点，联合国教科文组织、经合组织可以考虑与世界银行通过协议成立难民教育专项基金，争取相对稳定和大额的资金保障。

3. 鼓励、加强国际组织与高校、研究机构的合作

经合组织可考虑向部分高校学者开放难民数据库的部分内容，也可考虑和 NORRAG 等非政府国际教育组织进行合作。经合组织目前的难民数据库并未向公众开放，考虑到目前关于难民及难民教育的实证研究仍然不足，需要加速数据挖掘，经合组织可以考虑和部分高校或者研究机构合作，共同利用难民数据的资源并分享研究成果。这种资源共享并非完全以免费形式公开，经合组织可以考虑以会员制或者互换资源的方式进行信息公开。更多学者使用经合组织难民数据库可以增加该数据库的使用黏性进而扩大其影响力，这种方式也可以为经合组织置换到更多样的资源和信息，促进经合组织的可持续发展。

(二)总结

国际组织一向是协调各国行动、多边合作以及全球性宏观事务，维护世界和平，实现合作共赢的重要力量，被赋予了构建人类命运共同体、实现全球善治的期待。但是，到目前为止，很多国际组织在全球治理议题上发挥的作用离期待仍有很大差距。面对难民危机背后的暴力冲突、经济发展障碍和对人权的破坏，联合国教科文组织和经合组织两大政府间国际组织从难民教育入手各自展开行动，却受到信息(含数据)收集困难、分析视角存在盲点、单打独斗力量不足等问题的制约。面对全球治理过程中越来越复杂和棘手的挑战，国际社会对国际组织的期待已不再局限于鼓励其发挥自身作用，而是希望通过国际组织之间协同合作，打开全球治理的新局面。

世界卫生组织与世界贸易组织在国际公共卫生领域的角色比较

——以食品安全为例

钟若凌*

一、基本问题

冷战之后，全球性问题逐渐增多，随着国家思维转变、交通和通讯等技术进步，国家间联系逐渐密切，国际社会跨国家解决问题的趋向加强。在公共卫生领域，国际旅行、环境保护问题、人口问题、经济全球化等导致商品和人口在全球范围内的自由流动增加，主权国家单独依靠自己的能力预防疾病、促进健康变得日益困难。①

独立于联合国的世界贸易组织（World Trade Organization，WTO，简称世贸组织）在1995年正式成立，作为政府间更具有约束力、更具有全球性的国际经济组织出现，有“经济联合国”之称。虽然世贸组织以调节贸易纠纷、推动减少贸易壁垒、促进成员国经济合作等为主要任务，但健康卫生和经济贸易之间并不互相独立。

2002年世界卫生组织（World Health Organization，WHO，简称世

* 作者系北京大学国际关系学院2018级本科生。

① 冯洁菡：《公共健康危机与WTO知识产权制度的改革：以TRIPS协议为中心》，武汉：武汉大学出版社2005年版，第61页。

卫组织)和世贸组织秘书处开展联合调查,发表《世界贸易组织协议与公共卫生》报告,指出由于世界一体化程度越来越高,两大组织单独处理自己的领域越来越不可能,所有的 WTO 协议都与健康有关。

世界卫生组织在《国际卫生条例》中明确条例的目的和范围,即以针对公共卫生风险,同时又避免对国际交通和贸易造成不必要干扰的适当方式,预防、抵御和控制疾病的国际传播,并提供公共卫生应对措施。该条例指出各国应对贸易活动采取适当的特定措施,防止与公共卫生问题相互恶化。除此之外,近年埃博拉病毒暴发造成了严重的国际卫生危机,威胁着众多国家的经济体系和基础,更加突显贸易与公共卫生无法分割。

冷战之后,贸易成为国家交往最常见的形式,且贸易内容逐渐不再局限于传统的货物贸易。WTO 将贸易领域向各方向扩展,在卫生领域除了医疗器械、药品外,医疗服务、药品的知识产权和投资项目都被纳入贸易中。[①] WTO 制定贸易条例、建立贸易机制、调整贸易规则和规范,直接影响了各国卫生资源的流动、获取、输出。因此,WTO 客观上对国际卫生治理有大量参与,影响力不断提升。有论者认为,WTO 通过各国的政治意愿达成一致的协议减少了各国政府追求国家卫生目标时所能采用的限制贸易的措施,获得了对国家卫生较大的管理权力,而一贯适用原则,使其对卫生服务自由化和放松管制的影响比其他组织大得多。同时,WTO 争端解决机构对各成员国的影响在贸易领域中成为事实,由于这些原因,WTO 正在成为全球卫生治理架构中最重要的国际机构。[②]

世界卫生组织作为联合国的专门机构之一,在国际卫生全球治理领

① 母君晨:《浅析 WTO 在公共卫生领域的影响及作用成因:以 TRIPS 协定中药品专利的规定为例》,《齐齐哈尔大学学报(哲学社会科学版)》2011 年第 3 期,第 83—86 页。

② Owain Wiliams, "The WTO, Trade Rules and Global Health Security," in Alan Ingram, ed., *Health, Foreign Policy & Security*, London: The Nuffield Trust and The Nuffield Health and Social Service Fund, 2004, p. 73.

域负有广泛的国际责任，依靠高精技术、核心研究能力等优势，通过制定标准、提供医药技术知识和卫生信息等方式发挥着不可替代的作用。

然而，通过近年的公共卫生危机可以窥见世卫组织的不力之处。2015 年埃博拉病毒暴发后，有专家呼吁应对世卫组织进行全面彻底的改革，认为联合国在公共卫生领域的危机应对上并没有足够的组织准备和能力。[①] 世卫组织改革也在不断推进，但财政问题、应急能力和治理效率问题难以解决，暴露了改革困境。[②] 随着卫生治理领域行为体增多，世卫组织在全球卫生治理中逐渐边缘化，其全球卫生治理领导地位正在被挑战。

为什么世界贸易组织在公共卫生领域有如此大的影响力和作用力？世界卫生组织与世界贸易组织在公共卫生领域的行动有何不同？在这种情况下，世界卫生组织可能做出的调整是什么？

本文旨在以食品安全领域为例，分别讨论世界贸易组织与世界卫生组织的具体行动和行动机制，并探讨世界卫生组织未来可能的改革路径。

二、食品安全领域的行动比较

（一）治理措施

1. 世界卫生组织

截至 2021 年 3 月，世界卫生组织官网显示其关注的健康话题共有 153 个，食品安全是其中之一。

由于科技迭代、人和活畜的跨境流动、食品跨境流动、发展中国家城市化加快、食品处理方法改变、新病原出现，甚至包括气候变化等因素，世界范围内的食品体系发生了显著变化，食品风险整体增加，食品安全问题

---

① 彭小林，张菁：《埃博拉失控之后，专家呼吁世界卫生组织应进行改革》，《中国感染与化疗杂志》2016 年第 3 期，第 251 页。

② 黄震东：《后埃博拉时代世界卫生组织的改革议程及其困境分析》，上海：上海外国语大学硕士学位论文，2018 年 5 月，第 2 页。

日益受到公众关注。[1] 此外，人口增长、生产产业化和集约化、消费者对食品选择和需求增多，使得从生产者到消费者之间的食物生产链越来越长和复杂，如果存在安全问题，召回食品可能极为复杂，若是通过互联网销售，则更加困难。[2] 因此，食品安全审查等环节的缺失可能导致食源性疾病，危害消费者健康，而万一出现问题，追责和事后补救成本和操作难度将非常高。世卫组织自 2015 年 4 月 7 日世界卫生日开始，把推动全球“农场到餐桌”全链的食品安全正式作为开展努力的目标。

世卫组织将食品安全分为食源性疾病、食品卫生、食品技术、微生物风险、化学品风险、国际食品标准、国际食品安全当局网络（International Food Safety Authorities Network，INFOSAN）、抗微生物药物耐药性、人畜共患疾病和环境、营养和食品安全共十个工作领域。其具体工作包括评估食品中的化学风险、评估食品中的微生物风险、促进食品安全处理、估计食源性疾病负担四类。

第一，世界卫生组织评估食品中的化学风险的方式是独自或合作成立特定专家小组或开展计划，包括：与粮农组织共同管理的“粮农组织/世卫组织食品添加剂联合专家委员会”（JECFA），通过会议和发表会议报告公布对食品添加剂等成分安全性的检测评估结果；与粮农组织共同管理的“粮农组织/世卫组织农药残留联席会议”（JMPR），专门对食物中的农药毒理、残留、人体可摄入量等指标进行研究审查，并定期发布 JMPR 报告；开展“全球环境监测系统—食品污染监测和评估计划”（GEMS/Food），进行数据搜集、能力建设，最终成果为可获得的方法和数据分析系统，包括国际短期估计摄入量指南（IESTI）、慢性暴露评估模板（IEDI）、食品安全合作平台数据库（FSCP）等。

---

① 陈向前：《WTO〈SPS 协议〉实施机制及国际动物卫生法比较研究》，北京：中国农业科学技术出版社 2005 年版，第 102 页。

② 世卫组织总干事谭德赛：《粮农组织/世卫组织/非盟国际食品安全会议上的开幕致辞》，2019 年 2 月 12 日，https://www.who.int/zh/dg/speeches/detail/opening-speech-at-who-fao-au-international-food-safety-conference，访问时间：2019 年 8 月 25 日。

第二，世卫组织评估食品中的微生物风险同样是与粮农组织紧密合作开展，即共同管理“粮农组织/世卫组织微生物风险评估联合专家会议”(JEMRA)，发布相关报告，提供有关微生物风险管理的专家建议，或通过课程、讲习班以及提供风险评估和风险管理工具来进行能力开发和技术转让等。

第三，促进食品安全处理的主要成果是“安全食品的五把钥匙”，即“保持清洁、生熟分开、彻底煮熟、将食物保持在安全温度下、使用安全的水和原材料”，采用多语言宣传片、海报的形式进行推广，向大众提供简单、有效的预防方法。

第四，估计食源性疾病负担的成果主要是国际食品安全当局网络的会议报告，以及开放食源性疾病负担数据库(Foodborne Disease Burden Database)，其中，国际食品安全当局网络目前拥有600多个成员，是通过国家间联系和会议进行信息、技术交换，建立管理食品紧急情况的全球网络。

总之，按照行动类型，可以分为搜集并分析数据、提供技术和指导文件以及专家建议、研究分析工具和建立数据库、提供平台和促进合作；按照目标，可以分为提高公众意识和保护消费者健康、建设国家能力、制定国家和国际食品安全标准、确保公平贸易惯例。

2. 世界贸易组织

与世界卫生组织在食品安全领域行动的“评估”“建议”“标准”“指导”不同，WTO在食品安全领域的影响力通过国际贸易行为实现。

世界贸易组织的三大职责包括制订规则、组织谈判、解决争端，其中制订规则指的是规范全球经济运作的国际规则并监督这些多边贸易规则的执行，规则的范围从一般的边境关税和非关税措施，到贸易相关的投资、知识产权等，跨度极广。世贸组织的目的是建立一个囊括货物和服务贸易、贸易投资、贸易知识产权为内容的多边贸易体系，以减少贸易壁垒，推进符合其基本规则的贸易自由化。WTO作为经济组织，并不对促进全球健康负有直接的、全部的责任，它对公共卫生的影响主要还是通过约束和规范与卫生和健康有关的服务、货物、贸易而实现的，这一点是与WHO的根本区别。

传统上认为贸易和健康是潜在双赢的，经济发展可以为人民谋福祉，而人民健康有利于国民经济发展，但事实并不总是如此，由于国际贸易涉及多种形态、多个领域，WTO作为贸易组织与全球公共卫生的关系也复杂起来。

以《与贸易相关的知识产权协议》（TRIPS）为例，一方面，WTO确实可以通过经济增长和成员国条约等方式对全球健康起到促进作用，TRIPS协议致力于保护专利和知识产权，一定程度上有利于医药技术创新和新药研发；[①]另一方面，TRIPS协议导致专利垄断、药品高价，使得中低收入人群可支付的药品无法获得，公众健康受到显著威胁。2001年以来，发展中国家的公共健康问题给民众健康造成了严重威胁，其中一个关键因素就是患者无法逾越由于药品专利形成的药品高价壁垒，难以获得有效的廉价药品。[②]

WTO制定的食品安全方面的基本规则主要是《实施动植物卫生检疫措施的协议》（Agreement on the Application of Sanitary and Phytosanitary Measures，SPS协议）。该协议确认各国政府在提供它们认为适当的健康保护水平的主权权利的同时，保证这种主权权利不被滥用为贸易保护主义的目的并对国际贸易产生无谓阻碍，这是SPS协议的根本目标。

在SPS协议出现之前，各国自己的动植物卫生检疫措施已存在很久，主要作用是为了回应消费者对食品安全的关注，和在农产品贸易竞争中寻求本国的经济利益。

---

① 曲如晓、焦志文：《论国际贸易的健康视野》，《国际贸易问题》2005年第10期，第97—101页。

② 史学瀛等：《公共健康危机与发展中国家的知识产权战略》，天津：南开大学出版社2014年版，第2页。

1986年乌拉圭回合谈判的动力之一是推进农产品贸易自由化，其目标是减少贸易壁垒，与之相对，人们对各国卫生和植物检疫措施可能用于保护主义目的的担忧增长，为了弥补这一漏洞，SPS协议对各国对贸易造成影响的SPS措施、权利和义务进行了明确。该协议的基本逻辑是，在提供科学依据的前提下，允许各国采取限制措施并向WTO通报，同时允许他国以科学证据不足为理由，对一国的保护性措施提出质疑。同时根据SPS协议还设立了SPS特别委员会，负责审查协议的遵守情况，并与适当的技术组织保持紧密合作。在涉及卫生或植物检疫措施的贸易争端中，将使用正常的WTO争端解决程序，并可以寻求科学专家的建议。因此SPS协议的核心就在于真实、可信、中立的科学标准和争端解决程序，基于此背景，SPS协议引入了“科学根据”等新的规则。

1996年10月美国向SPS特别委员会报告，根据美日1995年双边协定，日本将在美国供应商进行昂贵费时的检验后接受两种苹果的进口，但经证实，相关的处理是不必要的，因此美国认为日本将SPS措施用于贸易保护主义，而根据SPS协定第5.8条正式启动磋商程序。日方坚持要找到基于科学依据的解决办法，2001年7月美国称仍在等待执行专家组织裁决。2001年8月，美日通报了双方满意的解决方法。[①]

多数通报到SPS特别委员会的记录中，科学依据都是提出方和支持方的核心关注，世贸组织将国际标准制定权交给联合国粮农组织、世界卫生组织等卫生专门机构，实现了专业、科学的技术和标准的内化，增强了SPS协议的科学性和可行性。

SPS协议减少了贸易中的食品安全风险和可能出现的危机，其规定以科学依据为基础，减少了检疫性危险如病害的传播可能，也减少了含有非健康或未达到健康标准的添加剂、毒素的食品作为货物在国际

① 葛志荣主编：《特别贸易关注：WTO成员间食品安全和动植物卫生措施纠纷汇编》，北京：学苑出版社2004年版，第109页。

贸易中的流动，既保证达成公平贸易，又为消费者健康负责，有效预防了可能出现的大规模食源性疾病、传染病扩散的公共危机。除此之外，SPS 协议还留出余地，承认健康问题在多数条件下的优先性，各成员国提供健康的权利不被剥夺，当与健康事实相违背时，政府可以采取保护健康而不遵守 SPS 协议的行动，因而各国人民的健康同样在法律保护之下。

WTO 众多成员方均被包含在 SPS 协议内，经济的广泛联系使食品安全不再是各国政府独立推动和保障的事务，而是与其他国家相互联系、共同达成的目标，国际贸易自身的流动性和动力将为食品安全保护注入强大的活力，在短时间内使食品安全标准在各国得到承认，并推动各国国内标准的设立，同时争端解决机制提供了制度性保障，从这个层面上来讲，WTO 在食品安全领域的作用是强大而有效率的。

3. 小结

WHO 和 WTO 的措施在目的、行动、形式、法律依据和适用对象方面可以进行横向比较，总结如表 1。

表 1　WHO 和 WTO 具体措施对比

	WHO	WTO
目的	进行相关研究，提供全球性的食品安全指南和标准，努力促进和保障食品安全，促进保护消费者健康	规范国际贸易中食品安全等领域，促进相关领域的争端解决和贸易自由，保护人类与动植物健康和生命，并避免 SPS 协议和 SPS 措施被滥用于保护主义目的
行动	数据搜集和分析、提供指导文件及专家建议（如《国际卫生条例》等）；研究分析工具和建立数据库；提供平台和促进合作（如国际食品安全当局网络）	SPS 协议为主
形式	指南、规范、建议、标准、方案	条约、WTO 争端解决机制

（续表）

	WHO	WTO
法律依据	IHR（成员国有权拒绝或保留）、组织法	乌拉圭回合谈判的决定、GATT 法律条文、SPS 协议
适应对象	接受并运用、推行其标准的国家和其他行为主体	WTO 成员国

（二）行动机制比较

国际组织的外在活动基于其组织的内在机制。就世界卫生组织和世界贸易组织在食品安全领域的行动来说，同样是在其内部结构的支持和制约下展开的。

世卫组织在世界卫生治理领域具有显著的优势，源于世卫组织本身的显著特征，即专业性、公众性和政治性[①]。

第一，专业性。作为专门机构，世卫组织的工作集中于公共卫生和全球健康。该组织掌握先进技术和科研成果，对各领域顶尖专家有着极强的吸引力，对世界的医学和卫生发展方向有着引领作用，这些是 WHO 在卫生领域地位不可取代的关键原因。

第二，公众性。卫生与每个人息息相关，对人的生活质量和生命水平至关重要。马斯洛的“需求层次理论”将人类的需求从低至高分为五级，如图 1 所示，分别是生理、安全、社交、尊重、自我需求。卫生所能满足的人类需求属于生理需求，干净的食物、安全的水源、卫生的住处，这些都需要促进健康的努力，通过预防、普及卫生做法和知识，才能有效保障人类最低一级的需求。卫生的公众性特点一方面要求社会全员的配合、参与、认可，让世界卫生组织的动员能力有了基础，有助于提升其专业性，另一方面也要求世界卫生组织不断提高能力，借助公众影响力积极推进疾病

---

① 韦潇、代涛、郭岩，等：《世界卫生组织的管理体制机制及其影响》，《中国卫生政策研究》2010 年第 4 期，第 42—46 页。

预防、健康教育，使活动和行动达到预期效果，以人类健康福祉为目标努力。

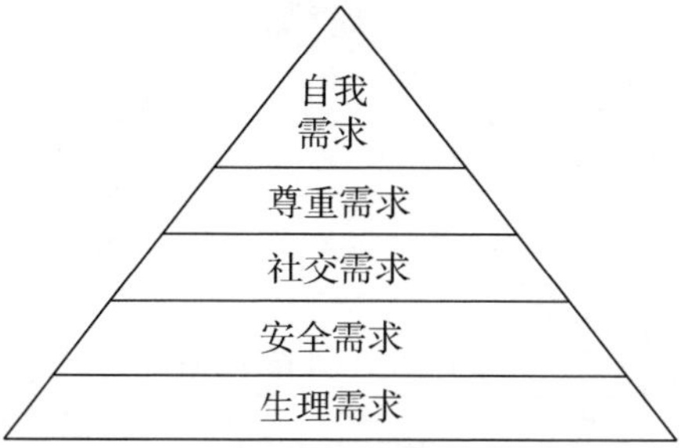

图 1　马斯洛的“需求层次理论”

第三，政治性。世界卫生组织是联合国下属机构，也是政府间机构，各成员国的参与是世界卫生组织架构和存在的基石，因此政治性是其基本特点，贯穿在组织结构、资源分配和决策程序等环节。同样，各国的广泛参与有利于向世卫组织提供资源支持，有利于世卫组织收集地区性信息，并与各国展开合作进行地区性的健康普及和疾病预防。此外，世卫组织还能通过直接的伙伴关系和合作在各区域建立医疗卫生体系，从源头进行卫生干预，这也是它比一般 NGO 更有行动力的原因之一。

除此之外，WHO 还拥有能够进行即时信息沟通的强大全球网络和领导人的优秀素质和能力等优势因素。

正是由于这些特点，WHO 公布的评估、统计数据，出版的指南、方案，制定的标准、规范等，即使在法律上没有效力，也能被推广为国际通行的标准，得到各国、各个国际组织的广泛承认和使用。①

但同时，世界卫生组织只能提供信息、技术、方案、建议，或组织开展项目，不具备对国家进行制裁或是对行为进行裁决的职能，世界卫生组织

---

① 韦潇、代涛、郭岩，等：《世界卫生组织的管理体制机制及其影响》，《中国卫生政策研究》2010 年第 4 期，第 42—46 页。

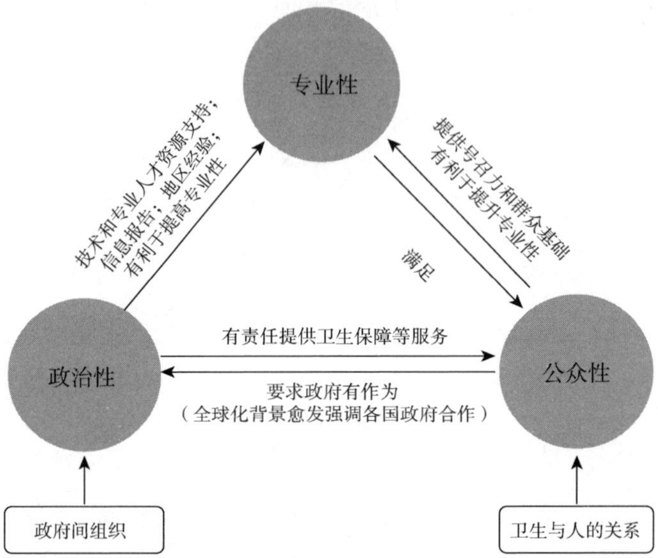

图 2 WHO 三个特性的相互关系

以战略规划、行动计划和策略等多种政策形式,通过各成员国的整体认同与自觉执行得以实施,来实现协调与解决全球卫生问题、促进卫生保健工作的目标。①

WTO 在公共卫生领域的行动机制与 WHO 相当不同。WHO 将公共卫生划分为多个领域,并根据不同的领域出台具体的标准和规则,以其专业性得到广泛认可和采纳;WTO 则是以自由贸易为导向,出台以相关产品或服务(比如食品)为主题的贸易规则,并以 WTO 本身所具有的结构性能力加以支撑,使条约和协定得到贯彻,使公共卫生在贸易中得到优化。

在 WTO 能够作为公共领域中最重要的国际组织的各类原因中,争端解决机制较为典型,它为协定和条约在公共卫生等领域得以落实提

① 韦潇、代涛、郭岩,等:《不同时期世界卫生组织主要政策及其变化趋势研究》,《中国卫生政策研究》2009 年第 12 期,第 47—53 页。

供了保障。WTO 的争端解决机制是多边贸易体系的支柱，也是 WTO 对世界经济稳定的独特贡献。①

国际组织不同于国际社会中的主权国家，国际组织没有主权，不能合法使用暴力或武力，因而对主权国家严格来说没有强制或干涉的能力，这导致在某些情况下，其能力作用的发挥会因受到限制或行动无法推行而打折扣。

在这种主权天然缺失的情况下，国际组织不断寻求贯彻其行动方针并使各国配合的方法和可能，WTO 是比较成功的榜样之一。WTO 运行同样不是靠强权行政，但有一套相对稳定、有效的争端解决机制。争端解决机制也是一种强制性机制，但是和国家所拥有的强制力的来源和效力有根本不同：前者是通过条约进行约束，迫使国家间互相制衡，而后者来源于国家主权所赋予的能力；前者的强制力并非牢不可破，而后者的强制力在一定条件内是绝对的。

有论者认为，WTO 的争端解决机制与其他国际争端解决机制的最大区别在于 WTO 是以"规则导向"为主的。传统来讲，"权力导向"以国家间有强弱之分为前提，并以谈判为争端解决手段，在这种形势下，强势国家有更大的优势；而"规则导向"强调以确定的程序和规范解决争端，并通过公正的第三方裁判，使强势国家的权力行使得到抑制。而从关贸总协定到世界贸易组织，总体来说是一个从"权力导向"到"规则导向"的渐进发展过程。② 规则导向下的 WTO 机制有利于增强广大"弱势"国家的信心，有利于增加机制透明度和公正性，也有利于各国对 WTO 规则的遵守。同时，WTO 作为一个成员国驱动的组织，并不能对成员国施加意愿，其唯一独立于成员国的职能就是司法职能，因此 WTO 的正常运行依赖于一套完整的、能够持续运行的规则，而 WTO 的争端解决机制还有一

① 田丰：《美国是否可以无视 WTO 争端裁决？》，《当代世界》2017 年第 9 期，第 68—71 页。

② 严蓉：《WTO 争端解决机制的强制性及对国内法的影响》，《时代法学》2007 年第 3 期，第 108—114 页。

层内在意义：若一个国家想要得益于该机制，就要遵守该机制；如果一个国家选择违背规则，就无法要求其他国家同样遵守规则。

此外，世贸组织不允许成员国对 WTO 协定进行保留，WTO 的“一揽子承诺”等极其特殊的条约组织方法，突破了“不能强迫国家打官司的国际法习惯和没有超越国家之上的强制性机构”的旧有软肋，事实上掌握了对成员国的强制管辖权。①

因此，WTO 的争端解决机制不只是规范化的体系，还在国家间有内在的制衡作用，这使 WTO 的条约得以比较有效地实现最终目的和预期效果。由 WTO 出台的 SPS 协议，使国际贸易相关的健康、卫生、食品安全的争议解决有了强制性的争端解决机制做保障，在旨在协调贸易和食品安全的国际条约中开了先例。②

但是，正如前文提到，国际组织的强制力通常不是牢不可破的。法学家奥斯丁将国际法称作“实证道德”，即国际法没有一个高于主权的政治权威可以确认并执行法律，所以国际法并非真正的法。劳特派特认为，国际法的效力和约束力来自各国对条约和习惯的一致同意。③ 总的来说，两者的观点都是“绝对主权论”，认为国家享有绝对主权，而国际法是主权国家的自我约束。

有研究指出，美国认为 WTO 争端解决机制中的报复系统有针对美国的倾向，并且比以往更加有攻击性色彩，而成员国有退出 WTO 的绝对自由。美国贸易新政中出现的无视世贸组织裁决的新趋势似乎暗示了美国的脱离倾向。如果美国不遵守裁决，将损害世贸组织的公信力，这是严重的挑战，对世贸组织是极其不利的。“WTO 作为国际贸易合作的多边平

---

① 严蓉：《WTO 争端解决机制的强制性及对国内法的影响》，《时代法学》2007 年第 3 期，第 108—114 页。

② 谢伟、张式军：《SPS 协议对中国环境安全的影响和立法对策研究》，《科技与法律》2008 年第 4 期，第 20—22 页。

③ 李成斌：《WTO 争端解决机制对国家主权理论的影响》，《法律适用》2001 年第 9 期，第 13—17 页。

台，具有重复博弈的性质，一个受到'尊重'的争端解决机制将更好地维护所有成员利益"。① 不论如何，争端解决机制如果出现了动摇，可以预见，各个领域包括 SPS 协议下的食品安全贸易都将受到影响。

表 2　WHO 与 WTO 比较

	WHO	WTO
主要职能	1. 制定全球卫生标准 2. 与政府部门合作，加强国家卫生计划 3. 开发并转化适当的卫生技术、信息和标准 4. 提供全球性的卫生指导方针	1. 通过理事会和委员会，推动实施乌拉圭回合有关的所有协议和合法措施（商品、服务、知识产权） 2. 通过争议解决程序，解决协议和合法措施在实施过程中遇到的困难与问题
管理机构	世界卫生大会	部长级会议，总理事会监督协议和部长级会议实施情况
认同方法	卫生组织公布的评估、统计数据，出版的指南、方案，制定的标准、规范被推行为国际通行的标准，得到各国、各个国际组织的广泛承认和使用	条约协定、争端解决机制等
争端解决	现行《国际卫生条例》第 93 条规定的争议解决程序	WTO 争端解决机制

资料来源：吴惠明、胡龙飞：《公共卫生与国际贸易：对 WTO、WHO、CAC 三个国际组织的比较》，《中国社会医学杂志》2000 年第 1 期，第 25—29 页。

三、现状与合作路径

（一）WHO 现状

就食品安全领域的情况来看，世卫组织相较于其他机构的国际公共

---

① 田丰：《美国是否可以无视 WTO 争端裁决？》，《当代世界》2017 年第 9 期，第 68—71 页。

卫生治理有着技术方面的优势，但是在对各国的直接影响上不如世界贸易组织一类有制度性保障的国际组织大。然而，世卫组织短期内进行结构性改革，效仿世贸组织建立如争端解决机制一样有强制力的机制，显然是不可能的。世卫组织无法复制其他组织的行为模式，要增强在公共卫生领域的治理能力，仍然需要从组织本身的矛盾出发，并在改革中进行自我定位。

目前不论是学界和 WHO 内部，对于 WHO 未来的改革已经进行了各类讨论。WHO 改革的基本现状有四：一是全球卫生治理主体增多而导致被边缘化，公私伙伴之间沟通有限，只针对个别项目而忽略能力建设，导致 WHO 职能履行碎片化和公共卫生治标不治本，且国家行为体卫生治理意识增强，不再完全依托世卫组织；二是组织财政危机严重，货币贬值导致购买力下降，而评定会费设置最高限额导致预算困难；三是独立性受损，WHO 过分依赖自愿捐助的融资模式导致行动受到预算控制；四是结构性缺陷导致的效率受限，WHO 采用的是分权区域治理结构，其中 6 个区域办公室相互独立且完全拥有人事权，使得总部部门和区域办公室之间沟通不畅、效率低下等。①

表 3　国际组织“成功”的评价指标

<table>
<tr><th>指标</th><th>含义</th><th>表现、备注</th></tr>
<tr><td>1. 有效性</td><td>实现了组织目标</td><td>三个方法衡量</td></tr>
<tr><td rowspan="2">2. 适应性</td><td>适应环境变化的能力和存活能力，能否准确把握变坏的形势并对组织的职能、目标和任务进行及时的调整</td><td>1. 适时改革
2. 寿命长</td></tr>
<tr><td>对组织工作范围内的紧急事件的处理能力</td><td>1. 事前预警能力
2. 事中应对能力
3. 事后挽救能力</td></tr>
</table>

① 晋继勇：《世界卫生组织改革评析》，《外交评论》2013 年第 1 期，第139—150 页。

（续表）

指标	含义	表现、备注
3. 自主性	决策能力：提出连贯性政策	外在压力主要来自成员国中的强势大国和国际社会中存在竞争关系的同类国际组织
	实施决策的能力	
	承担政治压力的能力	
4. 国际影响力	国际威望	
	吸引力	

资料来源：李春嘉：《世界卫生组织的发展获得成功的原因分析》，北京：北京大学国际关系硕士学位论文，2007 年 6 月。

国际组织运行的优劣评判标准多样，有成员国之间的合作情况，其本身的适应性、自主性，以及国际组织本身常设机构（对于世界卫生组织来说即为秘书处）的能力和效率（表 3）。[①] 这些综合因素造成 WHO 在其专攻的公共卫生治理领域被质疑能力不足以应对全球性的公共卫生危机，各国也提出对其常设机构进行改革的诉求，因此改革也在不断进行。

关于改革的必要措施已经过了很多讨论，比如克服组织的功能失调并促进领导协调能力、从预算和资金结构改革缓解财政危机、增强机动性以更好地应对全球危机等提案和想法。[②] 然而，组织一体化、网络化的确能够在世卫组织内部支撑起更强大的治理能力，但前提是明确各部门职能并增强对区域办公室的掌控能力，这是最困难的部分。而预算改革主张明确战略上的优先顺序，避免越管越宽，但“健康”命题本身涵盖多个方面，如何定义 WHO 的职责范围同样是一个难题。总的来说，WHO 目前的改革方向比较明确，却面临着各种各样结构性的矛盾，陷入改革困境。

① 汤蓓：《试析国际组织行政改革的动力机制：以世界卫生组织为例》，《国际观察》2013 年第 6 期，第50—55 页。

② 晋继勇：《世界卫生组织改革评析》，《外交评论》2013 年第 1 期，第139—150 页。

在 2020 年全球新冠疫情危机下,世界卫生组织有了新的表现,国际社会也对其角色有了进一步的讨论。

官网公布的信息显示,2019 年 12 月 31 日世卫组织驻中华人民共和国国家代表处从武汉市卫健委的网站上获取了有关武汉市“病毒性肺炎”病例的媒体声明,这是 WHO 整个反应链中的首次正式行动。2020 年 1 月 5 日世卫组织发布了第一份《疾病暴发新闻》报告,提出“世界卫生组织关于公共卫生的措施以及对流感和严重急性呼吸道传染的监视的建议仍然适用”。1 月9 日,世界卫生组织跟随中国官方的报道,指出中国主管部门已确定疫情由一种新型冠状病毒引起。在 2020 年 1 月 22 日—23 日,世卫组织总干事就评定警报等级召开突发事件委员会会议,由于委员会没有达成统一意见,该事件未确定为“国际关注的突发公共卫生事件”(Public Health Emergency of International Concern,PHEIC)。1 月 30 日,世卫组织再次召开突发事件委员会会议,最终确定并公布了本次事件为最高警报等级的“国际关注的突发公共卫生事件”。2 月 11 日,世卫组织正式将该疾病命名为 COVID—19。3 月 11 日,世卫组织宣布 COVID—19 属于“大流行病”。

目前来看,对世界卫生组织的批评主要集中在 WHO 宣布 PHEIC 过晚、宣布“大流行”过晚、宣布后缺乏准备等。其中,专家提出,理想情况下,WHO 宣布 PHEIC 时间应当早于 2020 年 1 月 30 日,至少在 1 月 22 日—23 日的会议上应当就确定 PHEIC 事项达成一致。到 1 月 30 日,COVID—19 已扩散到 19 个国家;3 月 11 日确定为“大流行病”时,已在 114 个国家中确诊该病毒。

批评认为这种“滞后”是由多样的原因导致的。一方面,2007 年通过的《国际卫生条例》是应对新出现的传染病和大流行病应对措施的国际框架,世界卫生组织必须满足条例要求才能行动,其中,《国际卫生条例》还规定禁止限制国际旅行,客观上拖慢了 WHO 的反应速度,并放纵了疾病传播。[1] 另一方面,WHO 还考虑到公众恐慌以及疾病变化方式等多种复杂的因素,使其不能简单、果断地为了一个过于概括的目的而采取行动。

此外,成员国的响应不力也是疫情快速恶化的主要因素之一,而这体现出的是世卫组织影响力下降。根据国际法,PHEIC 是最高级别的警报,将得到会员国的一致同意并触发集体行动。在 1 月 30 日宣布 PHEIC 到 3 月宣布“大流行”之间,少数国家采取了疫情遏制措施,而一些国家选择了观望。因此大流行病申明是在 PHEIC 未达到预期效果时重提严重性并鼓励国家认真对待传染病威胁。

(二)WTO 现状

世界经济格局发展迅速、日新月异,对于旨在为国际贸易提供贸易规则的世界贸易组织来说是巨大的挑战。有学者认为,贸易保护主义抬头,区域和双边贸易协定增加,21 世纪“贸易—投资—服务”为轴心的贸易形态出现,中美等国家内外部力量对比变化等,是 WTO 目前面临的问题,直接表现为 WTO 的多边协调机制效力下降,各国通过该平台谈判意愿下降,以美国为首的西方国家不诉诸争端解决机制而直接违反 WTO 协定等。[2] 从 1999 年至今,成员国就世贸组织改革有多种提案,2018 年达沃斯部长会议后世贸组织改革话题成为热点。[3]

商品和服务的全球流动是各国应对和遏制新冠疫情的保障,根据世界贸易组织 2020 年 12 月 22 日发布的《从应对 COVID－19 的角度看医疗产品贸易:2020 年上半年发展情况》报告,2020 年上半年世界贸易总额

---

① Michael Toole, “Too Late, already Bolted: How a Faster WHO Response Could Have Slowed COVID－19’s Spread,” https://theconversation.com/too-late-already-bolted-how-a-faster-who-response-could-have-slowed-covid-19s-spread-160860, 2021-5-17.

② 潘晓明:《处于十字路口的世界贸易组织:多边贸易体制的现状、改革和未来》,北京:对外经济贸易大学出版社 2020 年版,第 79—100 页。

③ 徐清军:《世界贸易组织改革与经济全球化研究》,北京:对外经济贸易大学出版社 2019 年版,第 1—12 页。

同比下降 14%，但医疗用品进出口增长了 16%；与 2019 年同期相比，COVID－19 关键产品的主要进出口额从 180 亿美元增长到 550 亿美元。①

在庞大的跨国贸易链条上，世界贸易组织的作用不可忽略。疫情期间最重要的医疗产品是疫苗等有关 COVID－19 的关键医疗用品，根据世贸组织的报告，到 2020 年上半年，药品占所有交易医疗产品 50% 以上，个人防护用品占 18%，位列第二。世贸组织在医疗用品贸易方面采取了保持市场开放、增强各国贸易措施透明度、加快关键货物通关等具体措施②，以助力各国经济平稳恢复，在应对疫情中发挥积极作用。

然而，世贸组织也面对着压力和挑战。世贸组织预测，2022 年贸易增长将放缓至 4.0%，疫情大流行的影响将继续存在。一方面，随着疫苗开发，出现了对于知识产权制度与公共卫生危机之间的相容性的质疑，该制度是否有利于新药的可负担性需要重新讨论。另一方面，世贸组织规则在保障公共安全领域的条款较为灵活，立足通过国内补贴平衡疫情带来的全球经济冲击可能导致非必要的贸易保护措施案件增加。③ 此外，2020 年 9 月举行的贸发会议贸易政策对话会议指出，多边贸易体系困境在 COVID－19 危机之前就已存在，但是疫情中各国的需求和行动已经证明，多边贸易体系是应对全球公共卫生危机的正确方法，必须保持贸易开放，目前最重要的是利用多边体系帮助各国更好地解决当下疫情危机。面对后疫情时代的贸易体系，改革和调整多边贸易体

---

① WTO, "Trade in Medical Goods in the Context of Tackling Covid－19: Developments in the 2020," Jun 30, 2021, https://www.wto.org/english/tratop_e/covid19_e/medical_goods_update_jun21-e.pdf, 2021-5-17.

② WTO, "How WTO Members Have Used Trade Measures to Expedite Access to COVID－19," September 18, 2020, https://www.wto.org/english/tratop_e/covid19_e/services_report_16092020_e.pdf, 2021-5-17.

③ Marianne Schneider-Petsinger, "Reforming the World Trade Organization: Prospects for Transatlantic Cooperation and the Global Trade System," September 11, 2020, https://www.chathamhouse.org/2020/09/reforming-world-trade-organization/02-wto-reform-and-covid-19, 2021-5-18.

系刻不容缓。[①] 2020年11月渥太华小组部长级会议指出，世界贸易组织改革未来可能的落点之一是改善信息收集和报告、加强贸易监控。[②] 另外，霍克曼认为，COVID－19疫情后的WTO改革重点还包括：支持以分析为依据的审议，以建立合作共识；为成员国多边合作建立更强有力的多边治理框架；建立和保护有效的纠纷解决制度等。[③]

(三)WHO和WTO的合作路径

笔者认为，世界卫生组织和世界贸易组织未来改革的路径在于对组织自身的重新定位。世卫组织在历史上不同时期有不同的健康使命、政策和任务。世界卫生组织过去受到批评，无法很好地应对公共危机是结果和表现，效率低下和预算结构等是直接原因，而其组织结构与组织定位是根本问题。

在当今国际社会中，像世界贸易组织一样并非卫生组织却在公共卫生领域发挥巨大作用的国际组织不在少数，世界银行是另一个有显著行动能力的主体，有论者认为“世界银行已经从世界卫生组织手上夺走了全球公共卫生事务的主导权”。[④] 因此，要解决“治理中被边缘化”等一系列“直接原因”，需要世卫组织根据自身的能力，确定未来的战略方针。

学者詹姆逊等人提出“核心—支持功能”的理论框架，在厘清国际卫生组织存在的合法性的同时帮助WHO明确其职能，以适应外部环境的

---

① UNCTAO, “Making Trade Multilateralism Fit for Purpose after COVID－19,” September 30, 2020. https://unctad.org/news/making-trade-multilateralism-fit-purpose-after-covid-19, 2021-5-17.

② WTO, “DDG Wolff Calls on Ottawa Group to Table Formal Reform Proposals at WTO,” November 23, 2020, https://www.wto.org/english/news_e/news20_e/igo_23nov20_e.htm, 2021-5-17.

③ Bernard Hoekman, “WTO Reform Priorities Post-COVID－19,” *East Asian Economic Review*, Vol. 24, No. 4, December, 2020, pp. 337-348.

④ Fiona Godlee, “WHO in Retreat: Is It Losing Its Influence?” *British Medical Journal*, Vol. 309, No. 6967, December 3, 1994, pp. 1491-1495.

迅速变化。[①] 他们认为，卫生治理的主要责任仍然应该由主权国家承担，但是手段和决定性因素已经成为国际公共产品，进而具有了全球性。同时，全球一体化所要求的必要规范也限制和削弱了各国对公共卫生问题的风险转移能力，基于种种原因，想要达到更好的公共卫生状态必须集体解决，所以 WHO 应当存在，并应承担一部分溢出的职能，即 WHO 应对当前和未来的内外部挑战时必须履行的基本职能。世卫组织应在公共卫生领域担任“核心功能”，即在类似“市场失灵”的情况下承担那些“成本和收益并非完全由国家承担和获得”的行动。而与之相对的“支持功能”，是在类似“政府失灵”的情况下为无法独立履职的政府提供帮助。前者的最终目标是使国家从彼此独立到相互依存，后者的最终目标是使单独的国家在卫生治理能力上从依赖到独立（表 4）。

因此，支持功能应该由其他专业领域的国际组织承担，让它们发挥国际社会为有需要的国家提供短期支援和暂时义务的作用，而世界卫生组织应该承担的是核心功能，这代表了国际组织永久的任务，“因为通过这些职能，每个民族国家的局限性可以通过分享主权作为国际集体行动的基础而得到解决”。[②]

表 4　国际卫生组织的关键目标和功能

基本目标	核心功能	原理阐述
确保所有国家都能享受到充足的商品供应	促进国际公共产品； 研究和开发； 为跨国学习提供便利的数据库； 规范和标准； 规制国际交易； 就卫生政策达成共识	集体行动是提供所有人都能从中受益的公共产品的一种经济上合理的方法，而国际集体行动是对许多国家受益的机会作出反应

① D. T. Jamison, et al., “International Collective Action in Health: Objectives, Functions, and Rationale,” *Lancet*, Vol. 351, No. 9101, 1998, pp. 514-517.

② Ibid.

续表

基本目标	核心功能	原理阐述
确保对全球威胁作出及时反应，控制健康风险的国际转移	处理国际外部性的干预； 环境风险； 传播的病原体； 抗药性菌株的传播； 不健康生活方式的转变； 合法和非法有害物质贸易	如果个别国家的行动对其他国家产生影响（消极或积极），把决策权交给国家将无法包括所有成本或利益
补充目标	**支持功能**	**原理阐述**
保护困难群体的健康	穷人； 特殊的国家； 国家区域特别小组； 侵犯人权行为的受害者； 一些国家的女性儿童； 流离失所的人； 突发事件的受害者	在政府失灵或人权受到侵犯时保护人民的道德义务；防止和解决人道主义危机符合每个国家的自身利益
支持各国发展	技术合作和发展筹资； 能力建设； 能力增强性能增强	根据特殊需要，一些国家要求对知识和财政资源进行有针对性的投资，以改善可持续发展的条件

世界卫生组织应该将核心职能范围的事务如出台权威的技术性标准、控制全球突发性传染性病、病原体研究等放在战略优先地位，根据全球卫生事务本身的性质划分重点和次重点，将之视作基本任务。

而世贸组织在公共卫生领域的条约和协议分担了一部分支持功能，比如它对贸易产品卫生的规范或是对医药知识产权的保护，促进了各国国内相关贸易或产品的法律化和规范化，因而也促进了各国健康能力的发展和建设。同时，世界贸易组织也承担了规范国际交易的核心功能，对于这一部分核心功能，世卫组织也应该积极参与。

比如，在 SPS 协议中，国际食品法典委员会（Codex Alimentarius Commission，CAC）为食品制定法规和标准，并推荐给各国政府，各国政府在制定本国的食品法规和标准时予以采纳。[①] CAC 实施的是 WHO 和联合国粮农组织共同制定的食品标准，为了保护消费者健康和公平贸易，该食品标准被纳入 SPS 协议框架并作为科学根据。1994 年 SPS 协议明确规定，WTO 成员国应将卫生措施建立在已有国际标准、准则或建议的基础之上，包括国际食品法典委员会、世界动物组织等制定的标准。在这个过程中，WHO 提供的是其最有优势的制定科学标准的支持，因此 WHO 在不能直接参与的“核心功能”中可以借鉴 SPS 协定的模式，积极与相关治理主体展开合作，巩固其权威性。世界卫生组织在贸易领域发挥重大作用的方法之一，是在全球认可的基础上成为标准提供者，并在世界贸易组织中进一步加以确认。

而事实上，WHO 和 WTO 的合作有一致的导向作为背景：“良好的健康水平是国际上公认的一国的发展目标和经济可持续发展的基础，同时也是世界卫生组织和世界贸易组织的共同奋斗目标。”[②]同时，这样的相似之处并非这两个组织之间独有，这种在国际范围内对健康的广泛共识，有助于推进世界卫生组织、世界贸易组织以及其他国际组织之间通过协调和对话来解决贸易与健康问题。这些组织之间通过经常或定期组织研讨和对话，并支持一些国家或多国合作开展的研究项目，可以为制定贸易与健康的政策提供可靠的信息，增加各国运用多边贸易协定的能力，最终增进和保护公共健康利益。在将来可以预见的是这种背景也不会弱化，为世界卫生组织或其他主体提供巨大的互补的可能，为它们更好地进行合作奠定格局，增强世界卫生组织履行其“核心功能”的能力。

---

① 陈向前：《WTO〈SPS 协议〉实施机制及国际动物卫生法比较研究》，北京：中国农业科学技术出版社 2005 年版，第 105—106 页。

② 曲如晓、焦志文：《论国际贸易的健康视野》，《国际贸易问题》2005 年第 10 期，第 97—101 页。

四、结论

世界卫生组织在食品安全领域主要以数据搜集和分析、提供指导文件及专家建议、研究分析工具和建立数据库、提供平台和促进合作等方式,来排除食源性疾病,努力促进和保障食品安全,促进保护消费者健康。而世界贸易组织通过 SPS 协议规范国际贸易中食品安全等领域,促进相关领域的争端解决和贸易自由,保护人类与动植物健康和生命。两个国际组织通过直接和间接的方式,均为食品安全的发展和实现作出了贡献。

世界卫生组织具有专业性、公众性和政治性等特点,其建议虽然没有法律强制力,但是被广泛认可和推行,具有相当的权威性。而世界贸易组织则通过具有强制性的争端解决机制确保条约的落实,促进国际贸易中的食品安全得到保证。

疫情给世界卫生组织和世界贸易组织带来了挑战和机遇,在国际卫生公共治理领域,世界卫生组织和世界贸易组织可以立足于确认各自在卫生领域的"核心功能",重新进行自我定位,在相同目标下广泛合作,争取突破改革困境,实现全球治理的转型升级。

第三部分

国际政治与国际组织

作为国际社会的重要行为体，国际组织的运作深受国际体系变革的影响，在不同的体系结构和体系进程中面临不同的处境。但与此同时，国际组织在国际社会也并不总是一个因变量，在很多时候，国际组织也可以成为影响国际社会发展变化的一个重要自变量，它们用自身的权威塑造了国际政治，努力实现“为世界定规则”的目标。

一方面，国际体系的结构和进程影响了国际组织功能的施展和行动方向，国际组织的发展深受国际政治变革的影响。从国际体系结构角度而言，国家权力分配在很大程度上影响了国际组织的行为。例如，摩根索就认为，国际政治是“国家间的(权力)政治”，任何限制国家权力的努力没有也不会成功。在考察了神圣同盟、国际联盟等国际组织之后，他认为这些国际组织均无法限制国家的权力，第二次世界大战后建立的联合国更是美苏之间竞争的场所。从国际体系进程的角度而言，不同的互动规则为国际组织发挥作用提供了不同的路径，权力政治则易使国际组织沦为大国斗争的工具，但多边主义和国际合作的共识会使国际组织重焕光芒。

另一方面，国际组织也在以各种方式塑造国际政治。国际组织可以通过倡导国际规范，改变国家偏好，使其与国际组织的偏好相一致。巴尼特和芬尼莫尔指出，国际组织通常具有原则性很强的议程，并且通过像传教士一样的行动，鼓励和倡导其他行为体采纳新的做法和身份，使其与国际组织的使命和渴望相一致。例如，联合国难民署和联合国人权高专办获得了极大的授权，能够游说国家改变自己的行为，使之与现有的国际人道主义和人权法相一致。

杨凯雯、罗梦蝶、施季青的论文从不同的视角探讨了国际政治变革与国际组织的相互作用。杨凯雯的论文从 2019 年亚马孙雨林火灾谈起，讨论了全球社会和国际组织应对全球性问题面临的挑战；罗梦蝶聚焦阿富汗难民危机，分析了联合国难民署在复杂国际形势下解决难民问题发挥的作用和面临的挑战，同时提出了未来改革难民署的建议；施季青则选取国际原子能机构在朝核问题中的核查困境为分析对象，讨论了国际原子能机构的尴尬处境和问题所在，并提出了相应建议。三篇论文选取了不同的国际组织，分析了不同的案例，但探讨的却是一个共同的问题：在纷繁复杂的国际形势下，面对国际体系结构和进程的影响，国际组织如何更有效地行动，才能实现“为世界定规则”的目标和使命。

尴尬的“裁判”？
——国际原子能机构在朝核问题中的核查困境

施季青*

一、引言

依据1968年签订、1970年生效的《不扩散核武器条约》(Treaty on the Non-Proliferation of Nuclear Weapons, NPT)，国际原子能机构(International Atomic Energy Agency, IAEA)将和平核设施置于自己的国际保障之下，并在和平使用核能方面提供技术合作。① 自此，国际原子能机构就成为以《不扩散核武器条约》为基石的核不扩散体系的重要行为体，承担着维护核不扩散体系的任务。在这一体系中，国际原子能机构的

---

* 北京大学国际关系学院2020级硕士研究生。

① 《不扩散核武器条约》第三条(1)款：每个无核武器的缔约国承诺接受按照国际原子能机构规约及该机构的保障制度与该机构谈判缔结的协定中所规定的各项保障措施，其目的专为核查本国根据本条约所承担的义务的履行情况，以防止将核能从和平用途转用于核武器或其他核爆炸装置。(4)款：无核武器的缔约国应单独地或会同其他国家，按照国际原子能机构规约与国际原子能机构订立协定，以适应本条的要求。这类协定的谈判应自本条约最初生效后180天内开始进行。在上述180天期限届满后交存其批准书或加入书的各国，至迟应自交存之日开始进行这类协定的谈判。这类协定的生效应不迟于谈判开始之日起18个月，参见：国际原子能机构：《不扩散核武器条约》，https://www.un.org/zh/documents/treaty/IAEA-1968，访问时间：2023年5月29日。

主要工作是根据机构与缔约国签订的保障协定[①]，对缔约国位于保障范围之内的核设施进行核查活动，以确认核设施未被滥用或从和平用途被转用。

国际原子能机构与受保障国家之间的保障类型发生过几次革新，目前主要有三种：(1)全面保障协定，主要由已加入《不扩散核武器条约》的无核武器国家与国际原子能机构签订，授权 IAEA 对该国所有核材料与核设施实施监督；(2)特定物项保障协定，主要由未加入《不扩散核武器条约》的无核武器国家与国际原子能机构签订，授权 IAEA 对该国特定核材料或核设施实施监督；(3)自愿保障协定，主要由五个核武器国家与国际原子能机构签订，授权 IAEA 对该国自愿的核材料或核设施实施监督。截至 2018 年，国际原子能机构在 182 个国家实施了保障，其中 174 个拥有全面保障协定，5 个拥有自愿保障协定，3 个拥有特定物项保障协定。[②]对国际原子能机构而言，能否成功实施保障有一个先决条件，即受保障国家按协定允许国际原子能机构实地核查核材料与核设施的情况，因此，"可核查"也被视为核不扩散体系得以维持的关键。

从这个意义上说，自 20 世纪 90 年代至今不断发展的朝核问题是国际原子能机构在维护核不扩散体系上遇到的最大挑战之一。朝鲜民主主义人民共和国不仅先后退出国际原子能机构和《不扩散核武器条约》，它与国际原子能机构先后签订的特定物项保障协定与全面保障协定也未得到遵守。自 1994 年以来，国际原子能机构无法开展《不扩散核武器条约》型保障协定（以下称"保障协定"）规定的一切必要核查活动；在 2002 年年底至 2007 年 7 月之间以及自 2009 年 4 月以来，国际原子能

① "保障"是国际防止核武器扩散体系中非常重要的环节，是指阻止签署核保障监督协议的国家将其接受 IAEA 保障监督的核材料转用于生产核爆炸装置或其他军事目的，向国际社会保证，有关国家遵守其核不扩散的承诺。保障的目标是及时发现显著量的核材料从和平核活动转用于军事目的，并通过早期觉察来阻止这类转用。

② 参见 IAEA, "Safeguards in Practice," https://www.iaea.org/topics/safeguards-in-practice, 2021-6-8.

机构一直无法在朝鲜执行任何核查活动。正是在国际原子能机构“缺席”的时期，朝鲜进行了六次核试验，逐渐成为事实上的拥核国家；这一结果对国际原子能机构这一核不扩散体系的“卫兵”而言，无疑是令其沮丧的。

研究朝核问题和国际原子能机构的文献汗牛充栋，前者是东北亚地区延宕至今的重大国际安全问题，而后者是迄今为止在原子能领域最重要的专门性国际组织。对二者的交叉研究则不那么充实，但亦有较为坚实的前序基础。这一部分研究主要分为两类：一类研究关心国际组织在国际安全问题中的作用，将国际原子能机构放在朝核问题的框架中，讨论其对于解决危机的影响和限度，以及导致正常或难以发挥作用的原因；[①]另一类研究关心国际安全问题对国际组织和机制的冲击，将朝核问题作为核扩散问题的一个案例，探讨朝鲜的核活动对于以国际原子能机构和NPT为基石的核不扩散机制的影响。[②]

本文主要是对上述第一类问题的探索。在讨论国际原子能机构在朝核危机中的影响及其限度时，现存文献的共同点主要在于，它们大多认为现实政治与国际组织均在朝核问题的酝酿和发展中起到了作用，不过亦承认现实政治起到的作用更大。关于国际原子能机构，现存文献的主要分歧在于，对国际原子能机构在危机中的影响程度看法不一。强调国际原子能机构对缓解危机起到作用的研究认为，第一，从法律层面而言，正是国际原子能机构与《不扩散核武器条约》的存在本身，使得朝鲜的核武

① Michael J. Mazarr, “Going Just a Little Nuclear: Nonproliferation Lessons from North Korea,” *International Security*, Vol. 20, No. 2, 1995, pp. 92-122; Selig S Harrison, “Did North Korea Cheat?” *Foreign Affairs*, Vol. 84, No. 1, 2005, pp. 99-110; Siegfried S. Hecker, “Lessons learned from the North Korean nuclear crises,” *Daedalus*, Vol. 139, No. 1, 2010, pp. 44-56.

② Matthias Dembinski, “North Korea, IAEA special inspections, and the future of the nonproliferation regime,” *The Nonproliferation Review*, Vol. 2, No. 2, 1995, pp. 31-39; Wade L. Huntley, “Rebels without a cause: North Korea, Iran and the NPT,” *International Affairs*, Vol. 82, No. 4, 2006, pp. 723-742; Richard Weitz, “Nuclear Safety, Nuclear Security: Whither the IAEA?” *World Affairs*, Vol. 174, No. 4, 2011, pp. 56-66.

事业失去了合法性，同时也构成了国际社会对朝鲜采取行动的法律基础；[①]第二，国际原子能机构拥有的独立权力，使得危机各方与国际原子能机构的关系成为谈判的筹码，如 1993 年退约危机中，朝鲜在国际原子能机构中的地位成为外交折冲的筹码，缓解了一度剑拔弩张的局势；[②]第三，国际原子能机构可以作为危机双方的缓冲带，成为双方阐述态度、互探诉求的场所，减少危机上升为军事冲突的可能性。[③] 而认为国际原子能机构未能发挥其应有作用的研究则着力于探讨限制其影响的原因。第一，在 20 世纪 80 年代至 90 年代初期的危机酝酿阶段，国际原子能机构失之怠慢，对朝鲜苗头乍现的核活动反应迟缓，对其核潜力缺乏关注，甚至在行政事务上屡次出错，失去了制止朝鲜核武器发展的最佳时机，并在朝鲜政府眼中丧失了可信性，自此失去对朝核问题的话语权和参与权。[④]第二，自 1993 年第一次危机开始，国际原子能机构的对策失之刻板，缺乏实用性，过于重视维护核查程序的完整与统一（如在核查方法上坚持实地视察），拘泥于对朝鲜违约历史的追究而未将重点放在维护核不扩散机制的未来之上，使朝鲜感到主权与安全受到威胁，将国际原子能机构与美国、韩国划上了危险的等号，因此，国际原子能机构在危机解决的过程中被边缘化。[⑤] 这部分研究同时为“骑虎难下”的国际原子能机构提出了一些政策意见：在国际法的视角下，国际原子能机构需要争取会员国对其更广泛和更有力的授权；在政治实务中，国际原子能机构适当改变其理想主

---

① Masahiko Asada, “Arms Control Law in Crisis? A Study of the North Korean Nuclear Issue,” *Journal of Conflict & Security Law*, Vol. 9, No. 3, 2004, pp. 331-355.

② Michael J. Mazarr, “Going Just a Little Nuclear: Nonproliferation Lessons from North Korea,” *International Security*, Vol. 20, No. 2, 1995, pp. 92-122.

③ Arsalan M Suleman, “Bargaining in the Shadow of Violence: The NPT, IAEA, and Nuclear Non-Proliferation Negotiations,” *Berkeley Journal of International Law*, Vol. 26, No. 1, 2008, pp. 206-253.

④ Eric Yong-Joong Lee, “The Six-Party Talks and the North Korean Nuclear Dispute Resolution Under the IAEA Safeguards Regime,” *Asian-Pacific Law & Policy Journal*, Vol. 5, No. 1, 2004, p. 101.

⑤ Leon V. Sigal, *Disarming Strangers: Nuclear Diplomacy with North Korea*, Princeton: Princeton University Press, 1999, pp. 124,251.

义而忽视实用性的做法。①

现存文献对国际原子能机构的困境、原因与对策的讨论对本文写作很有启发。本文认为，朝核问题迄今为止没有解决，朝鲜已经通过多次核试验成为事实上的核国家，在这个意义上，国际原子能机构未获成功。那么，国际原子能机构在朝核问题中面临的核查困境是什么？哪些原因导致了国际原子能机构目前的处境？国际原子能机构有何改善自身处境的对策？本文希望通过分析国际原子能机构2002—2018年的保障报告，历次理事会会议和历年机构大会中有关朝鲜核问题的决议、声明等文件，历年美朝官方谈判的记录等文献资料，追溯国际原子能机构在朝鲜的核查历史，聚焦国际原子能机构核查活动的“能”与“不能”，具体探讨这些问题。

二、国际原子能机构在朝鲜的保障与核查历史

由于核查活动的复杂性和高度专业性，试图划分国际原子能机构在朝鲜的保障历史的行为可能是冒险的。然而，为了更清晰地展现国际原子能机构朝核问题核查困境的特征，选取恰当的时间节点来划分不同时期又十分必要。本文采用较为通行的做法，将朝核问题划分为20世纪90年代的“第一次朝核危机”和21世纪初的“第二次朝核危机”，并以《朝美核框架协议》(以下称《框架协议》)与“六方会谈”作为缓和两次危机最具有实质意义的政治文件或谈判，来考察国际原子能机构在朝鲜的核查活动。此外，2009年至今，一方面朝鲜频繁的核试验使其进入实质拥核国家行列，另一方面双(多)边政治谈判较为零散，国际原子能机构未能进

① John Carlson, “IAEA Safeguards in North Korea: Possible Verification Roles and Mandates,” The Stimson Center, March. 2020, https://www.38north.org/wp-content/uploads/pdf/38-North-SR-2003-J-Carlson_IAEA-Safeguards-in-North-Korea.pdf, 2023-5-29; Masahiko Asada, “Arms Control Law in Crisis? A Study of the North Korean Nuclear Issue,” *Journal of Conflict & Security Law*, Vol. 9, No. 3, 2004, pp. 331-355.

行任何现场核查，也应单独划分为一个时期。① 如此划分的一个优势在于，能够展现国际原子能机构在朝鲜的核查活动的程度与两次危机的演化、利益相关各方的冲突合作程度之间密切的联系。

（一）第一次朝核危机与《框架协议》期间

1974 年 9 月 18 日，朝鲜民主主义人民共和国加入国际原子能机构，成为其成员国。1977 年 7 月，朝鲜与国际原子能机构基于 INFCIRC/66/Rev. 2 号文件缔结了关于对研究堆实施保障的协定（INFCIRC/252 号文件），该协定允许 IAEA 对宁边的两座核研究设施（一座 IRT 研究堆和一个临界装置）执行保障。这是国际原子能机构对朝鲜实施保障的开端。

1985 年 12 月 12 日，朝鲜成为《不扩散核武器条约》的缔约国，并根据条约“附加议定书”更新其与国际原子能机构的保障协定。但 20 世纪 90 年代初的第一次朝核危机减缓了这一过程，于是迟至 7 年之后的 1992 年 4 月 10 日，作为半岛局势稳定、美朝关系缓和的政治表态，朝鲜与国际原子能机构基于 INFCIRC/153 号文件（修订本）的“保障协定”（INFCIRC/403 号文件）才正式生效，并因此中止了根据早期保障协定（INFCIRC/252 号文件）执行的保障。同年 5 月，根据朝鲜向国际原子能机构提交的需接受保障的核材料初始报告与核设施设计资料，国际原子能机构开始进行特别视察。然而，国际原子能机构经过六次特别视察后认为，朝鲜的申报与调查结果之间存在不一致问题，并在次年 2 月通过 GOV/2636 号决议，要求朝鲜提供 IAEA 对特定补充资料的接触和对 IAEA 认为存在具有保障相关性的核废物的两个场所的接触。朝鲜起初答复同意就不一致问题进行讨论，但拒绝允许国际原子能机构接触更多场所。据朝鲜 3 月 16 日对总干事要求的答复，这是由于 IAEA 拟视察的地点属于非核与军事场所。

1993 年 3 月 12 日，朝鲜向联合国安理会通报了退出《不扩散核武器

① 尽管《框架协议》与“六方会谈”对半岛事务的影响在时间上可能有部分重叠，但其交替的趋势是明显的，在不同时期对国际原子能机构发挥的影响大小亦可明显区分，故作此分类。

条约》的决定。同日，国际原子能机构总干事致函朝鲜，声明其退约的意图不应妨碍“保障协定”的事实，努力挽救“保障协定”的独立性。显然，两者对《不扩散核武器条约》和“保障协定”之间的关系存在着不同的理解。18 日，机构理事会通过 GOV/2639 号决议，再次确认“保障协定”依然有效，而当务之急是朝鲜使国际原子能机构能够采取“必要的措施”解决差异和确保核实遵守“保障协定”的情况。这一请求并未得到朝鲜方面的回复。30 日，总干事报告，由于朝鲜继续对总干事所要求并由理事会确定的补充资料和场所进行接触，不遵守其在执行“保障协定”方面进行合作的一般义务，因此国际原子能机构无法核实根据“保障协定”需接受保障的核材料未被转用于核武器或核爆炸装置。这一无奈的报告经次日理事会认定，于 4 月 6 日被提交给安理会。5 月 11 日，安理会通过第 825(1993)号决议，基本沿袭国际原子能机构的立场，呼吁朝鲜“重新考虑”其退出《不扩散核武器条约》的决定，并遵守其“保障协定”。

转机出现于当年 6 月的两次美朝谈判，其中双方同意半岛无核化及朝韩和平统一。获得了美国的安全保证之后，朝鲜同意延缓退出《不扩散核武器条约》。1993 年 6 月 11 日（原定退约期限的前一天），朝鲜在与美国发表的共同声明中单方面决定在它认为必要长的时间内暂停退出《不扩散核武器条约》，中止了退约进程。随后，从 1993 年 9 月至 1994 年 3 月，国际原子能机构在朝鲜开展了短暂的与技术工作和封隔与监视系统维护有关的有限保障活动，并与朝鲜达成了“全面保障措施清单”，以确保没有核材料从朝鲜核设施中转移。但是，4 月 1 日，IAEA 理事会宣布无法核实按照“保障协定”必须接受保障之核材料是否被转用的情况，并决定向国际原子能机构全体成员国、联合国安理会与联合国大会报告朝鲜的违约行为和国际原子能机构的困境。

仅一月之后，1994 年 5 月 7 日，朝鲜在未允许国际原子能机构开展核查活动的情况下，开始从 5 兆瓦（电）的实验性核电厂卸载辐照燃料棒。5 月 27 日，国际原子能机构代表和朝鲜代表在平壤谈判破裂，随后机构理事会向安理会报告了这一问题，并在5月30日得到了安理会对朝鲜按照国际原子能机构要求进行卸载作业的敦促。朝鲜拒绝，继续进行卸载，直到21日完成作业。与此同时，6月10日理事会会议上通过的GOV/2742号决议除认定朝鲜正在继续扩大不遵守“保障协定”的行为外，宣布中止向朝鲜提供国际原子能机构的非医学援助。朝鲜对这一“制裁”举动反应强烈，立即于6月13日宣布从国际原子能机构退席。① 在同年9月9日的总干事报告（GOV/2687/Add. 8号文件）中，IAEA认定朝鲜退出国际原子能机构的行为并不影响依然有效的“保障协定”的效力。这一报告亦未获得朝鲜的回应。

国际原子能机构以《朝美核框架协议》一方的身份获得再次对朝鲜进行核查的机会。1994年10月21日，美朝签署《朝美核框架协议》（INFCIRC/457号文件），拟定由国际原子能机构执行特定职能，特别是监测“朝鲜石墨慢化堆及相关设施的冻结情况”，继续在该冻结未涵盖的设施执行核查活动，并采取所需措施，以核实朝鲜有关核材料初始报告的准确性和完整性。② 10月28日，在知会成员国之后，总干事通知安理会理事国，《框架协议》不能取代、替代或损害“保障协定”，并得到了11月4日的安理会主席声明支持。该声明要求国际原子能机构作为《框架协议》的后续行动，采取监测冻结情况所需的一切措施，并继续就“保障协定”的情况向安理会提交报告，直至朝鲜全面遵守协议。

因此，在安理会授权下，根据《框架协议》，自1994年11月至2002年12月，国际原子能机构监督了朝鲜石墨慢化堆和相关设施的“冻结”，并实施了所需的保障措施，以监测朝鲜石墨慢化堆和相关设施的“冻结”情况。机构一直在宁边场址驻有视察员，并根据“保障协定”，在IRT研究

---

① 6月15日由规约保存国美国通知国际原子能机构。

② IAEA, *Agreed Framework of 21 October 1994 Between the United States of America and the Democratic People's Republic of Korea* (*INFCIRC*/457), 2 Nov. 1994, p. 2. https://www.iaea.org/sites/default/files/publications/documents/infcircs/1994/infcirc457.pdf，访问时间：2023年7月1日。

堆、临界装置、次临界装置和核燃料棒贮存设施开展视察，并在不在冻结范围内的其他四座设施和设施外场所执行“保障协定”规定的保障。[①] 虽然朝鲜并未允许国际原子能机构要求的若干核查措施（如取样和进行一些非破坏性分析测量），也没有向机构提交冻结清单中所含设施的报告，但国际原子能机构仍然获准采取其他一些措施。这是国际原子能机构在《框架协议》合作期间对朝鲜进行的有限核查活动。

（二）第二次朝核危机与“六方会谈”期间

2002 年，随着美国披露朝鲜的浓缩铀计划，第二次朝核危机显现。国际原子能机构于 2002 年 10 月 17 日和 18 日连发两封致朝鲜当局的信函，要求朝鲜与机构合作，澄清有关浓缩铀计划的情况。这两封信函均未得到朝鲜回复。随后，朝鲜半岛能源开发组织（KEDO）停止向朝鲜运送重油，半岛紧张态势升级，国际原子能机构 11 月 29 日在理事会会议文件（GOV/2002/60 号文件）中罕见地表达了强硬的态度，包括“敦促朝鲜向机构提供所有与所报道的铀浓缩计划有关的资料以及其他相关核燃料循环设施的资料”，“敦促朝鲜与机构合作以按照其全面保障协定的要求，立即开放所有相关设施接受国际原子能机构视察和保障”，“敦促朝鲜迅速并可核查地放弃任何核武器计划”等。12 月 12 日，朝鲜宣布它将《框架协议》规定的核设施冻结，并要求国际原子能机构采取必要措施拆除所有封记和监视设备；21 日，开始切断封记和妨碍监视设备的运行；27 日，致函总干事，要求机构停止视察活动；31 日，机构所有视察员离开朝鲜。此后，自 2002 年 12 月底至 2007 年 7 月，国际原子能机构无法在朝鲜执行任何保障措施，因而无法对朝鲜得出任何保障结论。

在此期间，国际原子能机构最初仍在寻找直接与朝鲜政府对话的机

---

① 这些设施为：5 兆瓦（电）实验性核电厂、核燃料棒制造厂、放射化学实验室（后处理厂）、50 兆瓦（电）核电厂和 200 兆瓦（电）核电厂。IAEA, *Agreed Framework of 21 October 1994 Between the United States of America and the Democratic People's Republic of Korea* (*INFCIRC*/457), 2 Nov. 1994. https://www.iaea.org/sites/default/files/publications/documents/infcircs/1994/infcirc457.pdf, 2023-7-1.

会。2003 年 1 月 6 日，机构理事会会议 GOV/2002/60 号文件重申了以往对朝鲜全面遵守“保障协定”的呼吁，并强调总干事和秘书处随时准备与朝鲜政府对话。此次呼吁得到了朝鲜的回应。1 月 10 日，朝鲜致函总干事，称“GOV/2002/60 号”文件及其所载决议是“单方面和不公正的”，并提及朝鲜 1993 年 3 月 12 日退出《不扩散核武器条约》的通知及在 1993 年 6 月 11 日朝美联合声明中做出的关于“暂停生效退出《不扩散核武器条约》”的“单方面决定”，决定“取消暂停生效退出《不扩散核武器条约》”，声明退出《不扩散核武器条约》的决定将自 2003 年 1 月 11 日起生效。同日，朝中社宣布朝鲜完全不受与国际原子能机构根据《不扩散核武器条约》签署的“保障协定”的约束。[①]

国际原子能机构此后为了“保障协定”在朝鲜的效力展开了复杂的努力。根据 INFCIRC/403 号文件第 26 条的规定，只要朝鲜仍然是《不扩散核武器条约》的缔约国，“保障协定”就依然有效。国际原子能机构认为，朝鲜提交的退约声明不合规定，因而无效。《不扩散核武器条约》第十条(1)款规定：“每个缔约国如果断定与本条约主题有关的非常事件已危及其国家的最高利益，为行使其国家主权，应有权退出本条约。该国应在退出前三个月将此事通知所有其他缔约国和联合国安全理事会。这项通知应包括关于该国认为已危及其最高利益的非常事件的说明。”机构《保障报告》分析，朝鲜 1 月 10 日的信中宣称其退出《不扩散核武器条约》将于一天后生效，这表明朝鲜以下立场，即鉴于它于《不扩散核武器条约》第十条(1)款规定的三个月期限的前一天“中止”了其 1993 年 3 月 12 日的退出通知，因此，它在“取消暂停生效”之后只需要一天时间使其退出条约生效。然而，《不扩散核武器条约》未包含任何有关“中止”通知退出《不扩散核武器条约》的规定，且《维也纳条约法公约》第 68 条只对撤回退约文书

① 国际原子能机构（理事会）：《总干事关于理事会 2003 年 1 月 6 日通过的决议和〈国际原子能机构和朝鲜民主主义人民共和国关于实施与《不扩散核武器条约》有关的保障协定〉执行情况的报告》（GOV/2003/4），2003 年 1 月 24 日，https://www.iaea.org/sites/default/files/gov2003-4_ch.pdf，访问时间：2023 年 7 月 1 日。

或通知作出了规定，因此得出结论，即朝鲜 1993 年 6 月 11 日“暂停生效退出《不扩散核武器条约》”应当被视为是“撤回”其退约通知，因而朝鲜要使其退出《不扩散核武器条约》生效，还必须重新提出一份符合《不扩散核武器条约》第十条(1)款要求的通知，提前三个月——而不是一天——通知所有其他缔约国和联合国安全理事会，并应包括一项关于它认为已危及其最高利益的当前非常事件的说明。① 然而，国际原子能机构并非《不扩散核武器条约》的缔约方，而对条约的解释权在于缔约国，因而 IAEA 的解释权受到很大限制。朝鲜再未回应机构的裁定，实际上已被视为《不扩散核武器条约》历史上第一个退约国家。

2 月 12 日通过的 IAEA 理事会决议(GOV/2003/14 号)确认了保障报告的上述判断，即国际原子能机构和朝鲜缔结的与《不扩散核武器条约》有关的保障协定仍然有约束力和有效，也首次明确了国际原子能机构“希望和平解决朝鲜核问题并支持通过外交手段实现这一目的”的立场。这份决议仍然没有得到朝鲜的回应，这也使国际原子能机构的这一裁定陷于尴尬的地位。IAEA 转而寻求成员国的支持。7 月 8 日的 IAEA 理事会会议上，总干事发言称在朝鲜有关《不扩散核武器条约》的法律地位得到澄清之前，国际原子能机构对朝鲜的保障责任仍不确定：如果朝鲜被认为仍是《不扩散核武器条约》的缔约国，那么它与《不扩散核武器条约》有关的全面保障协定就仍然有效，朝鲜就应当向国际原子能机构申报一切核材料和核设施，而国际原子能机构应当恢复对朝鲜申报的正确性和完整性的核实工作；但如果朝鲜不再是《不扩散核武器条约》的缔约国，那么就必须对位于宁边的 IRT 研究堆及相关核材料执行国际原子能机构与朝鲜于 1977 年缔结的 INFCIRC/66 型保障协定。重要的是“国际原子能机构应及早收到指导意见”，但国际原子能机构未获得这一“指导

① 国际原子能机构(理事会)：《总干事关于理事会 2003 年 1 月 6 日通过的决议和〈国际原子能机构和朝鲜民主主义人民共和国关于实施与《不扩散核武器条约》有关的保障协定〉执行情况的报告》(GOV/2003/4)，2003 年 1 月 24 日，https://www.iaea.org/sites/default/files/gov2003-4_ch.pdf，访问时间：2023 年 7 月 1 日。

意见”。[①] 2004 年 9 月总干事提交国际原子能机构大会第四十八届常会的报告(GC(48)/17 号文件)指出,“朝鲜的核活动及它通知退出《不扩散核武器条约》树立了一个危险的先例,并因而继续对防止核扩散制度的可信性构成威胁”,实际上承认了机构在朝鲜与《不扩散核武器条约》及保障协定之间关系裁定问题上的进退两难。9 月 24 日,国际原子能大会通过 GC(48)/RES/15 号决议,对朝鲜采取的行动深表遗憾。

2003 年 8 月 27 日开始的六方会谈为国际原子能机构在朝鲜开展保障与核查活动开启了另一扇机会之窗。但是,与《框架协议》谈判不同的是,国际原子能机构未曾与六方尤其是美朝两政府直接磋商与谈判。直到 2005 年,国际原子能机构才在 2 月、6 月理事会会议上通过总干事发言表达了对“由中华人民共和国、朝鲜、日本、大韩民国、俄罗斯联邦和美利坚合众国参加的六方会谈”的欢迎。鉴于六方会谈的迅速进展和机构在这一多边谈判中未能及时参与的情况,在 8 月 5 日的保障报告中,总干事敦促将来朝核问题的任何解决方案均应确保朝鲜回到防止核扩散制度上来,并赋予国际原子能机构必要的权力,以使其能够对朝鲜核计划的性质提供可信和全面的保证。

2005 年之后,朝鲜半岛的局势发生了更加迅速的变化。2005 年 9 月 19 日,六方第四轮第二阶段会谈发表“9·19 共同声明”,确立了解决朝核问题的基本框架,朝鲜声明承诺放弃所有核武器和现有核计划并早日重返《不扩散核武器条约》和国际原子能机构保障,以此作为经济和安全保障的交换。随后的两份共同文件中,对朝鲜宁边核设施的关闭、封存及“去功能化”,邀请国际原子能机构人员重返朝鲜进行必要的核查,朝鲜全面申报核计划的内容等,做了具体规定。2005 年 11 月 29 日,朝鲜半岛能源开发组织(KEDO)终止计划,并于次年 5 月 31 日终止了按照《框架协议》的条款发起实施的在朝鲜琴湖建造两座 1000 兆瓦

① 2008 年 6 月 2 日机构理事会称“总干事尚未收到指导意见”;此后的理事会会议与保障报告中均未提及国际原子能机构已收到“指导意见”,因而推断这一问题尚未解决。

(电)轻水堆的项目。然而,国际原子能机构此时仍未获准进入朝鲜开展核查活动。

转机出现在2007年。2006年10月9日,朝鲜进行第一次核试验。10月14日,联合国安理会通过1718(2006)号决议,敦促朝鲜严格按照《不扩散核武器条约》及保障协定的规定行事,并向国际原子能机构提供超出这些规定的透明措施。同日,国际原子能机构大会确认仍有必要充分执行朝鲜与国际原子能机构的全面保障协定,做好了机构方面的准备。2007年2月13日六方会谈达成《落实共同声明起步行动》(213共同文件),以50000顿重油作为交换,朝鲜同意以最终废弃为目标,在60天内关闭并封锁宁边的核设施,并邀请国际原子能机构工作人员返回进行必要的监测和核查。3月初,总干事访问朝鲜,并带领一个国际原子能机构小组与朝鲜就与"起步行动"有关的监测和核查安排达成了谅解。2007年7月14日,国际原子能机构小组抵达宁边,开始执行特别监测和核查安排。7月17日,国际原子能机构经初步核查后确认了上述安排之设施关闭的状况,并在8月17日的国际原子能机构大会第五十一届常会中提交了核查报告。

2007年9月20日国际原子能机构大会对朝鲜核问题表达了罕见的乐观和期待。大会通过GC(51)/RES/16号决议,对六方会谈及其达成的"9·19共同声明"和《落实共同声明起步行动》报以期待,鼓励各方根据"行动对行动"原则履行相应承诺,并坚定认可理事会所采取的行动,赞扬总干事与秘书处为在朝鲜实施全面保障所作的公正努力,继续强调国际原子能机构必不可少的核查作用。虽然被允许进行有限核查,但国际原子能机构从未参与宁边设施的去功能化过程。① 2008年9月末10月初,应朝鲜要求,国际原子能机构也短暂地被禁止在宁边场址的一切视察

① 2008年6月2日理事会会议上总干事介绍性发言称,六方会谈尚没有要求国际原子能机构参加宁边设施的去功能化。国际原子能机构(理事会)(大会):《在朝鲜民主主义人民共和国执行保障:总干事的报告》(GOV/2008/40)(GC(52)/14),2008年9月5日,https://www.iaea.org/sites/default/files/gc/gc52-14_ch.pdf,访问时间:2023年7月1日。

活动，直到 10 月 14 日朝鲜再次允许国际原子能机构实施封隔、监视措施和进行监测、核查活动。

然而国际原子能机构此次获准核查的时间也不足两年。2009 年 4 月 14 日，“太阳节”[①]前夕，由于发射“光明星 2 号”火箭而被安理会谴责（S/PRST/2009/7 号文件）的朝鲜通知在宁边的国际原子能机构视察员，朝鲜已决定：立即停止与国际原子能机构的全部合作；要求该场址上的机构工作人员拆除国际原子能机构在有关设施上的全部封隔和监视设备，并不再允许视察员接触这些设施；之后视察员应尽早离开朝鲜。朝鲜还通知视察员，朝鲜已决定重启所有设施并继续进行乏燃料的后处理。4 月 15 日，机构视察员拆除了所有封记，并关闭了监视摄像机。4 月 16 日，国际原子能机构工作人员离开朝鲜。2009 年 4 月 23 日，朝鲜宣布退出“六方会谈”。

（三）朝鲜第二次核试验至今

自 2009 年 4 月 16 日至今，国际原子能机构无法在朝鲜执行任何保障措施，因此亦无法对朝鲜得出任何保障结论。与此同时，朝鲜的核能力在这一时期快速发展。2009 年 4 月 29 日，朝鲜表示决定建造一座轻水堆电厂，并立即开始进行技术开发，以确保自己生产核燃料；6 月 13 日，朝鲜外交部宣布开始铀浓缩实验。[②] 自 2009 年 5 月 25 日至 2017 年 9 月 3 日，朝鲜共进行了包括 1 次氢弹试验的 5 次核试验；第一次核试验发生于驱逐国际原子能机构视察人员仅仅 40 天之后。

这一时期，国际原子能机构无法开展朝鲜的实地核查活动，因而通过卫星图像等技术和保障资料监测朝鲜几个核场所的活动，以尽可能对朝鲜核计划发展情况保持了解；同时，通过总干事声明、理事会决议、对联合

① 每年的 4 月 15 日是朝鲜纪念金日成诞辰的“太阳节”。

② 国际原子能机构（理事会）（大会）：《在朝鲜民主主义人民共和国执行保障：总干事的报告》（GOV/2009/45）（GC(53)/13），2009 年 8 月 4 日，https://www.iaea.org/sites/default/files/gc/gc53-13_ch.pdf，访问时间：2023 年 5 月 29 日。

国安理会的报告等途径保持国际原子能机构在朝核问题上的参与和影响力。直到 2017 年 8 月，国际原子能机构在保障司内组建了一个朝鲜小组，以加强对朝鲜核计划的监测，为国际原子能机构重返朝鲜做准备，并在秘书处内组建了一个执行小组[①]，以审议相关程序、管理和法律事项。2012 年，国际原子能机构曾有过进入朝鲜核查的短暂机遇，但最终未能成行。2012 年美朝 2 月会谈之后，2 月 29 日朝鲜在声明中表示在“卓有成效的对话继续进行的同时”允许国际原子能机构监测暂停情况，随即机构迅速制定了详细的计划。3 月 16 日，朝鲜原子能总局局长致函总干事，邀请国际原子能机构代表团访问朝鲜，以讨论与监测在宁边暂停铀浓缩活动有关的技术事宜。3 月 30 日，总干事复函表示机构“随时准备本着建设性的精神对朝鲜的邀请采取后续行动”。然而，同年 6 月 1 日，朝鲜通过其常驻维也纳代表团告知国际原子能机构，这一邀请函的有效性已被“中止”。[②] 核查活动再次被搁置。

2018 年上半年开始，半岛局势以及美朝关系出现缓和趋势，朝核问题的解决再一次出现乐观迹象。然而，回暖的政治气氛并未如前几次一样为国际原子能机构带来核查的机会。2018 年 4 月 21 日，朝中社发文宣布朝鲜决定停止核试验；4 月 27 日，文在寅与金正恩在板门店会见，并发布《为实现半岛和平、繁荣和统一的板门店宣言》；5 月 25 日，朝鲜宣布其北部核试验场已经被完全拆除；6 月 12 日，特朗普与金正恩在新加坡举行美朝首脑会晤，并发布联合声明；9 月 6 日，韩联社发文称金正恩承诺实现半岛无核化。即使次年 2 月 28 日结束的美朝首脑会晤（河内峰会）无果而终，之后朝韩、美朝之间又有摩擦，但半岛各方频繁的会晤、克制的敌意与对交流的渴望也很难令人忽视。国际原子能机构未能以可见的方式参与新一轮的双边谈判。截至目前，朝鲜亦未公开表态是否与国

① 执行小组由负责保障司的副总干事、总干事协调办公室、法律事务办公室组成。

② 国际原子能机构（理事会）（大会）：《在朝鲜民主主义人民共和国执行保障：总干事的报告》（GOV/2012/36）（GC(56)/11；Add. 1、Add. 2 和 Add. 3），2012 年 8 月 30 日，https://www.iaea.org/sites/default/files/gc/gc56-11_ch.pdf，访问时间：2023 年 5 月 29 日。

际原子能机构有合作意愿或计划。

三、国际原子能机构核查困境的原因

回溯国际原子能机构在朝核问题中的作为,很难否认的是,国际原子能机构在维护朝鲜半岛无核化的过程中,面临着愈来愈大的信任危机,也面临着在政治谈判与决策中被边缘化的风险。也许这一责任无须由IAEA主要承担,但探讨国际原子能机构以及核不扩散体系的缺陷,对国际原子能机构的未来策略和改革、核不扩散体系的修缮乃至朝核问题的缓和,都有重要意义。本文认为,国际原子能机构面临的核查困境主要可以归结于两个原因:一是国际法角度上,核不扩散体系中国际法条文系统和国际原子能机构定位的模糊性;二是现实政治角度上国际原子能机构尴尬的地位。

(一)无据可依:国际法与国际组织定位的模糊性

国际原子能机构面临的一个难题在于,无论是其保障核查活动所依据的核不扩散体系中的国际法条文本身,还是它作为承担这一工作的政府间国际组织得到的授权,都无法为国际原子能机构处理朝鲜核问题提供清晰的法理支持。国际原子能机构与核不扩散体系中的各个行为体的关系未被清晰定位,其职责职权范围和授权的模糊性也无法适应快速变动的局势。第一,国际原子能机构与退出国际原子能机构之后的朝鲜的关系应当作何规定或调整,以适应朝核问题的变化?这关乎国际原子能机构继续在朝鲜实施保障核查活动的合法性问题:国际原子能机构能否对非成员国的核活动要求执行保障?在这一问题上,朝鲜与国际原子能机构显然有不同的理解。朝鲜为规避机构的核查要求而于1994年6月10日宣布退出机构,认为退席即意味着不受机构约束、不受其保障要求制约。而IAEA强调退席行为并不影响《不扩散核武器条约》和“保障协定”的有效性,仍有权要求缔约国配合保障核查。第二,国际原子能机构成员国始终未授权机构为实施核查可以采取何种措施保证核查。在朝鲜拒绝核查的特殊情况发生后，由于国际原子能机构并无对受保障国采取其他措施促使其配合保障核查的授权，机构除进行场外保障与向成员国和联合国安理会通报情况之外，无法推动其他保障措施。第三，朝核问题中各个行为体与国际原子能机构的关系亦无清晰规范。国际原子能机构应当与20世纪90年代的美朝谈判各方以及后来根据《框架协议》成立的朝鲜半岛能源开发组织(KEDO)、第二次朝核危机后的六方会谈机制，保持何种联系与合作？它们之间的职能重叠与缺漏之处如何处理？更重要的是，国际原子能机构的核查活动若由这些机制和行为体授权，则这种授权与《不扩散核武器条约》机制下的授权是否应该区别对待？这些不清晰之处是国际原子能机构在核查问题上陷于被动的重要原因。

另外，以《不扩散核武器条约》为核心的核不扩散机制中的各种条约文件之间的关系不明，文件具体条目的表述也常有模糊之处。事实上，政治文件的模糊也许是必要的，然而对于无解释权的执行者而言，这大幅增加了适应变化、灵活调整行动的困难。第一，国际原子能机构具有对《不扩散核武器条约》的执行权，但对条约具体条文的解释权在于“各缔约国”。在面临朝鲜2002年退约危机时，国际原子能机构一方面裁定朝鲜的退出要求不合程序，宣布其退约无效；但另一方面也明确表示，对退约机制的解释权在于各缔约国，而国际原子能机构非缔约方，只能寻求各国的“指导意见”。此举削弱了国际原子能机构前番裁定的说服力，而至今仍未有解的“指导意见”使得朝鲜事实上达到了退约的目标。第二，《不扩散核武器条约》与各缔约国及国际原子能机构缔结的“保障协定”之间的关系不明确。换言之，退出前者的国家是否应该被视为也退出了后者？在这一问题上，国际原子能机构起初认为若朝鲜不再是《不扩散核武器条约》缔约国，则应该对其执行1997年订立的INFCIRC/66型保障协定；然而，此后又不断督促朝鲜申报并允许国际原子能机构核查其所有核活动，实际上要求朝鲜执行“保障协定”。这两种矛盾的请求均未得到朝鲜的回应，机构实际上实施的是根据政治谈判指定的短期保障，此前订立的保障协议无法对其核查行动产生支持。第三，保障协定与各类政治文件的关系也不明确。国际原子能机构在朝鲜的核查应当最终依据哪些文件？1994 年以后，国际原子能机构在朝鲜开展的核查活动主要基于《框架协议》对其执行特定职能的设想，如监测核设施冻结情况和在冻结未涵盖的部分设施进行核查活动；2002 年以后，国际原子能机构主要依据六方会谈“9 · 19 共同声明”和《落实共同声明起步行动》中的相关条文实施核查。由于朝鲜退约问题迟迟未有定论，关于朝鲜应该适用“保障协定”还是 INFCIRC/66 型保障协定的问题得不到回答，国际原子能机构失去了核不扩散条约体系对保障与核查活动的支持。

（二）进退两难：国际原子能机构困窘的政治地位

国际原子能机构在朝核问题核查活动中的窘境，从现实政治的角度，可以归因于其遭遇的信任危机和权力地位的不平等。

第一，朝鲜对国际原子能机构的政治态度和它作为主权国家对国际组织具有的优势地位至关重要。一方面，自 1992 年与国际原子能机构签订“保障协定”以来，朝鲜对国际原子能机构的政治态度从试探和谨慎合作滑向了敌意，逐渐将其视为大国干涉朝鲜内政的工具。这是由多重因素导致的：朝鲜自身强烈的拥核意愿、国际原子能机构的举措与表态、国际原子能机构与大国和安理会的密切联系等。1992 年朝鲜试探性地首次提交核材料初始报告并允许国际原子能机构进行特别视察，然而 IAEA 毫不犹豫地指出了提供材料的漏洞并要求进一步接触，IAEA“认真”的态度使朝鲜大为惊讶。在 IAEA 开放核查的不断要求之下，朝鲜决定退出《不扩散核武器条约》。此后，国际原子能机构再未在朝鲜进行全面保障，只能在和朝鲜事先商量的情形下进行有限核查。但朝鲜并未断绝与机构的关系，也确实做到了基本配合核查工作。然而，1994 年朝鲜自行卸载辐照燃料棒的举动受到国际原子能机构和安理会的反对，国际原子能机构再一次“认真”地督促其停止卸载，并以中止向朝鲜提供非医学援助作为惩罚。但是，极为重视国家主权和独立自主的朝鲜将此举视为对朝鲜独立主权的冒犯，几日之后就宣布退出国际原子能机构。2002年第二次朝核危机爆发，国际原子能机构理事会以两份措辞严厉的决议要求朝鲜配合机构的要求——其中大部分要求甚至在关系最缓和时也从未达到过——而招致朝鲜强烈的反弹，朝鲜当即驳斥决议的“单方面和不公正”，并宣布退出《不扩散核武器条约》。此后近二十年中，只有2007年到2009年将近两年的时间里，国际原子能机构执行了有限核查活动，且范围与主动性都大幅缩水。而在近年半岛关系回暖、双(多)边对话增多的情势下，国际原子能机构再也未获准进入朝鲜核查。

另一方面，朝鲜作为主权国家，对于作为国际组织的国际原子能机构具有主动性，这集中表现为国际原子能机构在核不扩散体系中看似的“主人”地位和它在半岛北部实际上的“客人”地位之间的张力。国际原子能机构对于朝鲜退出机构和退出《不扩散核武器条约》的决定是没有主动权的，它只能被动接受这一事实。而在核查过程中，国际原子能机构的被动地位也一览无遗。绝大部分的核查活动都以朝鲜“突发”地驱逐核查人员告终，而且从告知国际原子能机构中止合作到核查人员离开朝鲜之间的时间间隔亦越来越短——在2009年4月只花了三天。伴随着对国际原子能机构的轻视，朝鲜还利用国际原子能机构展现自己的政治立场。在半岛政治气氛缓和的时期，对国际原子能机构核查活动的配合成为朝鲜释放善意的信号，并作为外交谈判中的筹码用于为朝鲜争取外部援助；而在局势紧张时期或是朝鲜核武器试验的关键时期，朝鲜则几乎毫无迟疑地下达“逐客令”，以拒绝核查或驱逐核查人员的方式表达政治立场。国际原子能机构的核不扩散体系监督者这一强力职责和它实际政治地位上的被动构成了鲜明的对比。

第二，国际原子能机构错失了在涉及朝核问题的双(多)边政治谈判中积极参与、展现自己立场与关切的机会，并面临被边缘化的危险。《框架协议》时期，国际原子能机构拥有较多和朝鲜直接磋商的机会，至少进行了12次公开的双边接触，并在核查范围与项目的决策中拥有较大的影响力。“六方会谈”时期，国际原子能机构虽然并未参与多边谈判进程，也没有参与核查范围和项目的决策过程，但在六方会谈的声明和文件中仍然获得一席之地，并得以进行受到限制的核查活动。而在半岛气氛回暖、双（多）边谈判增多的情况下，国际原子能机构并未收到可进行核查的信号。国际原子能机构并非没有意识到这一点。IAEA 开始严格要求朝鲜恪守条约义务，声明《框架协议》与“保障协定”需要严格区分，前者并不能替代后者；到六方会谈时期积极欢迎多方政治接触和外交成果，积极回应朝鲜的安全、经济需求并愿意与其展开不预设先决条件的谈话。国际原子能机构对自身在这一地区的影响力经历了从自信到怀疑和沮丧的过程，并逐渐意识到半岛问题政治解决方案的重要性，却错过了参与谈判、提供方案的最佳时机。

四、国际原子能机构应对核查困境的对策

国际原子能机构在朝鲜的核查活动陷入了进退两难的困境，然而必须承认的是，国际原子能机构并非没有对改善局面作出过贡献。一方面，从发现问题的初始核查，到近年来通过各方提供的资料与卫星数据持续进行的观察，国际原子能机构对朝鲜核计划的持续监测一直是极重要的公共产品，据此提出的建议或警告也往往为各国采取行动提供了参考。另一方面，国际原子能机构充分运用自身在核不扩散体系中的独特地位和与联合国的天然联系，往往运用国际原子能机构大会、理事会会议，或借助联合国安理会，拓展发声渠道表达自身的结论、建议与立场，增加朝核问题在国际社会中的持续关注度，力求获得各方对核不扩散体系维护工作的支持。失去这位“守夜人”和“吹哨者”，无论是具体的朝核问题还是核不扩散体系都将面临更为险峻而复杂的局面。

目前，推动开展在朝鲜的保障与核查工作并不一定是改善半岛局势的当务之急，但对国际原子能机构来说，如何寻找朝核问题中的核查突破口是一个长远来看必然会面对的问题。目前朝鲜半岛局势处于相对稳定

的时期，特别在“弃核”这一关键问题上，开始有了突破性的进展，这对半岛无核化的最终目标是一个好消息，也为国际原子能机构思考对策、制定计划、接洽谈判提供了一个宝贵的窗口期。与此同时，伊核问题正在发酵。因为“弃核”而遭遇政权颠覆的利比亚等国的命运经常被认为是朝鲜坚持拥核的原因之一。在大国政治纠葛之间“走钢丝”的国际原子能机构如何面对此前相对遵守协议的伊朗政府，是否能严守中立地执行核查活动并得出客观公正的结论，将会是朝鲜当局关注的重点，并可能成为朝鲜以后是否与国际原子能机构开展深入合作的参照。因而，首先，国际原子能机构必须谨慎、公平、中立地处理伊核问题，尽可能避免过多参与授权之外的议题，树立独立自主、不偏不倚的形象，重新积累国际社会尤其是朝鲜对其核查活动的信任感。其次，国际原子能机构应该继续积极拓展发声渠道，寻求与朝核问题各方直接对话的机会，使国际原子能机构的方案能够影响这一地区的核谈判，为开展保障核查活动建立主动权。再次，应当发挥《不扩散核武器条约》及相关保障协定作为核查工作依据的作用，为开展保障核查活动奠定可靠的法理依据。最后，还可利用联合国、双(多)边谈判、理事会会议等公开场合阐明国际原子能机构的立场，积累各国对核不扩散体系的共识与支持，为朝核问题的缓和创造有利的舆论氛围。

环境危机下的国家政策制定与全球治理

——以 2019 年亚马孙雨林大火问题为例

杨凯雯[*]

2019 年 8 月中旬，亚马孙热带雨林发生大规模火灾的消息被大规模传播。世界各国媒体争相报道，称大火已烧两周而无人问津，引起全球性的关注与恐慌。民众将矛头指向巴西政府，网民在社交媒体上发起“为亚马孙祈祷”的运动，要求相关部门对亚马孙大火采取实质性措施。

此次火灾对世界环境和民生健康等多方面产生消极影响。据《华尔街日报》报道，此次亚马孙火灾产生的大量烟雾导致巴西城市呼吸系统疾病发病率飙升。同时，在距火灾发生地约 3200 千米外的巴西边境州朗多尼亚和邻国玻利维亚，尘烟遮蔽天空，下午 4 点提前陷入黑暗，较平常早了两小时。据报道，当地有居民在城区收集到满瓶装的黑色雨水。

随着亚马孙火灾灾情恶化，欧洲领导人威胁要撕毁欧盟 2019 年 6 月与南美地区集团达成的贸易协议。法国总统马克龙呼吁各国领导人签署一份保护生物多样性的宪章，并表示亚马孙正在发生“生态灭绝”，需要国际社会做出回应。8 月 27 日，巴西总统府宣布接受其他国家和国际组织捐款，用于亚马孙火灾灭火行动。据新华网报道，巴西外长 8 月 26 日确认巴西方面接受英国 1000 万英镑的捐款。

---

* 作者系北京大学外国语学院 2018 级本科生。

此次大火引起世界范围内民众对亚马孙雨林地区的关注与重视，也激起了各界关于国家政策与全球治理的激烈讨论，然而中国国内对亚马孙环境问题的相关研究与文献仍较为有限。本文以此次火灾为例，从巴西国内、世界各国和国际组织三个视角出发，浅析亚马孙雨林危机下环保政策的制定与执行情况，并探讨其中暴露出的问题与可能的解决方案。

一、控制森林火灾的重要性：亚马孙近年环境恶化严重

亚马孙雨林作为世界上最大的热带雨林，也是地球上最具生物多样性的地区。森林中有地球上所有动植物种类的约十分之一，并居住着100万原住民。同时，亚马孙雨林被称为“地球之肺”，是地球20%以上的氧气来源，吸收的二氧化碳量相当于雨林周边九个国家自1980年至2010年排放的二氧化碳总量。亚马孙热带雨林中约60%的林区分布在巴西西北部，此次火灾便发生于巴西管辖境内的亚马孙森林。

巴西最新官方卫星数据显示，每分钟减少的亚马孙森林面积已增加到约三个足球场的面积。2019年7月月砍伐森林面积比去年同期增加了39%，达到近几年新高，面积大于整个伦敦市区。植被覆盖率不断降低，削弱了雨林在稳定全球气候方面的作用。科学家警告称，亚马孙森林正面临着退化成为大草原的危险，从而严重削弱其吸收二氧化碳的能力，给全球气候环境带来严重危机。

对亚马孙雨林的实地调研报告显示，人为碳排放导致地球大气的组成有了明显改变。自20世纪70年代中期以来，大气中二氧化碳浓度增加了14%，而气温每十年上升0.26±0.5℃，年最高和最低气温显著提高。树木个体间竞争加剧，树木死亡率和周转率也会增加，死亡率甚至可能远远超过生长率。气温升高可能与二氧化碳浓度升高产生不同的甚至相反的影响：热带温度升高将显著增加植物呼吸速率，减少氧气含量，从而降低森林生产力，进一步加速全球变暖。

现在科学家们普遍认为，在世界诸多地区，气候系统已接近临界点，

超过临界点会导致系统状态急剧恶化。就亚马孙热带雨林而言，森林砍伐可能会迎来一个重大转折点，大量的森林砍伐与农业活动造成大范围地区降水减少，火灾季节延长，火灾活动的预期影响在范围和强度上都明显超过了由于气候变化而造成的影响。由于热带雨林往往会回收大部分降雨，雨林遭到破坏可能导致巴西其他地区甚至南美洲其他国家的干旱或降雨不足。如果气候系统没有恢复到正常状态，它将继续进入温室状态，这可能导致进一步的淡水和粮食短缺，以及更加恶劣的生存环境，使人类最终无法居住。

二、亚马孙森林火灾及其原因分析

（一）火灾特殊性——时间维度与空间维度的对比

世界自然基金会巴西分会（WWF-Brasil）结合巴西国家空间研究所（以下简称 INPE）亚马孙地区火灾的历年数据记录，发现 2019 年 1 月至 8 月期间巴西发生了 72843 起火灾，其中超半数发生在亚马孙地区，7%的火灾发生于原住民生活地区。火灾发生数与 2018 年同期相比，增长了 110%以上，是自 2013 年以来的最高纪录；与过去十年（2009—2018）同期的平均数相比，增加了 64%。从数据可以看出，2019 年巴西火灾远超正常数值（图 1）。巴西时任总统博索纳罗“火灾经常发生，公众反应夸张”[①]的说法并不属实。

INPE 的科学家表示，超过 20%的森林砍伐会使亚马孙西南部森林的降雨量和森林恢复能力急剧下降。而在 2018 年，森林砍伐率已达 17%。[②]同时，森林砍伐量的增加会加剧亚马孙地区的干旱程度。尤其是 8 月至

① Rafael Barifouse, “Amazônia: Agricultores Causam Maioria das Queimadas, e Não Índios e Caboclos, Diz Cientista Carlos Nobre,” BBC News Brasil em São Paulo, 2020, https://www.bbc.com/portuguese/brasil-54259838, 2021-6-10.

② Jonathan Watts, “Amazon Deforestation Accelerating Towards Unrecoverable ‘Tipping Point’,” *The Guardian*, July 25, 2019, https://www.theguardian.com/world/2019/jul/25/amazonian-rainforest-near-unrecoverable-tipping-point, 2021-6-10.

11 月之间，森林受副热带高压影响，天气干燥，森林火灾发生的可能性进而大大提高，以致威胁到地区的生态系统和居住人口。

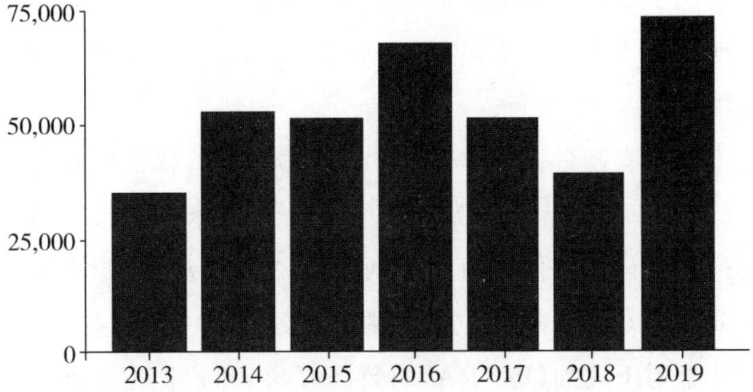

图 1　2013—2019 年亚马孙地区的火灾数量

在空间上，亚马孙火灾与其他地区成片燃烧、有规律可循的普通森林火灾不同。亚马孙森林大火由众多小型火灾组成，各自分散，覆盖地区范围广，燃烧轨迹差异大，由森林边界靠近农村的区域向周边蔓延。据美国航空航天局（NASA）提供的火灾监测地图，巴西帕拉州和亚马孙州的火灾集中在两条高速公路沿线。这些特点导致火灾难以预测也难以控制，因而向雨林发送大型消防设备并不能有效解决问题。加上信息传播过慢与巴西政府的放任态度，火势逐渐不可控制，波及秘鲁、巴拉圭、玻利维亚等国。

（二）火灾的人为原因

森林火灾的原因分为自然与人为两种，自然原因主要是闪电和火山喷发，然而约 90％的森林火灾由人为引起。亚马孙流域主要位于赤道附近，且闪电多伴随强降雨，无法形成大规模火灾，因此当地的火灾几乎完全是人类活动造成的。在过去 40 年中，森林砍伐和随后的粗放和集约式农业活动增加了人为点火源。国民燃烧森林旨在清理土地用于耕种、放牧等活动。

人为原因主要归为四种:(1)人为导致的气候变化,在15年内催生了三次百年一遇的旱灾;(2)西方廉价牛肉的广阔市场和国际市场对大豆的更多需求推动了巴西肉牛放牧业和大豆种植业的土地开发;(3)巴西历史悠久的土地分配不公与高度集中;(4)巴西时任总统博索纳罗对森林砍伐的放任态度。①

巴西土地所有制最主要的形式为私人所有,私有土地涵盖了巴西土地总面积的70%。地产主有权自由买卖土地,国家只在特殊情况下才对私人土地进行干预或有偿征收。巴西林地资源丰富,面积占国土总面积的64%。同时,60%的农村土地掌握在不到3%的大地主手中。② 根据巴西土地开垦与土改局(INCRA)的数据,1995年巴西占地面积在一千公顷以上的大型农场占农场总数量不到1.4%,占地面积却高达总面积的50%。土地集中的情况并没有因现代化进程而有所改善,反而变本加厉。从2003年至2010年,土地集中呈继续加剧趋势。农村土地被大地主、财团与跨国公司垄断。这种土地分配的严重不平衡导致大部分农民对土地的需求难以满足。土地高度集中导致地方性大财团出现,在巴西经济下行、政府管理散漫、腐败问题严重的背景下,地主、财团与地方政府相勾结,拥有广泛的地方性特权,因而得以通过毁林来节省生产成本,获得更高效益。

亚马孙森林是巴西偿还债务、振兴经济的重要资源。20世纪60、70年代,巴西经济低迷,众多农户迁至亚马孙地区寻求生路,成为巴西破坏森林的高峰期。巴西于2014年陷入经济和政治危机,同年国家环境机构和科学研究的预算下降。而2018年上任的总统博索纳罗对亚马孙地区毁林现象的加剧有着更为关键的影响。

博索纳罗对气候变化与环境保护始终保持民族主义立场,是气候科

---

① Doug Boucher, et al., *The Root of the Problem: What's Driving Tropical Deforestation Today?*, Cambridge, MA: Union of Concerned Scientists, 2011.

② 郭文华:《巴西的土地问题与土地审批》,《国土资源情报》2006年第7期,第37—40、46页。

学的怀疑论者。他竞选时便曾承诺要通过开发亚马孙地区的经济潜力来恢复经济，在上任后立即签署行政命令，将原住民保护地的管辖权划归农业部，并取消开垦土地禁令。他推出的一系列政策，如大规模的运输和能源基础设施项目，削弱环境机构，削减巴西环境执法机构的预算，放宽环境立法，减少对潜在有害企业的环境许可程序的要求等，都为国民的伐木行为大开绿灯。亚马孙火灾发生后，七国集团承诺提供2000万美元的财政援助，但被博索纳罗拒绝。博索纳罗还威胁要退出巴黎气候协议。为了刺激巴西停滞不前的经济，政府策划在森林内开采矿石，并免除一些因私自砍伐而受罚的个人或集体的罚款。至2019年7月，亚马孙地区森林砍伐率上涨了67%。2019年8月29日，博索纳罗签署了一项法令，禁止使用大火清除巴西亚马孙热带雨林的土地60天。这可视为面对国际压力的缓和之举，以减少国际关注度，挽回巴西的国际环境声誉，但此政策仅是针对此次大火的暂时对策，不具长远性，问题本身并未解决。

国际社会、巴西环境部门、部分地方政府和国民对博索纳罗的环境政策持不满和反对态度。据悉，巴西各类新闻媒体在8月3日起即出现关于亚马孙森林火灾的报道信息，在巴西民众中引起关注。然而国外媒体报道却强调大火数周无人问津，凶猛火势将雨林置于危机之中，将火灾问题上升至巴西政府的管理问题，有夸大火灾灾情以制造恐慌的嫌疑。因此有一种猜测认为，单凭国内力量无法制衡博索纳罗近乎独裁的国家统治，于是有人借用雨林火灾次数上升的信息，引发全球性舆论关注和国际环保组织与发达国家施压，以此倒逼博索纳罗对现行制度进行改革。

同时，亚马孙森林火灾带来的负面影响不可避免，但这仅是世界性环境危机中众多标志性事件之一。巴西并不是唯一在政治方面表现出回归民族主义倾向的国家，且目前众多国家与地区都缺乏控制森林砍伐政策的监督者和执法者。

扩建肉牛牧场是亚马孙森林砍伐最大的驱动因素，与此相关的砍伐占目前森林砍伐量的80%。亚马孙流域是世界上最大的牛肉出口地区，拥有约 2 亿头牛，供应全球约四分之一的市场。估计约有 45 万平方千米的亚马孙森林地区被砍伐改造成牧场，服务于养牛业。根据耶鲁大学林业与环境研究所的全球森林地图集显示，在巴西，牧场的土地超过种植面积约 5 倍。[①] 人们依靠伐木与烧林来获得更多土地，用于种植经济作物或养牛。

在博索纳罗的政策下，农民砍伐森林、放火烧林的成本降低，法律束缚减弱，再加上近年日益激烈的中美贸易摩擦，中国预计将从巴西进口更多大豆，大豆价格看涨。众多因素导致了次数更多、范围更广、严重程度更高的雨林火灾。

巴西的环境部门向农民提供火灾预防的相关免费培训，然而由于防火设备成本过高、灭火能力有限，多数农民在面对农业活动造成的火灾时仍倾向于消极应对。“当火灾发生时，他们就将火从居住区引向森林，这样，（居住区的）火势更容易受到控制。”[②]

根据在亚马孙地区的调查，农民使用的农业机械也是森林火灾的诱因之一。农民们能拥有的农业机械往往仅限于带犁的轻型拖拉机，而不是价格高昂的重型拖拉机，因而无法在森林土地上顺利耕作。为了砍伐后的土地能顺利用作农业用地，放火烧林是相对成本较低、无技术人力等需求的途径，因而被绝大多数农民采用。

三、灾情争议——国家内政还是国际事务？

面对亚马孙森林火灾，欧洲多国领导人呼吁国际社会关注灾情，巴西总统博索纳罗对此表示强烈不满，指责其行为是“21 世纪无法接受的殖民主义思维”，并警告外国势力不要干涉巴西内政。由此可见，亚马孙雨林是否仅受限于巴西管辖范围之内，“世界之肺”是否有国界，是其他国家

---

① D. C. Zemp, et al., “Deforestation Effects on Amazon Forest Resilience,” *Geophysical Research Letter*, Vol. 44, Issue 12, 2017, pp. 6182-6190.

② Frank Braun, “Brazil Exercises the Option to Say ‘No’,” *Brown Journal of World Affairs*, Vol. 15, No. 2, 2009, pp. 239-246.

和国际组织能否参与亚马孙火灾问题解决的必要前提。

(一)内政定义与《联合国宪章》

国家主权平等原则作为国际法上最重要的基本原则,它的一个必然逻辑结果就是国家必须坚持和奉行不干涉他国内政的原则。《联合国宪章》(以下简称《宪章》)第1章第2条第7款中指出"本宪章不得认为授权联合国干涉在本质上属于任何国家国内管辖之事件,且并不要求会员国将该项事件依本宪章提请解决",即联合国的不干涉内政原则。

《宪章》禁止的"干涉"通常被理解为一国对另一国事务的"专断干预",而专断干预主要体现为武力威胁或使用武力的干预。由此可见,《宪章》并未限制一切情形下的干预。在这个问题上 ,若在关于"成员国内部管辖事项"话题上出现争议,争议双方中一方认为该事项不属于联合国管辖的范围,而另一方坚持认为属于联合国管辖范围时,联合国就有权就该争议事项是否在本质上属于某国国内管辖事项的问题予以答复。[①] 近年来,联合国针对此项条约引起的争论做出了诸多解释,但是,作为二战反法西斯战争胜利的产物,《宪章》呈现出高度政治化的特征。对干涉国家内政的问题,《宪章》或有刻意搁置争议性问题、保持条款模糊性的倾向。因此,在巴西亚马孙森林火灾这一事件上,国际上出现完全相反的两种论调并非毫无根据——这是国际事务规定模糊性的必然结果。

内政概念标志着一个主权国家在其领域管辖范围内行使统治权和管理职能的合法性,同时也反映国际法适用范围的大小。然而对于内政的认定,目前国际社会尚没有清晰的确定标准。

(二)国际法背景下的国家义务

国际法是判断某一事项是否属于内政的依据。如果一个国家对某事项已经承担了相应的国际义务,则该事项就不属于内政。如果某一事项缺乏相关的国际规则,但涉及其他国家的合法利益,或者涉及国际社会的

① 李伯军:《不干涉内政原则研究》,武汉:武汉大学博士学位论文,2005年,第99—107页。

共同利益或共同关切，则有可能超出内政的范畴。① 随着国际关系的发展和全球环境保护意识的提高，亚马孙雨林在全球生态系统中扮演着至关重要的角色。近年来，联合国环境规划署通过《生物多样性公约》《联合国气候变化框架公约》（以下简称 UNFCCC）等具有法律约束力的多边条约，以控制全球范围内的温室气体排放，应对全球气候变暖给人类经济和社会带来的不利影响。目前，虽然没有专门规范保护和养护亚马孙雨林的国际法律文件，但上述条约的相关规定可以对其进行解释，从而承认巴西有以可持续方式管理森林和报告相应温室气体排放的国际义务。

根据 UNFCCC 第 4 条第 1 款可知，作为缔约国，巴西有义务定期报告温室气体的排放清单，有义务可持续地管理包括森林在内的生态系统。依据《巴黎协定》第 5 条可知，作为缔约方，巴西有义务采取行动酌情维护和加强 UNFCCC 第 4 条第 1 款所述的温室气体的汇和库，包括森林。UNFCCC 第 4 条第 2 款强调，在履行各项承诺时，各缔约方应充分考虑按照本公约需要采取哪些行动，包括与提供资金、保险和技术转让有关的行动，以应对发展中国家缔约方由于气候变化的不利影响和/或执行应对措施所造成的影响，特别是对有干旱和半干旱地区、森林地区和容易发生森林退化的地区的国家和有脆弱生态系统的国家的影响。由此可见，亚马孙雨林火灾地区虽属于巴西领土，联合国条约缔约方仍有职责和义务对火灾造成的影响采取多方面的行动：在“资金、保险和技术转让有关”范围的行动，并不属于干涉巴西内政的行为，亚马孙雨林的主权归属也不会因此受到改变。在全球应对气候变化的关键时刻，在巴西政府无法有效控制和扑灭森林火灾的情况下，应对亚马孙森林火灾不单纯属于巴西内政，而是关系全球气候未来变化走向的国际危机。

综上所述，在国际关系问题上，内政的标准是有关国家是否承担了国

① 兰花：《亚马孙雨林火灾的应对是否是巴西的内政》，《世界环境》2019 年第 5 期，第 52—55 页。

际义务。巴西作为条约的缔约国，接受发达国家在亚马孙雨林火灾事件上的援助属于其国际义务的一部分。同时，不论是讨论火灾的应对还是实际救援，都应当与巴西进行善意沟通；在巴西境内采取行动时，应当得到巴西政府的同意。

四、当前环境保护措施与其缺陷

(一)《森林法》更新——环保激励与毁林绿灯

亚马孙热带雨林主要受巴西《森林法》的保护。巴西的旧《森林法》(2004)被称为历史上最严格的森林法。在强力的雨林保护政策下，亚马孙雨林的树木砍伐率逐年下降，推进退耕还林，雨林火灾情况与被破坏程度也随之改善。然而，由于政府缺少合理的管理制度和惩罚措施，法律威慑力和权威性的欠缺使得森林保护"有法无依"。同时，该法案的实施损害了巴西大量土地所有者的既得利益，引起强烈不满；巴西作为发展中国家，农产品的出口在国家经济中占有举足轻重的地位，土地所有者在国会拥有很大的发言权。随着巴西右翼势力日益壮大、全球农产品需求逐年增高，以及国家发展经济的迫切需要，2012 年 10 月，巴西众议院通过了新《森林法》。

政府声明新《森林法》重点强调森林保护与可持续发展，如新法第十章设定"保护和恢复环境的支持和激励计划"，表示政府鼓励农林业使用减少环境污染的生产技术，以促进生态可持续发展。其中，环境服务的支付或奖励是通过信贷、税收和商业利益等方式，对保护和改善生态系统并产生环境服务的活动和必要的环境保护措施进行补偿。

然而，法案的主要调整实际上放宽了对雨林的监管，其实质是环境保护为经济发展让路，对国民开发雨林的部分行为大开绿灯。如在森林用火问题上，新法要求"尽量减少森林大火的出现"，但在非永久性保护区域和非法定保护区的其他林区，木柴和其他森林产品可以任意开发使用。新《森林法》放宽了农户在亚马孙热带雨林的森林利用限制，给予农户利用敏感区域的土地进行放牧种植的权利，并赦免了2008年7月以前的全部毁林行为。国际应用系统分析研究所与INPE于2016年合作成立研究小组，对新《森林法》不同措施的综合或孤立影响进行评估，结果显示：如果严格执行《森林法》，到2050年，森林和原生植被的净损失将达到5340万公顷，其中亚马孙雨林地区占总损失的81%。因此，巴西国内外环保组织和科技界批评称：新《森林法》是农场主宰发展的旗号下推动的弊政，是在保护森林与生态方面的倒退。世界自然基金会(WWF)将巴西政府修订新《森林法》的决策形容为"在长期安全中寻求短期利益，以取消对亚马孙地区和其他主要森林地区的长期保护"。WWF全球总干事吉姆·利普(Jim Leape)警示："如果巴西现在放弃过去十多年的成就，回到灾难性森林砍伐的黑暗日子，对巴西和世界来说将是一场悲剧。"①

(二)环境保护政策的出台与完善

巴西政府曾为保护森林做出有效举措。政府和环境激进主义者通过联邦机构的协调和实行罚款制度，成功减少了伐木面积。巴西年毁林面积曾从2004年的27772平方千米下降到2012年的4571平方千米。

巴西环境部长马丽娜·席尔瓦在任期内(1995—2008)出台了一系列环境保护政策。部分政策如下：(1)根据新的实时数据，预防和控制亚马孙森林砍伐；(2)为新设立的保护区域和生态保护方向的小额信贷提供更多激励机制；(3)持续进行大量砍伐森林的大城市将面临信贷限制。

这些政策获得了阶段性的成果。2005年至2009年之间，巴西的年度毁林率下降了近80%，之后趋于平稳，这为巴西提供了在国际气候谈判和生物多样性谈判中自夸的资本。然而，2019年1月，巴西极右翼党派候选人博索纳罗赢得大选，就任巴西总统。他上任后强烈支持开发亚马孙雨林，大幅削弱各类环境机构的权力，从环境部与外交部中剔除气候

---

① Andrés Malamud, "A Leader Without Followers? The Growing Divergence Between the Regional and Global Performance of Brazilian Foreign Policy," *Latin American Politics and Society*, Vol. 53, No. 3, 2011, pp. 1-24.

局,放宽对亚马孙雨林进行经济利用的限制,并开放受保护的原住民土地进行经济开发。巴西的森林砍伐率与森林火灾率再度上升。政策的恢复需要领导人治国理念的重大转变和资金的大幅增加,但对于大力发展经济、民族主义盛行的巴西政府来说,做出改变的可能性微乎其微。

(三)国内外数据监测分析

巴西政府于 1988 年设定森林覆盖基线,从 2000 年开始使用卫星监测亚马孙地区的森林砍伐情况,并每月在公共网站上公布监测信息。INPE 作为美国和巴西的空间机构,在 2002 年开始对亚马孙地区进行火灾统计。INPE 计划在 2020 年发射亚马孙一号卫星,为整个巴西的环境和农业监测提供卫星图像,尤其是观察和监测亚马孙地区的森林砍伐情况。

五、如何预防?——亚马孙雨林保护的国内外努力

亚马孙热带雨林的问题,是地区问题,是国家问题,也是国际问题。亚马孙地区是一个主权国家的部分国土,没有自治权,受主权国家政府管辖。同时,亚马孙雨林的安危也关乎全球的生存环境。此次火灾实为经济和政策条件驱动下可预见的"人祸",需要建立完善高效的处理机制,以预防未来大规模雨林火灾的发生与蔓延。

(一)世界各国和国际组织在政策、经济上的援助

1. 发达国家向有严重环境问题的发展中国家捐款

巴西政府于 2008 年成立亚马孙基金,旨在募集有关预防、监测和抗击森林砍伐的非可偿还投资的捐款,同时促进亚马孙地区的森林保护。自该基金成立以来,挪威一直是其最大的贡献者,捐助占其资源的 94%,其次是德国(5%)和巴西国家石油公司(1%)。然而博索纳罗政府于 2018 年 5 月改变基金规则,将其用于补偿失去财产的巴西土地所有者。挪威政府因此暂停向亚马孙基金转移约 50 万美元,同时德国威胁将暂停捐款。

2007年厄瓜多尔政府为保护境内的亚苏尼雨林而设立计划，称如果其他国家或个人愿捐助相当于厄瓜多尔在联合国信托基金一半的财富，政府将放弃林地的重油矿床开发工程（价值约72亿美元）；然而直到2012年年底才筹集到650万美元，计划遂终止。2016年，厄瓜多尔国家石油公司开始从林地钻探和提取石油。

捐款计划的成功实行有着当地政府和国际层面的诸多条件限制，且过于依赖捐款国家和国际形势，具有相对较高的不稳定性，因而还需在政策制度方面进一步采取措施。

2. 森林管理委员会的建立与协议签署

森林管理委员会（FSC）是一个有25年历史的国际非营利组织，组织汇集来自环境、经济和社会领域的专家，利用专业知识对世界主要森林进行可持续管理。FSC负责为商品环保标签设定标准。此行为如今已成为常规，在2019年，纸制品通常带有森林管理委员会的印章。同时，大部分巴西大豆加工企业签署了自愿暂停协议，承诺不会购买2006年后被砍伐的亚马孙区域土地上种植的大豆。签署类似承诺的还有四家最大的肉类包装公司和巴西银行。这些承诺对欧洲消费者及其零售业市场尤为重要，特别是对于主要出口欧洲的牛肉市场。部分巴西农业企业敏锐地意识到巴西的国际环境声誉是保持国际市场的关键，改变其原始的烧林放牧的农业经营方式，并对政府的环境管理施压，从而对政府政策产生实质性的影响，但前提是协议与标准得到遵守，其有效性才能获得保证，这需要大量监督与执法工作。

3. 联合国与政府间气候组织的数据协助

在经济政治相关政策外，联合国建立森林火灾数据库，和政府间气候组织合作，确保可靠信息快速传播，提高救火效率，防止危机升级。

联合国粮农组织（FAO）与NASA合作，由马里兰大学开发，设立了资源管理系统的火灾信息机构（FIRMS）。FIRMS旨在为自然资源管理者提供近实时的火灾信息，为持续监测和紧急情况提供近实时信息。世界气象组织(WMO)和UNEP联合建立政府间气候变化专门委员会(IPCC),来自世界各地的数千名科学家在自愿基础上为其提供学术信息。IPCC每隔几年会发布对全球气候变化的科学评估,包括全球气候变化带来的影响与潜在的威胁,为决策者提供适应或减缓气候变迁影响的相关建议。IPCC于2014年发布第五次评估报告《气候变化2014:影响、适应和脆弱性》,提出保障社会可持续发展的气候恢复能力路径,进一步深化国际社会对气候变化与可持续发展的认识。[1]

4. 国际生存组织和亚马孙保护团队——捍卫亚马孙原住民人权

原住民对当地动植物有着丰富的知识,并在保护生物多样性方面发挥着至关重要的作用。根据巴西和美国科学家团队于2006年发布的一份报告,通过比较卫星采集的1997年到2000年间雨林发生火灾的相关数据,科学家们发现原住民保护区之外的森林火灾比保护区内部多4至9倍——原住民领土是亚马孙地区森林砍伐最重要的障碍。[2] 目前在国际社会有诸多致力于保护亚马孙地区原住民人民的非政府组织,如国际原住民事务工作组(International Work Group for Indigenous Affairs, IWGIA)、雨林行动网络(Rainforest Action Network, RAN)和亚马孙保护协会(Amazon Conservation Association ,ACA)等。其中,近年针对亚马孙雨林火灾问题活动较为积极的有国际生存组织(Survival International)和亚马孙保护小组(Amazon Conservation Team ,ACT)等。

国际生存组织成立于1969年,以保障原住民权利为组织目标,其活动侧重于为原住民(以巴西原住民为主)提供向世界发声的平台,与当地的原住民组织建立联系,以协助原住民保留祖先的土地。该组织致力于发布调查报告,强调印第安人反对非法入侵他们的土地,反对在他们的领

① R. K. Pachauri, et al., "2014: Climate Change: Synthesis Report," Contribution of Working Groups I, II and III to the Fifth Assessment Report of the Intergovernmental Panel on Climate Change, IPCC, Geneva, Switzerland, 2014, p. 151.

② Daniel Nepstad, et al., "Inhibition of Amazon Deforestation and Fire by Parks and Indigenous Lands," *Conservation Biology*, Vol. 20, No. 1, 2006, pp. 65-73.

土上进行大规模的项目建设，如水坝、道路、矿山和军营，并呼吁巴西承认全国范围内的原住民土地权利。同时，该组织与联合国新闻部有合作关系，并具有联合国经社理事会的咨商地位。为确保行动自由，组织不接受政府资助。① 自1969年以来，国际生存组织与世界各地的原信民社区合作，并与来自全世界100多个国家的支持者一起，成功地领导了数百次争取原住民人民权利的运动。同时，该组织也在新闻平台发表研究报告，提高民众与政府对原住民群体的关注度，致力于帮助原住民在当代社会受到尊重、人权受到保护。

亚马孙保护小组是一个非营利组织，它与南美洲热带地区的原住民合作，保护亚马孙雨林的生物多样性以及原住民的文化和土地。该组织于1996年成立，主要活跃在亚马孙西北、东北和南部地区。与国际生存组织类似，亚马孙保护小组同样致力于促进原住民的土地保有权和管理权，以及亚马孙当地社区治理和传统方面的自决权。自成立以来，该组织已与50多个原住民团体合作。同时，除了保护亚马孙雨林和当地的生物多样性，该组织还致力于保护南美洲原住民的医药传统和相关知识产权。

自1996年以来，亚马孙保护小组直接协助在南美洲扩大和建立了180多万英亩的原住民保留地，并帮助保护亚马孙雨林中约117.16万英亩的国家公园；此外，与原住民社区合作绘制地图，推动土地的可持续利用，记录原住民祖先生活遗址，强调保护亚马孙地区自然资源的重要性。截至2020年，亚马孙保护小组已将超过3035万英亩的土地置于可持续管理之下。②

(二)国家政策制定与完善

1. 更新巴西农业的财政措施，在经济贸易方面为环保农业提供财政

---

① International Survival, "Survival International: The Movement for Tribal Peoples," 2020, https://www.survivalinternational.org/info#our-history, 2021-6-13.

② Mark Plotkin, "Changing the Landscape of Power," *Innovations: Technology, Governance, Globalization*, Vol. 4, No. 2, 2009, pp. 13-25.

补贴与政策支持。

巴西牛肉在欧洲市场的畅销刺激了肉牛放牧业进一步发展。生产者为扩大生产，进一步清除周边森林，以获得价格低廉的牧场。减少牧民对森林的砍伐，一种方法是增加砍伐成本。目前政府设立了环境保护配额以控制森林砍伐。超过法律允许的森林砍伐量的家庭必须重新种植森林或从保留森林高于法定最低标准的家庭购买配额。另一种方法是减少环保企业与环保个体的成本。[①] 政府若想通过非强制手段减少农民的森林砍伐量，也可鼓励其发展集约型农牧业，对集约型农牧场提供地租、税收等方面的补贴，以促进更加集约化的农业生产。

2. 通过政策调节生产商成本以控制森林砍伐面积。

有论者提出应建立有助于保护森林的税收调节机制。欧洲部分国家已开始广泛采取碳税政策，如丹麦、挪威等，税费按照化石燃料燃烧后的碳排放量进行征收，从而减少温室气体的排放，推动环保产业的成长。[②] 通过碳税获得的收入可由政府应用于财政支持环保项目与增加环境部门的预算等。以巴西目前的经济发展水平，全面推进碳税还为时尚早，但可以从雨林保护方面开始，对放火烧林以增加种植、放牧面积的农户，出口在亚马孙森林土地生产的农产品的生产商和开发森林资源的矿石产业等增加税收，并将税收用于集约化新型环保产业的补贴。然而对于目前经济下行的巴西来说，照搬西方碳税政策的经济代价过于高昂，刀耕火种的农业模式是亚马孙地区农民目前最依赖的生存途径，单方面增加其生存成本并不现实。控制亚马孙地区的森林砍伐，应当以资金、政策扶持等降低成本的政策为主，以税收、法规限制为辅。

3. 地方政府采取相应措施，如协同巴西环境部设立亚马孙森林禁燃

---

① Edmund Amann, Werner Baer, "From the Developmental to the Regulatory State: The Transformation of the Government's Impact on the Brazilian Economy," *Quarterly Review of Economics and Finance*, Vol. 45, No. 2-3, 2005, pp. 421-431.

② 埃利玛·皮涅罗·多纳西门托等:《关于巴西亚马孙问题的讨论:展望与风险》,彭姝祎译,《国际社会科学杂志》2017 年第 34 期,第 102—115 页。

烧计划，协调政府机构联合灭火。

巴伊亚州政府自2010年起发动环境部实施“无火巴伊亚”计划，预防和打击森林火灾。州政府和联邦机构的代表组成巴伊亚州森林防火和打击委员会。该委员会计划向居民与工作人员分发个人防护设备，保证运输和物资流通，培养防火专业成员，将其下派到农村社区举行会议和研讨会，提高当地居民对森林火灾的认识，做好预防措施。同时，军事消防部门每天提供有关监测和消防活动的信息，确保精准测定火灾的发生。在政府的督促和民众的配合下，该计划顺利进行，巴伊亚州的森林火灾数量有了一定的下降。

（三）展望——当前不足与未来发展方向

虽然目前可供查看和使用的实时信息与资料十分充足和及时，但国际组织、科学机构与巴西当地政府之间的协调仍存在矛盾与疏漏，导致信息收集与行动措施之间出现断层。

1. 经济政策

政府可以通过鼓励高附加值和高效率的活动，在政府行为与个人做法之间进行协调，如推动与牲畜集约化饲养、收入与价格保障体系相结合的家庭农业。目前，跨国公司占据巴西农业附加值40%的份额，肥料、饲料多为进口，价格高昂，因此需要国家调动资金，由本国自主生产肥料与饲料，或通过国际组织的帮助，为生产方式集约化的农户降低进口肥料、饲料的价格，给农业生产提供更多的自主空间。

2. 科学技术发展

技术方面可发展适合热带雨林的技术与基础设施建设，统筹调动巴西公共资本与私人资本，扩大环境服务，与亚马孙各城市的企业建立联系，共同管理森林资源。巴西可改运费高昂的公路交通为铁路、水路交通，尝试将电厂建设转变为公共计划，修筑规模更小的堤坝和船闸系统，调整由小型农业生产者和渔民组成的地方生产布局等。

3. 发展灾害风险管理

亚马孙森林火灾问题常年存在，并且长时间难以得到解决。WMO

等国际组织可以建立灾害与极端事件数据库，进行灾害评估，从而在灾难突发时能够及时传播信息，并提醒政府当局或发动国际力量进行援助，尽量避免对自然环境造成无法挽回的严重伤害。

值得注意的一点是，在8月3日便出现了有关亚马孙火灾和圣保罗地区天空被黑色烟尘笼罩的报道，然而消息仅限于地方小型媒体，并没有推广至巴西全国或全球。亚马孙森林大火的信息在火灾发生两周后被NASA卫星发现，三周后才由巴西官方公布于众，导致国际应对过晚，从而影响灭火行动，还在世界各地引起恐慌。地方政府隐瞒信息，不采取任何行动，并未向上级政府汇报的行为使人生疑。亚马孙火灾是人为造成，地方农民在政府的放任下放火烧林，发现火势蔓延后既不发布通告也不组织救火。部分媒体称，当地政府纵容农民伐木烧林从而获得土地，种植大豆，发展畜牧业创收，因而没有发动人力物力救火。有一种说法称巴西地方政府环境方面的经费不足，无力处理大范围火灾。《卫报》对亚马孙地区当地人的采访称，当地政府在等下一个雨季，等一场自然大雨来把森林大火浇灭。然而8月是亚马孙地区的旱季初期，少雨干燥的气候还将持续约三个月，若不对火灾及时处理并吸取经验，预防未来类似危机发生，政府继续对国际组织持不信任甚至敌视态度，亚马孙的森林火灾隐患将不减反加。因此，在环境保护方面，应在重要环境保护区举行非政府性非营利组织的定期巡查，以免国家封闭信息来源从而使危机进一步加重。

六、结语

环境问题不分国家地区，日益严重的环境危机若没有得到良好的控制与处理，会在时间上延长、范围上扩大，从而带来更加严重的影响。因此国家在面对严重环境危机时不应坚持狭隘的民族主义产场而拖延问题的解决，同时国际上也应多方施加援助，推动危机的化解。

当前，环境保护成为越来越重要且紧迫的全球性议题。世界日益全球化，全球对保护环境的呼声日益加强。巴西的环境保护需要各个国家和国际组织的支持与援助。同时，对于巴西来说，良好的国际声誉需要坚持可持续发展与环境保护，好的声誉和生态环境是一个国家经济发展的重要前提。经济能力相对弱小的发展中国家，可以借助国际组织的力量，获得实时可靠的科学数据，并积极采取措施，在不阻碍国家经济实力、综合国力发展的条件下，积极承担环境保护的国际责任。

论联合国难民署对难民的保护及其面临的挑战

罗梦蝶 *

难民问题是当前国际社会面临和关注的重大问题。难民问题由来已久、长期存在，但近年来由于地区冲突不断加剧、宗教矛盾升级、恐怖主义盛行，难民危机日趋严重，越来越受到各界关注。难民潮遍及世界，大量难民流落于非洲、亚洲、欧洲、美洲。难民需要依靠国际社会的支援和保护，在难民保护的实践中，国际组织进行了越来越多的努力和尝试，逐渐发挥着重要作用。其中，联合国难民署（UNHCR）作为当今世界最重要的解决难民问题的国际组织，在全世界范围内积极开展人道主义救援，同时也面临着问题与挑战。本文以阿富汗难民问题为例，聚焦联合国难民署的作用及其面临的挑战，并对其未来发展作出展望。

一、研究现状

近年来，随着国际难民形势日益严峻，围绕难民问题的研究不断增多，国际学者提出了自己的观点和见解，切入的角度和关注的重点各不相同。

当前，国际学者对难民问题的研究主要是在国际法领域，从国际法的

---

* 作者系北京大学国际关系学院 2017 级本科生。

角度来分析探讨难民的地位以及对难民的保护。1951 年《关于难民地位的公约》和 1967 年《关于难民地位的议定书》是基础性文件，国际学者多围绕这两份文件对难民问题进行分析和研究。契姆尼(B. S. Chimni)是代表性的难民法学者，其著作《国际难民法》介绍了难民概念、难民认定程序、难民保护原则、1951 年《关于难民地位的公约》缔约国的义务等内容。[①] 美国学者哈撒韦(James C. Hathaway)《国际法上的难民权利》一书详细解释了 1951 年公约中规定的难民权利，阐释了寻求庇护者作为实际离散的难民所拥有的权利。[②] 国内学者尹桂云论述了国际难民法的产生与发展，讨论了国际社会对难民的保护。[③] 在国际关系领域，吉布尼(Matthew J. Gibney)深入探讨了难民的庇护问题，讨论了西方国家对难民和寻求庇护者负有的义务，强调了国家的道德性自决权。[④] 吉布尼对德国、英国、美国和澳大利亚的难民安置和移民政策进行了结构性的分析，也对一些以管理边境问题为目的而制定的移民政策提出了质疑。陈艳通过四个案例介绍了大规模难民潮中的难民保护，阐释了临时避难的形成背景、具体内容以及临时避难中难民的地位。[⑤] 罗超、高鹏讨论了目前国际难民问题的挑战及影响因素，分析了国际社会对难民问题的应对策略，提出中国要加强与国际组织的合作。[⑥]

有关联合国难民署的研究，学者们多从联合国难民署的历史发展和组织架构、主权国家与难民署的互动、难民署对难民的保护以及遇到的新情况、新挑战等方面进行研究。吉尔・洛舍尔(Gil Loescher)分析了自联

---

① B. S. Chimni, *International Refugee Law: A Reader*, New Delhi: Sage India, 2010.

② [美]詹姆斯・C. 哈撒韦:《国际法上的难民权利》，黄云松译，北京:中国社会科学出版社 2017 年版。

③ 尹桂云:《论难民的国际保护》，《社会科学》1999 年第 8 期，第 20—23 页。

④ Matthew J. Gibney, *The Ethics and Politics of Asylum: Liberal Democracy and the Response to Refugee*, Cambridge: Cambridge University Press, 2014.

⑤ 陈艳:《论大规模涌入中难民的国际保护》，上海:华东政法大学硕士学位论文，2004 年。

⑥ 罗超、高鹏:《国际难民问题的挑战、应对及中国的参与》，《世界经济与政治论坛》2017 年第 2 期，第 140—157 页。

合国难民署成立以来在历任领导带领下在国际社会中的行动。① 亚历山大·贝茨(Alexander Betts)与保罗·科利尔(Paul Collier)提出,全球难民制度之所以失败,是因为它只解决了难民迫在眉睫的人道主义需求,而没有将其扩展到发展和重建。他们提出要为难民营地发展商业和工业,为难民提供教育和技能。② 安妮·哈默斯塔德(Anne Hammerstad)回顾了联合国难民署在过去二十多年里遇到的人道主义紧急情况,探讨了联合国难民署六十年来的角色变化。她认为难民署最初只是专注于促进1951年难民法的小机构,经过几十年的经营,在20世纪90年代成为世界领先的人道救援机构。而后在21世纪头十年,因为“9·11”事件以及国际社会对难民的态度转变,联合国难民署的政治野心降低,重新将自己界定为一个保护机构,退居到一个更温和的角色。③ 何慧回顾了难民署半个世纪的发展历程,分析了它在处理难民事务中发挥的作用,并初步探讨了难民署面临的困难、挑战及可能的改革思路。④ 杨靖旼认为联合国难民署面临以下挑战。第一,治理实践与道义原则相冲突,即难民署的“自愿遣返”原则在实际操作中,由于难民与难民署信息不对称,会出现遣返并非“自愿”的情况,从而损害难民权益。第二,相关领域组织之间仍然存在竞争。例如国际移民组织(IOM)的相关议题和制度在一定程度上威胁到难民署在难民领域的治理地位。另外,作者还重点研究了难民署与主权国家之间的对抗,通过对难民署自主性的研究来分析其当下的治理困境。⑤ 关于这点,严骁骁从限定“支出用途”的角度指出联合国难民署

---

① Gil Loescher, *The UNHCR and World Politics: A Perilous Path*, Oxford: Oxford University Press, 2001.

② Alexander Betts, Paul Collier, *Refuge: Transforming a Broken Refugee System*, London: Penguin Random House, 2018.

③ Anne Hammerstad, *The Rise and Decline of a Global Security Actor: UNHCR, Refugee Protection and Security*, Oxford: Oxford University Press, 2014.

④ 何慧:《论联合国难民署的历史地位与现实作用》,《国际论坛》2004年第4期,第12—15页。

⑤ 杨靖旼:《主权国家与联合国难民署视角下全球难民治理的困境分析》,《国际关系研究》2017年第5期,第47—62页。

的行动能力受制于主权国家，难民署对不同地区难民救助的关注度受捐资国对局势判断的影响，而并非难民问题的严重程度。[①]

综合来看，学者们对难民保护和联合国难民署的研究主要集中在机构的发展历程和演变、难民保护的政策分析和原则讨论。本文主要探讨联合国难民署在难民保护过程中发挥的作用及其局限性，以及面临的新问题和挑战。

二、联合国难民署在难民问题全球治理中的作用：以阿富汗难民为例

（一）阿富汗难民概况

据联合国难民署2021年数据显示，来自阿富汗的登记难民有270多万，他们是亚洲最大规模的长期难民人口，也是世界上第二大难民人口。[②] 阿富汗难民一直是国际社会关注的群体。由于地理位置险要，地缘战略价值大，阿富汗成为大国数百年来竞相争夺和渗透的角斗场，长期战火纷飞，经济凋敝。19世纪初，英国通过三次侵阿战争征服了阿富汗，直到1919年阿富汗才摆脱英国殖民统治获得独立。1978年4月，亲苏的阿富汗人民民主党总书记塔拉基发动政变，推翻了达乌德政权，建立了“阿富汗民主共和国”。后因各派抗苏武装争权夺势，阿富汗陷入内战。战火使大量阿富汗人离开家园，越过边境，进入邻国巴基斯坦和伊朗，阿富汗难民问题由此产生。1979年12月，苏联出兵入侵阿富汗。直到1989年2月，苏军才撤出。据不完全统计，在苏联入侵阿富汗的十年战争中，至少有150万阿富汗人被杀害，流亡国外的阿富汗难民总人数超过600万，约占阿富汗总人口的1/3，同时还有300多万人在国内流亡迁徙。战火连绵，备受战争迫害的阿富汗人民不断加入到外逃的难民洪流之中。

---

① 严骁骁：《国际难民机制与全球难民治理的前景：叙利亚难民保护实践的启示》，《外交评论》2018年第3期，第129—156页。

② UNHCR, “Global Trends: Forced Displacement in 2020,” https://www.unhcr.org/flagshipreports/globaltrends/, 2021-6-18.

“9·11”事件后，阿富汗塔利班政权在以美国为主导的西方国家的打击下垮台，这一过程中又产生了大量难民。除了战争因素，常年的干旱和严寒的冬季也使阿富汗产生了大量环境难民。阿富汗成为难民问题极其严重的国家之一。

（二）联合国难民署的阿富汗难民工作

联合国难民署一直关注阿富汗难民问题，几十年来一直积极对阿富汗难民进行支援与保护。巴基斯坦和伊朗两国在联合国机构的协调下一直致力于阿富汗难民的遣返。2002 年以来，有 380 万阿富汗难民在联合国难民署协助下从巴基斯坦返回阿富汗。

“9·11”事件后，UNHCR 对阿富汗难民的救助活动更加全面和主动。第一，制订了阿富汗难民遣返计划。自 2001 年塔利班政权垮台后，UNHCR 就开始同巴基斯坦、伊朗和阿富汗进行磋商，商讨对阿富汗难民的遣返计划。2002 年 1 月，巴基斯坦、阿富汗与 UNHCR 的官员在日内瓦签署一项遣返阿富汗难民的三方协议，协议为期 3 年，协议期内每年至少从巴基斯坦遣返 40 万阿富汗难民回国。① 之后，阿富汗、巴基斯坦、伊朗与 UNHCR 共同起草完成了有关阿富汗难民问题的解决方案，并于 2012 年 5 月在瑞士日内瓦举行会议，寻求国际社会的支持。方案主要内容包括鼓励滞留难民自愿回归，使已回归难民实现与社会的良好融合，向主要难民接收国即巴基斯坦和伊朗提供必要支持。② 这个方案着重强调了政治重建与经济发展对解决难民问题的作用，同时还关注回归难民的安置问题，特别是医疗、住房、教育、工作的保障。到 2014 年，回归难民占阿富汗人口的 20%。③ 同年，UNHCR 支持阿富汗政府起草《国家难民和

---

① UNHCR, *UNHCR Statistical Yearbook 2022*, Geneva: UNHCR, 2004, p. 195.

② UNHCR, “Solutions Strategy Conference Report,” https://www.unhcr.org/events/conferences/4fdb28a79/solutions-strategy-conference-report.html?query=Solutions%20Strategy%20for%20Afghan%20Refugees, 2021-5-4.

③ UNHCR, “Global Focus,” http://reporting.unhcr.org/node/4505?y=2014#year, 2021-5-4.

庇护法》，该法律被列入2015年立法议程。2015年，阿富汗政府制定了国家全面自愿遣返和重返社会战略，并设立了一个由总统担任主席的部长级移民问题高级委员会，以协调其实现。这一年，有58000多名阿富汗难民返回家园。[①] 2015年10月，阿富汗难民问题执行委员会高级别会议启动了在联合国难民署支持下制定的《阿富汗难民问题解决方案战略》(SSAR)新项目组合，为旨在促进自愿返回和可持续重新融入社会的联合干预行动提供了一个全面和综合的框架。2016年，约有372000名阿富汗难民返回家园，其中370000人从巴基斯坦返回。[②] 在UNHCR的大力宣传倡导下，阿富汗政府将回归难民和流离失所者的需求纳入国家和平与发展框架，为他们制定了更多优先方案和政策。在发展的过程中，UNHCR不断根据变化的环境进行自我调整，包括建设抵御危机的能力，加强对有特殊需求的人的支持，提出旨在实现社区长期一体化发展的区域解决方案。2017年，UNHCR通过四个兑现中心(Encashment Centres)为回归难民提供每人平均200美元的现金援助，以满足他们的迫切需要。此外，UNHCR还加强了对回归难民的保护监测工作，在难民领取援助后的1—6个月通过定期电话调查对难民进行保护监测。

第二，UNHCR还积极推动以社区为基础的保护干预措施，旨在减少回归难民的风险性和脆弱性，同时鼓励他们自力更生。其中，UNHCR还特别注重对妇女和青年的保护。2017年，23个回归难民/流离失所者社区实施社区保护措施的目标，使近80000个家庭(超过500000人)受益。[③] 2017年，13000个国内流离失所者家庭收到了核心救济物资，7300户家庭获得了卫生用品，64%的15—24岁的难民返回者参加了经过认证

---

① UNHCR, "Solutions Strategy Conference Report," https://www.unhcr.org/events/conferences/4fdb28a79/solutions-strategy-conference-report.html?query=Solutions%20Strategy%20for%20Afghan%20Refugees, 2021-5-4.

② UNHCR, "Global Focus," http://reporting.unhcr.org/node/4505?y=2014#year, 2021-5-4.

③ Ibid.

的生计培训。① 2018 年 7 月，阿富汗政府正式宣布加入并支持《阿富汗全面难民应对框架》(CRRF)。为了促进社区赋权和和平共处，UNHCR 在阿富汗全国 61 个社区实施了社区保护(CBP)项目，使大约 44 万回归难民、境内流离失所者和收容社区成员受益。②

(三)阿富汗难民问题仍难解决

尽管联合国难民署已经针对阿富汗难民问题制定了很多政策，开展了系列救援行动，但阿富汗难民遣返工作仍然面临很多问题，这凸显了以联合国难民署为代表的国际难民治理主体的局限。

1. 阿富汗国内安全问题严峻

阿富汗的安全局势一直没有获得根本好转，这直接影响了难民返回阿富汗的意愿。③ 阿富汗战火已经持续四十年，2020 年 9 月 12 日，阿富汗内部和解进程在多哈正式启动，但和解前景未知。阿富汗国内仍受困于战火，党派领袖偏爱用武力而非和平方式解决问题。除了战争因素外，还有严峻的自然灾害。阿富汗境内常年干旱，连年的旱灾使得河流干涸，动植物缺水而死，由此引发的牲畜尸体腐烂又进一步污染了水源和环境，导致疾病肆虐。自然灾害频发制造了战争难民之外的环境难民。大量的难民主要是由于在国内人身安全得不到保障才被迫向国外流动，所以在阿富汗国内安全局势并不乐观的状况下，让这些避难在外的难民自愿返回祖国是很艰难的。④

2. 返回国内的阿富汗人生活窘迫

阿富汗难民即使回国，也很难谋生，这直接影响到难民返回阿富汗的

---

① UNHCR, "Global Focus," http://reporting.unhcr.org/node/4505? y=2014#year, 2021-5-4.

② Ibid.

③ 朱永彪、闫培记：《阿富汗难民：历史、现状及影响》，《世界历史》2009 年第 4 期，第 86—95 页。

④ 刘昕：《2000 至 2005 年间的阿富汗难民问题研究》，北京：北京大学国际关系学院硕士学位论文，2018 年，第 23 页。

主动性和积极性。[①] 农业是阿富汗国民产出的主要来源，土地是重要的资源。许多农民回国后失去了原来的土地，成为没有土地的农民，也就意味着失去了经济来源。他们无法获得足够的食物供给，贫困加剧，结果还得依靠人道主义救援。由于家庭规模扩大导致的土地匮乏，继承法造成的土地分割，征用或占用造成的土地损失，再加上阿富汗平均 24%的失地率（某些地区上升到 78%），在阿富汗国内特别是农村地区，无地的回国家庭数量增加。在 2002 年 3 月至 2003 年 10 月间，超过 140 万从巴基斯坦和伊朗两国返回的阿富汗人，或者说占比超过 60%的返回者是没有土地的。[②] 经济问题是基础，土地问题和住房问题往往是引发冲突的导火索，居住成本和就业压力使得许多返回者又重新走上迁移的道路。

3. 国际援助仍很吃力

阿富汗的难民救助需要大量资金，然而联合国难民署实际获得的西方援助与自身需求之间还是存在很大的缺口。2021 年，联合国难民署呼吁为阿富汗难民局势捐资的总金额为 326621154 美元，但实际收到的仅有 51837421 美元，占需求的 16%。资金缺乏使得难民安置、遣返等工作很难顺利进行，更不用说难民回国后的长期发展。在这种情况下，UNHCR 的援助工作也显得有心而无力。

由此，可以总结出本文选取阿富汗难民问题作为个案分析的原因。第一，阿富汗难民问题由来已久，难民人数庞大且情况复杂。第二，阿富汗难民问题难以解决，根源在于连年的战争和动乱，加之恶劣的自然环境。在最核心和最基本的“安全”问题得不到保障的情况下，让阿富汗难民自愿返回祖国实属困难。第三，阿富汗难民问题是联合国难民署的重要议题。UNHCR 一直关注和支援着阿富汗难民，为他们做了大量的救

---

① 刘昕：《2000 至 2005 年间的阿富汗难民问题研究》，北京：北京大学国际关系学院硕士学位论文，2018 年，第 90 页。

② Alpaslan Özerdem, Abdul Hai Sofizada, “Sustainable Reintegration to Returning Refugees in Post-Taliban Afghanistan: Land-Related Challenges: Analysis,” *Conflict, Security & Development*, Vol. 6, No. 1, 2006, p. 86.

援和支持工作，自 2002 年来已经协助了约 530 万阿富汗难民返回。第四，联合国难民署在阿富汗难民问题的治理过程中也遇到了不少困难和挑战。阿富汗难民问题可以视作国际难民问题的一个代表，一方面，联合国难民署在解决难民问题上已经做了很多尝试和努力，并发挥了相当大的作用；另一方面，以阿富汗难民面临的遣返困难为例，我们还是可以看到其治理过程中的局限性。

三、联合国难民署发挥的作用和面临的挑战

（一）联合国难民署发挥的作用

联合国难民署在长期救助、保护难民的过程中，逐渐形成了自己的模式和特点。

第一，紧急救助与长期解决相结合。UNHCR 能够在 72 小时内回应全球紧急事件，在全球各地提供最快的紧急反应（First Emergency Response）。UNHCR 的中文官网上写着这样一段话："我们的救援物资和专家已准备好随时为世界各地的难民提供援助。在来自全球的供应商、专业机构和合作伙伴的帮助下，我们能确保在 72 小时内展开紧急救援行动。"[①]这样的紧急救援背后是受到培训的专业人员、高效的运输手段、丰富的紧急情况预案与资源、提前的应急规划等。UNHCR 会向难民提供食品、饮用水、住所等生活必需品，之后会进行更长期的基础设施建设，比如提供医疗卫生服务，帮助难民儿童修建学校，修复道路。值得注意的是，UNHCR 并不是单方面的输出，而是在救济的同时帮助难民自力更生，鼓励难民跟着难民署一起行动。比如埃及的难民越来越多投入到清理尼罗河的塑料污染中，UNHCR 通过提供设备和动员难民社区的志愿者来支持清理工作。叙利亚的导演通过戏剧将难民和当地人团结起来，进行"艺术治愈"。戏剧导演巴塞姆通过表演课程为亚历山大的年轻

---

① 联合国难民署：《紧急救援》，https://www.unhcr.org/cn/紧急救援，访问时间：2019 年 9 月 1 日。

难民提供安全的空间,帮助他们建立自信心,难民署则为他们提供服装、化妆品和宣传材料。南苏丹的难民成为乌干达植树造林的倡导者,难民署为定居点提供苗圃,向难民和收容社区分发幼苗,进行造林益处的教育。UNHCR 提供给难民的是来之不易的“稳定性”,这种稳定性不仅仅是物质上的,而且是心灵上的,使得难民能够重新拥抱生命、拥抱世界。比如,UNHCR2016 年成立了一个特别小组,致力于促进两性平等,有效预防和应对性暴力和基于性别的暴力。通过与社区的合作,小组成员们处理了家庭暴力、恐同症、仇外心理和妇女边缘化等具有挑战性的问题。①

第二,难民救助与危机预防相结合。虽然大多数难民问题都是突发性的,但 UNHCR 也力图防止全球热点地区因大规模人口移动而发生严重危机,通过早期预警系统,在危机发生之前进行持续的监控。②

第三,积极与各方力量进行合作,包括各国政府、联合国内部其他部门、各区域组织、非政府组织等。此外,UNHCR 也面向全世界人民寻求支持,开通专门的捐助通道,举办各种公益活动,如“通往安全的 20 亿千米”活动等③。在处理非洲难民的问题时,联合国难民署就得到非洲统一组织的大力协助和支持。同时,UNHCR 也与国际红十字委员会(ICRC)、联合国难民救济及工程局(UNRWA)、世界卫生组织(WHO)、联合国儿童基金会(UNICEF)等国际组织保持密切合作。联合国难民署集世界各方力量,为解决难民问题做了大量工作,取得了很多成绩。

(二)联合国难民署面临的挑战

我们看到了联合国难民署为解决世界难民问题所作的巨大贡献,但

---

① UNHCR, “What We Do,” https://www.unhcr.org/what-we-do.html, 2019-9-1.

② UNHCR, “Operational Portal,” https://data2.unhcr.org/en/situations, 2021-5-4.

③ 联合国难民署于 2019 年 1 月 8 日启动一项名为“通往安全的 20 亿千米”的全球行动,呼吁人们通过跑步、快走或骑行等方式体验难民的艰辛,并在 2019 年内共同完成累计行进 20 亿千米的目标,以表达对全球难民的关心和支持。难民署表示,希望通过这项行动能募集到超过 1500 万美元的资金,以帮助支付在难民注册接待、饮食、住所、基本援助、医疗保健和心理服务等方面日益增长的费用,参见 https://www.unhcr.org/get-involved.html, 2019-9-1。

也不能忽视其曲折发展的历程，尤其是在当今世界形势急剧变化的背景下，更不能忽视它所面临的困难与挑战。

1. 经费问题

经费问题可能是绝大多数国际组织所面临的最严重的问题，联合国难民署在工作中最大的局限就是入不敷出。联合国难民署的经费主要来自发达国家，包括美国、西欧各国、日本、加拿大和澳大利亚。由表1可以看出，UNHCR近年来预算在逐年增加，而所获得的捐款不仅远远满足不了需求，而且2020年相较2019年还有所减少。

表1　联合国难民署2014—2020年预算与实际可用资金表(单位:亿美元)

	2014年	2015年	2016年	2017年	2018年	2019年	2020年
预算	62.33	67.64	70.92	74.40	77.30	86.36	91.31
可用资金	36.03	37.07	44.11	45.10	47.10	48.26	47.76

经费短缺使得UNHCR不得不搁置很多计划，如暂停难民遣返，推迟或取消改善难民基础设施，延缓改善难民的教育和营养等计划。UNHCR的经费来源并没有成文的法律文件保障，因此，各个国家和机构的捐助是自愿的，并非强制。因而，难民署每年的捐助情况会受各国内部政治经济形势影响，极其不稳定。

2. 联合国难民署的自主性与主权国家的授权

国际机制的有效性很大程度上来源于国家的广泛授权。由于绝大部分捐助来自主权国家政府，因此UNHCR也面临着来自捐赠国的政治压力。关于这点，很重要的一方面体现在UNHCR并不能完全自由地使用资金上。事实上难民署大部分资金都被捐赠国指定了用途或是具体项目的专项资金，据资料显示，2021年UNHCR可自由支配的资金仅占全部可用资金的21%。① “非专用资金非常重要!”联合国难民事务高级专员

① UNHCR, "Global Focus," http://reporting.unhcr.org/, 2021-5-4.

菲利波·格兰迪(Filippo Grandi)在2019年访问坦桑尼亚西部的难民营时说。非专用资金(即未指定用途的资金)能帮助UNHCR工作人员们对新产生的难民问题迅速作出反应,向有需要的人提供帮助,这类资金能给难民们建造坚固、持久的庇护所,能给难民提供迫切需要的安全性、舒适性和隐私性。主权国家自身的政治需要影响了难民保护偏重的方向。一般而言,一国会积极参与与自身利益有密切关系的地区性难民保护活动,对与自身利益无关或关系不大的地区的难民保护活动持消极态度。例如,在20世纪苏军入侵阿富汗时,西方对阿富汗提供的援助很多,但在苏联撤军后,西方对阿富汗的关注就大大减少。“在苏联从阿富汗抽身而退之后,西方援助阿富汗重建及遣返难民的资金,以及对仍居住在巴基斯坦和伊朗的阿富汗难民的援助基本上停止了。”[①]主权国家出于战争和外交的战略往往会有选择性地支持特定的难民群体,例如,在1991年的海湾战争中,伊朗境内的伊拉克难民获得的援助就远少于逃往土耳其等地区的库尔德难民。[②]

同时,UNHCR是一个非政治性的人道主义机构,但其发展资金大多是来源于政府,而主权国家的资金赞助背后或多或少带有政治意味。特别是捐赠国大多是发达国家,而受助国都是发展中国家,这就使得联合国难民署必须在两者之间进行大量的协调工作。当UNHCR所做的工作符合主权国家利益时,二者一般相安无事。但当主权国家认为自己利益受损或UNHCR的工作不符合其预期时,就很可能减少捐助。来自主权国家直接或者间接的政治压力会在很大程度上限制或影响UNHCR的工作。例如,20世纪90年代,UNHCR批评部分西方国家强制遣返数千名海地人和阿尔巴尼亚人;2015年巴黎发生恐怖袭击事件后,UNHCR称不应该让难民成为替罪羊,呼吁欧洲国家兑现接收难民的承诺;2019

---

① Hiram A. Ruiz, “Afghanistan: Conflict and Displacement 1978 to 2001,” *Forced Migration Review*, No. 13, June 2002, pp. 8-10.

② 李晓婷:《国际难民机制的建立与发展》,南京:南京大学国际关系学院硕士论文,2016年,第50页。

年，UNHCR 指责意大利抗拒欧盟的难民政策，批评其拒绝接受北非难民；2019 年 9 月，UNHCR 驻伊朗代表在接受采访时表示，由于美国对伊朗恢复制裁，难民署在伊朗的难民救助工作变得更加困难，成本也大大提升；2021 年世界卫生日，UNHCR 呼吁各国采取协调一致的国际行动，让难民及其他被迫流离失所者和无国籍的人也能公平获得 COVID－19 疫苗。这些例子直观地表明，UNHCR 没有强制主权国家执行义务的权力，它的发声只能是谴责、批评、反对、呼吁等。但在具体实践中，它的批评能发挥的作用微乎其微，要么是不被大国理睬，要么是被大国通过减少资金捐助的方式打压。在这种情况下，UNHCR 一方面需要尽可能摆脱政治因素的干预，坚定自身人道主义的立场；另一方面，为了维持自身的生存和发展，它也需要依靠政治性浓厚的主权国家。完全超脱政治性的国际组织并不存在，UNHCR 只能尽可能平衡两者的关系，把握好自身的位置。

3. 环境灾害、气候变化问题

(1)对难民安置地区环境的破坏

环境和气候变化问题越来越对 UNHCR 的工作以及全世界被迫流离失所的人的生活产生重大的影响。UNHCR 面临的挑战是在小范围内接纳大量人口，而获得救助的难民的生存往往必须依靠当地环境资源，如树木、水源、能源等。不可持续地使用自然资源会加速环境退化，树林被毁、水源被污染或过度消耗等，这不仅会对当地自然环境造成严重影响，也会对难民的福祉产生持久的不利影响。此外，对木材、水和牧场等稀缺自然资源的竞争可能会导致难民与当地人或难民之间的摩擦。例如在乌干达，难民和乌干达当地社区居民都使用柴火来满足日常生活需求，如烹饪、住房、取暖等，数十万新难民需要木材来建造避难所。这些活动对环境造成了严重影响，造成自然资源紧张，同时当地社区居民对于外来者分享资源也有所不满，有时甚至会发生冲突。

(2)环境难民问题

进入 21 世纪，难民的类型早已不再局限于因战争而逃离家园的人，出现了越来越多的“环境难民”。例如,2012 年和 2013 年索马里难民大量涌入肯尼亚,其原因既有青年党和武装组织造成的死亡和破坏,也有索马里的干旱和饥荒。针对这些环境难民的救助和保护成为 UNHCR 面临的新挑战。自 2008 年以来约有 2250 万人因气候或天气相关事件而流离失所,联合国科学顾问委员会政府间气候变化专门委员会(IPCC)预计,21 世纪流离失所者人数将增加。[①] 气候变化将使人们贫困加剧和流离失所,使人道主义需求和反应更加复杂。IPCC 第二工作组在 2014 年的第五次评估报告中首次明确提出,21 世纪的气候变化预计将增加流离失所的人数,可能会间接增加以内战和群体间暴力形式出现的暴力冲突并扩大这些冲突的驱动因素,例如贫穷和经济冲击。[②] 恶劣环境会进一步加剧冲突和暴力活动。在埃塞俄比亚叙德难民营的一位索马里牧民说:“现在我们正处在一个非常艰难的时期。国内人民面临着冲突和饥荒,他们正在挨饿。如果我们能回去,迎接我们的只有干旱的土地和死亡。”[③]联合国难民署面临的难题是,目前流离失所的风险很大程度上是由于越来越多的弱势群体生活在灾害多发的地区,难民署关注的近六千万难民中,大多数都生活在世界各地的“气候变化热点地区”。[④] 由于自然灾害和气候变化的影响,这些人面临着二次或重复流离失所的危险,人道主义援助在这种情况下的反应将更加复杂。

4. 未被赋予国际法上的权力

正如前文所说,联合国这样的国际组织很难脱离主权国家而独立发挥作用,UNHCR 作为联合国之下的一个高级专员署也是如此,它并没有被赋予国际法上的权力。具体来讲,就是它只能向难民提供物资及人道

---

① UNHCR, “UNHCR and Climate Change: An Overview,” https://www.unhcr.org/540854f49, 2021-6-18.

② Ibid.

③ UNHCR, “What We Do,” https://www.unhcr.org/what-we-do.html, 2019-9-1.

④ UNHCR, “UNHCR and Climate Change: An Overview,” https://www.unhcr.org/540854f49, 2021-6-18.

主义的援助，只能谴责造成难民的暴力行为，但无权要求那些造成难民的国家和政府给予难民基本的人权保障，或对它们按国际法进行审判。此外，虽然 UNHCR 的基础性文件《关于难民地位的公约》界定了难民的地位，规定了难民应当享有的待遇、各缔约方应当遵循的义务，但是从国际法的角度上看，还非常不严密，因为各国政府完全可能做出适合本国自身的法律规定。例如作为《公约》缔约国之一的匈牙利，从 2015 年 7 月开始，为了避免寻求庇护者入境后的保护义务和遣返违规移民的成本，在边境建起围墙和铁丝网阻挡寻求庇护者涌入。① 2016 年 12 月 3 日，匈牙利向位于卢森堡的欧洲法院递交诉讼状，反对欧盟按照配额强制分摊难民。②

究其根本，还是 UNHCR 缺少凌驾于国家之上的权力，但这种权力又是显而易见的不可能的权力，UNHCR 的权力是联合国授予的，来自主权国家，因此它能发挥的作用只能是经济上的援助、道义上的谴责，而没有强制性的措施。

5. 对难民后续发展问题关注不足

UNHCR 经过几十年的积累，已经有一套紧急救助难民的经验，但对于救助后难民的生活发展问题并没有给予足够的关注。自愿遣返或者异地安置的难民是否能重新开展正常的生产生活，是否能得到就业和教育机会，是否能得到切实的尊重和应有的权利，这些都是需要 UNHCR 进一步思考和关注的问题。正如前文提到的阿富汗难民，很多返回者在返回祖国后并不能得到正常的生活，甚至不能保证自己的人身安全，被迫又走上迁移的道路。难民后续发展问题长期得不到关注，将不利于 UNHCR 持续发挥作用和影响，不利于难民问题的根本性、永久性解决。

（三）联合国难民署未来发展展望

联合国难民署在发展的过程中遇到了许多困难与挑战。为应对这些

---

① 杨靖旼：《主权国家与联合国难民署视角下全球难民治理的困境分析》，《国际关系研究》2017 年第 5 期，第 47－64 页。

② 同上。

问题,UNHCR 每年都会制定相关政策和措施,及时总结经验与教训。

联合国难民署需要改革。首先,UNHCR 需要转变自己的思维,不要在"人道主义"上纠结执着,要认识到全球性的难民问题仅仅用人道主义来定义是非常狭窄的,它还是一个重要的政治问题。难民问题不仅需要人道主义的解决,而且需要政治的解决。难民署应加强与大国、难民原籍国、难民迁入国和中转国之间的联系,协调合作,功能互补,互惠共赢,增强难民治理能力。其次,UNHCR 需要开展更广泛、更多元的合作项目,需要借助社会各界力量共同解决难民问题,尤其是要与国际安全和发展领域联系起来,加强各方协调,明确大国责任,深化国际合作,加快资源合理分配。UNHCR 无法解决所有问题,因为难民的生存及长期发展牵涉很多方面,包括教育、卫生、医疗、住房、就业、心理健康、歧视与暴力问题等,都需要更多有经验、有力量、有专业知识的组织和人员介入。最后,UNHCR 还应继续组织类似于"通往安全的 20 亿千米"这样的全球性公益活动,让更多的人能够加入进来,让更多的人能够从自身做起,将自己与在地球上某个角落挣扎生活的难民的命运联系起来,真正让身处安乐的人们去感受流离失所者们被迫离乡、心处绝望但又满怀希望的心理,去感受被迫逃离的家庭为生存做出的非凡努力。

四、结语

难民问题是国际社会长期面临的棘手问题,严重困扰着许多国家和地区。难民的保护问题也是全世界关心和关注的重大议题,联合国难民署作为全球性的国际组织,在难民保护方面处于绝对的领先地位,同时也承担着重大的责任和义务。目前,联合国难民署在全球一百多个国家帮助数以百万计的寻求庇护者、难民、境内流离失所者、无国籍人及返回者。近年来,UNHCR 的保护对象和救助项目都在不断增加,组织经费和活动范围也在不断扩大,为全世界更多地区的保护对象提供支持与帮助。但联合国难民署近年来也遇到越来越多的挑战,经费问题、与东道国政府的摩擦、新型难民问题，这些都亟需解决。同时，联合国难民署自身的发展路径也需调整，在人道主义救助与政治因素介入之间更好地发挥自身作用、平衡自身地位，是其未来改革中需要思考的问题。几十年来，联合国难民署一直致力于解决世界难民问题，取得了切实的成效，为广大流离失所的人们、为世界作出了卓越的贡献。我们期待它在未来继续做出新的努力和成绩。

第四部分

国际组织的改革及前景

国际组织的活力和生命力取决于国际组织助力全球治理、持续地向全球提供公共产品和公共服务的能力。有鉴于此，国际组织应通过优化制度结构提升实际作为的能力。故从组织学的视角来看，国际组织改革的动因既可能源于国际组织因应国际形势和国际公共事务本身发展变化的需求，又可能源于国际组织内部领导人的变更。内在的假设是国际组织有很强的自主性和内在的扩张动力。对此，结构现实主义显然难以认同。在结构现实主义者看来，作为主权国家沟通、交流和协商的平台，国际组织的自主性是有限的，国际组织决策和运作机制的改革很大程度上是因为主权国家权力政治博弈所导致的。因此，国际体系权力结构的调整，亦成为国际组织机制和规则改革的重要动力。

影响国际组织发展前景的因素同样众多，有国际体系环境的稳定性、成员国权力或利益的平衡、国际组织的领导力和执行力、议题本身的重要性和敏感性等，但在林林总总的变量中，去政治性，即国际组织在实施全球治理的过程中能否尽量剥离国际政治的影响，往往决定着一个国际组织的发展前景。诚如刘莲莲所言，国际组织决策逻辑不在于国家间政治对国际组织决策的决定性，而在于程序规则对国家间政治的约束和塑造。

尼婧瑶的论文分析了国际知识产权保护在不同阶段的演变趋势，并从国际体系的视角(发达国家和发展中国家博弈)对国际知识产权保护格局的变动进行动因分析。作者认为，未来国际知识产权保护的主要趋势是:国际知识产权保护标准进一步提高，保护格局进一步破碎，保护条款更替加速，以及知识产权私权属性强化。

吴焕琼的论文比较了世界贸易组织(WTO)和世界卫生组织(WHO)在国际公共卫生治理中的不同角色，并从国际组织的原则与规范的角度，分析了世界贸易组织在国际公共卫生治理中的作用，及其在参与国际公共卫生治理的过程中面临的局限性。作者认为，WTO的组织规范和原则与国际公共卫生领域的既成规范和原则存在结构性的冲突，这种冲突特别体现在药品的知识产权议题上。

刘继的论文则着眼于国际组织领导人的作用，介绍和评估了谭德赛博士就任世界卫生组织总干事后所开启的新一轮机构改革的动因、议程、成效和挑战。作者认为，在2020年爆发的全球新冠疫情中，谭德赛主导的改革努力初见成效，但仍面临大国利益偏好、财政资源不足、内部分权体制、新兴科学技术等诸多挑战，改革的前景仍不甚明朗。

国际知识产权保护格局变动的趋势、动因与未来

尼婧瑶*

一、引言

国际知识产权保护制度自1883年建立以来，已有一百四十年的历史。学界普遍认为，国际知识产权保护制度的演进以《与贸易有关的知识产权协定》(TRIPS)为界分为两个阶段：其一是以《保护工业产权巴黎公约》(以下简称《巴黎公约》)为核心、缺乏执行机制的萌芽阶段，其二是以TRIPS为核心、通过贸易自由化为知识产权赋予强制力的强化阶段。2010年以后，随着国际贸易体系区域性特征强化，学界也关注到区域贸易协定(RTA)中的知识产权条款向"超TRIPS"强化的趋势。[①] 2019年年底，世界贸易组织(WTO)的上诉机构停摆，国际知识产权保护呈现出新局面。

由于我国在2001年才加入WTO，国内对国际知识产权保护的研究

* 作者系北京大学国际关系学院2018级本科生。

① 对区域贸易协定中的知识产权研究是国际法和国际贸易领域内新的研究热点，例如：廖丽：《后TRIPS时期国际知识产权执法新动向》，《暨南学报(哲学社会科学版)》2014年第9期，第45—51页；陈林等：《自由贸易协定中的知识产权问题：关联演进·谈判模式·保护环境》，《产经评论》2018年第3期，第148—154页；褚童：《巨型自由贸易协定框架下国际知识产权规则分析及中国应对方案》，《国际经贸探索》2019年第9期，第80—95页。

聚焦于以 TRIPS 为核心的第二阶段，重点分析其条款内容及影响，对《巴黎公约》的关注较少。2010 年以后，学界对区域贸易协定(RTA)中的知识产权制度的研究则以案例分析为主，关注《跨太平洋伙伴关系协定》(TPP)等区域贸易协定中知识产权条款的新特征。这些研究主要是在国际法和国际贸易的框架下展开的，整体呈现重现象、重影响、轻成因的特点，尤其缺少对国际知识产权保护格局整体演进背后的一贯性因素的分析。①

基于此，本文试图通过梳理知识产权制度建立以来国际知识产权保护的历史演进，分析其脉络和趋势，从国家行为体的视角探讨国际知识产权保护格局百年变动的历史动因。

本文认为，发达国家和发展中国家的经济和技术地位决定了双方在知识产权上的立场具有结构性矛盾。由于知识产权具有公共利益和私权属性的双重特征，经济技术实力强大的发达国家强调知识产权的私权属性，追求提高知识产权保护水平以保护本国竞争优势；经济技术落后的发展中国家强调知识产权的公共利益属性，要求减免知识产权保护义务以保证智力成果可以促进本国发展。正是二者的博弈决定了国际知识产权保护格局三个阶段的历史走向。

二、国际知识产权保护的历史演进

(一)1883—1995：以《巴黎公约》为核心的格局概述

国际知识产权保护始于 19 世纪 80 年代，在国际贸易和文化交流随工业革命迅速发展的情况下，欧洲十多个国家缔结了《巴黎公约》(1883 年)和《保护文学和艺术作品伯尔尼公约》(以下简称《伯尔尼公约》，1886 年)，承诺为知识产权提供跨国保护。这两个条约的签署标志着国际知识

① 既有的对知识产权格局演进动因的分析，参见董涛：《全球知识产权治理结构演进与变迁：后 TRIPS 时代国际知识产权格局的发展》，《中国软科学》2017 年第 12 期，第 21－38 页。这一研究对知识产权格局变化给出了地缘政治变动、经济增长模式变化、技术更新、制度路径惯性、参与主体变化、治理理念变化等多方面的原因。

产权保护体系的产生。此后，更多国家加入国际知识产权保护体系。1893 年，《巴黎公约》和《伯尔尼公约》的秘书处整合成立保护知识产权联合国际局，负责公约的管理。

1970 年，世界知识产权组织（World Intellectual Property Organization，WIPO）成立，继承了保护知识产权联合国际局的功能，并于 1974 年成为联合国系统的专门机构之一。此后，WIPO 不断制定和完善了一系列知识产权领域的国际合作条约，如《保护录音制品制作者防止未经许可复制其录音制品公约》(1971)、《关于集成电路知识产权的华盛顿条约》(1989)等，随着技术更新不断扩大、完善知识产权保护的适用。直到 1995 年《与贸易有关的知识产权协定》(TRIPS)生效前，WIPO 及其管理的《巴黎公约》在国际知识产权保护领域一直处于核心地位。

作为国际知识产权保护的第一阶段，这一时期的国际知识产权保护的主要特点是确立了基本原则、成员国自主性较强、实行“软法”约束。具体表现如下述。

第一，明确了工业产权的国民待遇原则；破除专利跨国申请时间障碍的优先权原则；为各国专利制度保留自主性的独立性原则。

第二，在具体执行上，为缔约方保留了很大自主权。《巴黎公约》只要求各国设立保护制度，但并未规定具体保护年限，保护方式由成员国决定。

第三，国际公约以软法形式存在，从 1883 年文本到目前有效的 1979 年文本中始终缺乏纠正违约行为的强制措施，堪称“君子协定”。

这一阶段的知识产权条约对后续知识产权制度的发展起到了非常重要的作用，其中《巴黎公约》的影响尤为卓著。

首先，《巴黎公约》确立的一系列原则成为世界各国制定国内法的重要参考。例如，我国颁布的首版商标法（1982 年）和专利法（1984 年），就是参照《巴黎公约》规定的基本原则和制度制定的[①]；在制定专利法的过

① 刘振江：《论保护工业产权的巴黎公约》，《法律科学（西北政法学院学报）》1985 年第 1 期，第 56—62 页。

程中，从 1980 年至 1984 年，我国派团参加了 4 次修订《巴黎公约》的外交会议，以及时了解公约的修订方针和动向，用于国内立法参考。①

其次，《巴黎公约》对各国知识产权法律尤其是专利制度的建立贡献不菲。1883 年《巴黎公约》缔结之时，已颁布专利法的国家仅有 10 余个；到 1992 年 7 月 14 日，《巴黎公约》102 个缔约国中绝大多数都已经建立了基本的专利制度。②

最后，《巴黎公约》成为后续一系列国际专业合作条约的范例，尤其是开启了专门协定的先河。《巴黎公约》第 19 条规定，“本联盟在与本公约的规定不相抵触的范围内，保留有相互间分别签订关于保护工业产权的专门协定的权利”。《巴黎公约》涉及工业产权的主要方面，当时的缔约国可能出于公约容量考虑而支持单独建立特别协定。这成为后来一系列知识产权专门条约法的法理依据，也成为 TRIPS 另起炉灶的法理基础。在不与既有公约抵触的情况下另立特别协定也成为后续国际公法立法的惯例。

（二）1995—2019：以 TRIPS 为核心的格局概述

20 世纪 80 年代，随着更多发展中国家加入《巴黎公约》，发达国家和发展中国家就国际知识产权保护标准出现分歧。新兴经济体如印度、巴西等国要求对《巴黎公约》等进行改革，主要诉求是对发展中国家实行专利保护优惠条款，例如发展中国家有权免去或降低对其发展至关重要的外国医药发明的专利保护义务。③

发展中国家的改革诉求招致美国为首的发达国家的强烈反对。这一时期，美国制造业已大幅向海外转移，在这一背景下，美国将知识产权视为本国最重要的竞争优势。当发展中国家要求降低知识产权保护水平

① 朱晋卿、赵元果：《中国专利法与巴黎公约》，《法学研究》1987 年第 1 期，第 24—26 页。

② WIPO, *The First Twenty-Five Years of the World Intellectual Property Organization from* 1967 *to* 1992, Geneva: International Bureau of Intellectual Property, 1992, p. 131.

③ Susan K. Sell, “Intellectual Property as a Trade Issue: From the Paris Convention to GATT,” *Legal Studies Forum*, Vol. 13, No. 4, 1989, p. 410.

时，美国将提高全球知识产权保护水平视为改革必需。在双方于 WIPO 谈判陷入僵局的情况下[①]，美国表达了对 WIPO 改革的失望，随即在关贸总协定的乌拉圭回合谈判中加入了知识产权议题。

1995 年，TRIPS 随着 WTO 成立，同时对 WTO 所有成员生效，这标志着国际知识产权保护格局从软法约束、成员国自主性高的第一阶段，进入了硬法约束、标准统一的第二阶段。具体表现如下述。

第一，扩大了知识产权的保护范围。此前，WIPO 管理的公约的保护范围覆盖专利、原产地标记、文学艺术作品等。TRIPS 在继承上述保护范围之外，将商业秘密、集成电路布图设计、药品、化学物质等也列入知识产权之内。

第二，明确并固定了各国知识产权保护和执行的最低标准。以专利为例，此前，《巴黎公约》并未规定具体保护年限，TRIPS 第 33 条则明确规定，（专利）可获得的保护期限不得在自申请之日起计算的二十年期满前结束。在保护期限、授权内容、限制和例外等方面，TRIPS 也有详细规定。通过固定最低标准，各成员的立法自主性大大受限。

第三，建立了一套有效的适用于国家间争端的解决机制，对公约成员履约施加强制约束。《巴黎公约》直到 1967 年修订为斯德哥尔摩文本，才首次设置了争端解决条款，规定缔约国间争端应诉诸国际法院裁决，但同时允许缔约国对国际法院管辖权提出保留。在实践中，绝大多数缔约国也都对此条款进行了保留。这使得该公约对缔约国的违约行为并无实质惩罚。TRIPS 则规定，成员之间存在的争端，应提交到 WTO 下辖的争端解决机构（Dispute Settlement Body，简称 DSB）进行磋商，磋商不成的，由专家组及上诉机构裁决。拒不遵从裁决的，WTO 可授权成员对违约方展开报复，且因违反 TRIPS 而造成的损害，报复将不

① Rochelle C. Dreyfuss, Jerome H. Reichman, "WIPO's Role in Procedural and Substantive Patent Law Harmonization," in Sam Ricketson, ed, *Research Handbook on the World Intellectual Property Organization: The First 50 Years and Beyond*, Edward Elgar Publishing, 2020, pp. 108-130.

局限于 TRIPS,而可以在货物贸易多边协定中的任一协定及《服务贸易总协定》中择一报复,例如中止关税减让。这一“交叉报复”制度使知识产权和跨国贸易直接挂钩,对 WTO 成员构成了强制约束——违约行为将面临着丧失国际贸易优惠待遇的惩罚。国际知识产权条约由此从“软法”变“硬法”。

TRIPS 的生效弥补了 WIPO 管理的国际知识产权条约缺乏强制性的缺陷,极大促进了各国知识产权保护立法和国际知识产权保护标准统一。而 WIPO 则从国际知识产权保护的协调中心退而成为知识产权的跨国认证机构,专司专利、商标、外观设计等知识产权的跨国注册,与 WTO 呈现确权和执法的双头分工。以专利为例,经 WIPO 渠道注册的国际专利在 WIPO 的一百多个成员国内可同时申请专利保护。WTO 则成为国际知识产权条约的执法平台,如成员违反了 TRIPS 且拒不改正,该成员就将面临国际贸易利益受损的惩罚。总体来看,WIPO 在国际知识产权保护领域的国际协调功能大幅弱化,其定位越发技术化;WTO 则成为知识产权保护国际协调的新重心,也成为各国就这一议题进行谈判的主要平台。

(三)2019 年至今:以 RTA 为主要载体的格局概述

以 WTO 为中心的国际知识产权保护体系自 1995 年开始运行,至 21 世纪头十年遭遇危机。2016 年 5 月起,美国开始连续反对 DSB 的上诉机构法官任命。由于上诉机构法官任命采取各成员协商一致原则,每名法官任期 4 年,不得连任,美国的阻挠导致 DSB 的法官“只出不进”。2019 年 11 月,随着 2 名法官任满,WTO 上诉机构常设 7 名法官只余 1 名在任,低于上诉案件必须由 3 名法官联合审理的最低要求,作为国际贸易“最高法院”的上诉机构正式停摆。DSB 停摆标志着 TRIPS 对各成员知识产权保护的强制约束力化为乌有,风光一时的“硬法”成为一纸空文,作为第二阶段国际知识产权保护中心的 WTO 被架空。

取代 WTO 成为国际知识产权保护主要载体的,是如雨后春笋般建立的区域贸易协定(RTA),这一转变是国际贸易碎片化的伴生物。进入21世纪以来,以欧美传统发达国家为首,各国越发频繁地签署RTA,并在RTA中对知识产权问题进行单独规定。1995年,世界上生效的RTA只有57个,到2019年,世界上生效的RTA已经高达304个。[①]1999年之前生效的RTA中,只有35.6%包含知识产权条款;2000年至2009年生效的RTA中,这一比例上升至83.6%;从2009年至2016年生效的50个新的RTA中,92%规定了知识产权条款。

对于发达国家而言,RTA相较于TRIPS的最大优势是规模小。长期以来,坐拥知识产权优势的发达国家力求进一步提高国际知识产权保护水平以扩大竞争优势,但遭到了广大发展中国家的反对,而TRIPS修订需全体一致的规则令发达国家难以如愿。目前世界上的RTA以双边协定为主,规模较大的RTA成员方也不过十数个,远少于WTO的一百余个成员,这使发达国家可以对其贸易伙伴"逐个击破",依靠非对称实力关系中的利益交换设定更高的国际知识产权保护标准。

摆脱了WTO巨大体量之弊的RTA在知识产权保护标准上出现分层。发达国家参与的RTA知识产权保护水平高,发展中国家参与的RTA保护水平低。作为知识产权实力之首的美国,其RTA中的知识产权保护标准大幅高于TRIPS,这些高标准条款被称为"TRIPS-Plus"条款。欧洲的保护标准整体上接近美国,但稍显灵活。发展中国家签署的RTA中的知识产权条款则普遍模糊,标准与TRIPS相差无几,整体来看处在末位水平。以版权(Copyright,中国又称著作权)为例,TRIPS规定的版权最低保护期是作者有生之年及去世后50年,《欧盟—韩国区域贸易协定》和《美墨加协定》均延长至作者去世后70年;《中国—韩国自由贸易协定》及中国参加的《区域全面经济伙伴关系协定》(RCEP)则没有规定保护期限,只通过明确缔约方应加入《伯尔尼公约》而实质上设置了50

---

① "WTO Regional Trade Agreements Database", http://rtais.wto.org/UI/PublicMaintainRTAHome.aspx, 2021-6-11.

年最低保护期，与TRIPS保持一致；2021年生效的《印度—毛里求斯自由贸易协定》中的知识产权条款全部内容甚至只有一句话，“缔约方应相互合作以确保充分的知识产权保护”，并未要求缔约方加入任何国际知识产权条约。但在发展中国家具有资源优势的少部分领域，如遗传资源和传统知识，发展中国家的保护水平比发达国家稍高。

表1以上述四个RTA为例，就区域贸易协定中的部分知识产权条款与TRIPS中的规定进行对比。由于上述四个RTA的缔约方全部是WTO成员，RTA的内容不能与TRIPS相抵触，即，所有“无特别规定”“无特别提及”的条款均意味着与TRIPS的规定相一致。由对比可知，除遗传资源和传统知识外，美欧签署的RTA中的知识产权保护水平普遍高于TRIPS，而中国、印度则与TRIPS的标准保持一致。

与TRIPS相比，RTA的另一个特点是简化了争端解决程序。RTA普遍沿用TRIPS的DSB的制度设计，但取消了常设上诉机构，将DSB的“专家组—上诉机构”的二审终审制改为专家组一审终审制。如果专家组对争端的建议未被违约方执行，且双方补偿谈判无果，则起诉方可以进行中止减让，实行报复。成员方可以任意选择将争端诉诸各协定内的专家组或WTO的专家组，但一经提交就不得在另一场所再次申请。[①] 这种排他性的争端解决场所选择条款是否侵犯了WTO的管辖权目前仍存在法理上的争议，但这类条款已在各国RTA实践中普遍应用。前文所述的四个RTA，以及《美国—新加坡自由贸易协定》，均设置了此类条款。

---

① RTA内部的争端解决机制排他性条款是否在实质上与WTO争端解决机制的管辖权构成冲突，在学界和政策界仍有争议，但它已普遍存在于各国RTA的实践之中。前文所述的RCEP、《欧盟—韩国区域贸易协定》《美墨加协定》《中国—韩国自由贸易协定》均设定了此类条款。《美国—新加坡自由贸易协定》也设置了此类条款。

表 1　TRIPS 及中、美、欧、印参加的区域贸易协定中部分知识产权保护条款对比

	TRIPS (1995)		《欧盟—韩国区域贸易协定》(2011)		《美墨加协定》(2020)		RCEP (2020 年签署，2022 年生效)		《印度—毛里求斯自由贸易协定》(2021)	
	保护期限	相关条款	保护期限	相关条款	保护期限	相关条款	保护期限	相关条款	保护期限	相关条款
一般作品的版权/著作权(Copyright)	无明确保护期，但要求成员遵守《伯尔尼公约》。该公约规定保护期不少于作者有生之年及去世后 50 年	第 9 条；《伯尔尼公约》第 7 条	保护期不少于作者终身及去世后 70 年	Article 10.6	保护期不少于作者终身及去世后 70 年	Article 20.62	提及，但无特别规定	第 11 章第 9 条，第 10 条	无提及	Article 2.18
商标(Trademark)	首次注册及每次续展，保护期限均不少于 7 年	第 18 条	要求缔约方遵守 1994 年《商标法条约》。该条约规定，首次注册及每次续展，保护期限均不少于 10 年	Article 10.16《商标法条约》第 13 条	首次注册及每次续展，保护期限均不少于 10 年	Article 20.25	提及，但无特别规定 不要求缔约方加入《商标法条约》	第 11 章第 9 条；第 19 条至第 28 条		

（续表）

	TRIPS（1995）		《欧盟一韩国区域贸易协定》（2011）		《美墨加协定》（2020）		RCEP（2020 年签署，2022 年生效）		《印度一毛里求斯自由贸易协定》（2021）	
	保护期限	相关条款	保护期限	相关条款	保护期限	相关条款	保护期限	相关条款	保护期限	相关条款
工业设计	可获得的保护期不少于 10 年	第 26 条	登记后的设计保护期不少于 15 年； 未登记的设计保护期不少于 3 年	Article 10. 30	保护期从作品完成之日起或登记之日起计算不少于 15 年	Article 20. 55	提及，无特别规定	第 11 章第 49 条至第 52 条	无提及	Article 2. 18
新药数据	作为未披露信息保护 无明确保护期保护新药数据以防止不正当商业使用	第 39 条	作为特殊专利保护 为新药试验数据提供至少 5 年保护期 在保护期内，试验数据不得用于批准其他制造商的新药上市，除非有权利人的明确许可	Article 10. 36	作为特殊专利保护 为新药试验数据提供至少 5 年保护期 在保护期内，禁止第三方在无权利人许可的情况下基于该试验数据制造的相同或近似药品上市	Article 20. 48. 1. (a)	提及，无特别规定	第 11 章第 8 条		

（续表）

	TRIPS (1995)		《欧盟—韩国区域贸易协定》(2011)		《美墨加协定》(2020)		RCEP (2020 年签署,2022 年生效)		《印度—毛里求斯自由贸易协定》(2021)	
	保护期限	相关条款	保护期限	相关条款	保护期限	相关条款	保护期限	相关条款	保护期限	相关条款
遗传资源和传统知识	不保护	—	缔约方有遵守并保护的义务 缔约方同意就有关多边讨论交换意见和磋商	Article 10. 40	无提及	—	缔约方可以制定适当措施加以保护 缔约方可以在专利制度中要求遗传资源披露;可以在专利审查中参考传统知识信息	第 11 章第 53 条	—	

三、国际知识产权保护演进的历史趋势

为更加清晰地展现国际知识产权保护历史演进的趋势特征，表 2 就三个阶段的代表性条约特征进行了对比。表中的四个条约均由当时的知识产权强国主导设立，由于知识产权实力强国往往也是国际话语权大国，它们主导设立的公约往往代表着国际知识产权保护格局的主流变化趋势。

表 2 三阶段知识产权条约分析：《巴黎公约》/《伯尔尼公约》/TRIPS/《美墨加协定》对比

	第一阶段	第二阶段	第三阶段
	《巴黎公约》/《伯尔尼公约》	TRIPS	《美墨加协定》
保护范围	小	大	更大
标准水平	原则性为主； 各国标准不统一	各项标准明确； 统一成员标准	各项标准进一步细化； 统一成员国标准
约束力度	弱； "君子协定"	强； 与贸易挂钩而具有实质约束	极强； 缔约方规模减小，进一步强化了约束力度
争端解决	无实质有效机制	统一诉诸 WTO 争端解决机制，但随上诉法官不足而于 2019 年年底失效	内设与贸易减让挂钩的争端解决机制，作为 WTO 争端解决机制的可选替代

结合表 2 和前文所述，可以归纳出国际知识产权保护的主要趋势如下。

（一）知识产权保护范围扩大、标准向上统一

纵观国际知识产权保护一百四十年的历史，国际知识产权保护的范围日渐扩大、保护标准向上统一。

第一阶段的百年间，专利、工业设计、商标、工业品外观设计、厂商名称、文学艺术作品、录音制品、集成电路相继进入 WIPO 管理的知识产权条约的保护范围，保护水平也有所标准化。例如，《巴黎公约》只要求缔约方对商标提供保护；1994 年《商标法条约》则明确要求对商标的保护期不少于 10 年。但这一阶段，各国在加入哪一类别、何种保护程度的知识产权条约上选择不一。截至 1994 年年底，共有 109 个国家/地区加入保护文学和艺术作品的《伯尔尼公约》，但只有 51 个国家/地区加入了保护表演者、录音制品制作者和广播组织的《罗马公约》；共有 126 个国家/地区加入保护工业产权的《巴黎公约》，但签署了《商标法条约》的只有 37 个；保护集成电路布图设计的《华盛顿条约》则只有 10 个缔约方，且这一条约至今尚未生效。参差不一的加入状况说明，WIPO 在知识产权保护立法进程中只发挥先导作用，各国在是否跟从这些标准上仍具自主权。

第二阶段，TRIPS 的主要作用是将上述参差“向上拉平”。由于 TRIPS 沿用了《巴黎公约》《伯尔尼公约》《罗马公约》等数个知识产权国际条约的保护规定，从效果上来看，WTO 的成员几乎是同时加入了以上数个条约。TRIPS 还在既有国际条约的基础上有所扩展，例如将计算机程序也视作《伯尔尼公约》中的文字作品加以保护，并将未披露信息（如商业秘密）纳入知识产权范围之内。伴随着 WTO 成员的迅速扩大，国际知识产权保护标准迅速提升至 TRIPS 规定的基准之上。

第三阶段，发达国家在 RTA 中进一步扩大了知识产权保护的范围，并提升和细化了保护标准，如《美墨加协定》将新药数据视为特殊专利，并要求各成员国统一为新药数据提供 5 年保护期。发展中国家的 RTA 知识产权保护水平则基本维持不前。由于沿用贸易报复这一强制力，RTA 内部知识产权保护标准也趋于统一。

（二）“碎片—统一—割据”的保护格局

国际知识产权保护格局在第一阶段是碎片化的。其表现包括：第一，WIPO 管理的各个条约以树立保护原则和简单标准为主，缔约国在国内立法上具有较大自由裁量权;第二,各国在条约的加入上具有较大自主权。WIPO作为国际知识产权保护的中心,起跨国协调和专业建议的作用,不直接干预成员国国内立法。整体来看,国际知识产权保护在这一阶段基本呈现各自为政的碎片形态。

在第二阶段,TRIPS将碎片化的知识产权保护格局迅速统一。如前所述,WTO通过将知识产权这一相对次要的议题和跨国贸易这一至关重要的议题一揽子解决,"向上拉平"各国的知识产权保护标准,大幅削弱了第一阶段中各国在知识产权国内立法上的自主权。

至第三阶段,随着WTO的上诉机构停摆,尚存有效的国际知识产权保护机制只存在于各RTA之中,而各RTA中的知识产权规则不一。由于同一个国家签署的RTA中的知识产权条款同质性相对较高,RTA时代的知识产权保护以世界主要经济体为中心形成小团体式割据。美国RTA中的知识产权条款基本以美国国内法为准绳;欧盟在其认定的知识产权关键领域形成了连贯立场;中国RTA则强调公共利益,注重知识产权监管合作能力建设。整体来看,也呈现出发达国家保护标准高、发展中国家保护标准低的特点。随着越来越多的RTA签署,国际知识产权保护格局也将进一步呈现多核的"群雄割据"状态。

(三)知识产权保护约束的单向硬化

从第一阶段到第二阶段,国际知识产权保护约束出现了明显的"硬化",即TRIPS中与贸易挂钩的交叉报复机制取代了《巴黎公约》中并无实际效力的国际法院机制,成为知识产权国际公法的执法保障。然而,交叉报复达成实质震慑效果的前提是,在贸易方面中止减让确实能给违约方带来远高于上诉方的损失。否则,选择中止减让的上诉方就只能面临"伤敌一千,自损一万"的结果。由此可知,看似公平的TRIPS强制机制,实际上往往是依赖性较弱的发达国家单向地对依赖性较强的发展中国家的知识产权保护政策施加约束。

从第二阶段到第三阶段,尽管报复机制没有发生变化,但随着缔约国规模的减小,知识产权保护约束进一步硬化。在双边 RTA 中,双方利益的互惠性强,任何“投机”都成本极高,从而导致 RTA 对双方约束性极强;即便存在争议,一方也可直接采取“报复”措施,迫使对方改正,其效果丝毫不亚于诉诸 RTA 争端解决程序,这也导致在实践中,RTA 的争端解决机制普遍无人问津。[①] 多边 RTA 的上述特点尽管不如双边 RTA 明显,但其对缔约国的约束程度也显著强于 TRIPS。如前所述,由于国家间经济实力和知识产权实力结构往往同构,进一步硬化的知识产权保护约束仍然具有利好实力占优国家的单向性特征。

四、国际知识产权保护格局变动的动因分析

在过去一百四十年间,国际知识产权保护议题上始终存在着两股势力的博弈。第一是发达国家组成的要求提高知识产权保护水平的势力,第二是发展中国家组成的要求定向减免知识产权保护义务的势力。在二者的博弈中,发达国家势力始终占据主流,主导着国际知识产权保护水平逐步提高。发展中国家势力则是一股潜流,在一定程度上塑造了国际知识产权保护格局变动的走向。

(一)主流:美国领导的发达国家保护本国竞争优势

我们聚焦美国,展示美国保护本国竞争优势的诉求如何推动了国际知识产权格局的阶段性变动。

美国在 20 世纪 80 年代试图提升国际知识产权保护水平的动机,植根于美国对日本、欧盟及新兴经济体工业实力崛起“新现实”的担忧。[②] 1984 年 10 月,美国总统工业竞争委员会(President's Commission on

---

① 黄萃、纪文华:《区域贸易协议争端解决机制构建与实效反差研究》,《国际贸易问题》2010 年第 12 期,第 108—114 页。

② Hanns Ullrich, “GATT: Industrial Property Protection, Fair Trade and Development”, in Friedrich-Karl Beier and Gerhard Schricker, eds., *GATT or WIPO?: New Ways in the International Protection of Intellectual Property; Symposium at Ringberg Castle, July 13 – 16, 1988*, Cambridge: VCH, 1989, p. 131.

Industrial Competitiveness)向总统递交了一份名为《全球竞争——新现实》的报告。该报告警告称,美国工业优势地位正在下降的一个原因是"美国对'外国不公平政策'的救济措施不足以应对竞争者的国家战略"[①],"技术是美国最有力的竞争优势"[②],因此,美国必须"把在国内和海外加强知识产权保护列为国家政策日程的优先事项"。[③]

这一报告中的观点集中反映了20世纪80年代初美国国内在立法和司法实践上加强知识产权保护的立场。1982年,美国联邦巡回上诉法院(the United States Court of Appeals for the Federal Circuit,CAFC)成立,主管专利权上诉案件。在成立最初的两年内,该法院的判决呈现了明显的保护专利权人和支持高额专利侵权赔偿费用的趋势。[④] 美国1984年《半导体芯片保护法》(Semiconductor Chip Protection Act)将集成电路布图设计视为一种新的知识产权,赋予其类似版权的专有权地位[⑤],且规定半导体芯片不适用国民待遇原则,仅向本国公民和居民、无国籍人士,以及与美国处于同一芯片保护条约下的国家的公民、居民或机构提供保护。[⑥] 在美国国内法的激励下,瑞典、英国、加拿大、荷兰、澳大利亚等国以"在这一领域前所未闻"的速度完成立法[⑦],并同样以"互惠原则"替代了国民待遇原则在半导体芯片上的适用[⑧],与之对比,WIPO在1989年

---

① United States President's Commission on Industrial Competitiveness, *Global Competition: the New Reality: The Report of the President's Commission on Industrial Competitiveness*. Washington, D.C.: U.S. G.P.O., 1985, p.106.

② Ibid., p.88.

③ Ibid., p.114.

④ Robert P. Whipple, "A New Era in Licensing," *Les Nouvelles*, Sept. 1987, p. 109, 转引自 Susan K. Sell, "Intellectual Property as a Trade Issue: From the Paris Convention to GATT", *Legal Studies Forum*, Vol. 13, No. 4, 1989, p. 412

⑤ Semiconductor Chip Protection Act, 17 U. S. C. §, 903 - 904, https://www.copyright.gov/title17/92chap9.html, 2021-06-11.

⑥ Ibid.

⑦ 方鹏:《国际知识产权保护法的发展》,《知识产权》1991年第2期,第45页。

⑧ Hans Peter Kunz-Hallstein, "The United States Proposal for a GATT Agreement on Intellectual Property and the Paris Convention for the Protection of Industrial Property," *Vanderbilt Journal of Transnational Law*, Vol. 22, No. 2, 1989, p. 275.

出台的《关于集成电路知识产权的华盛顿条约》保留了国民待遇原则，却直接遇冷——仅有的10个缔约方中无一发达国家，且该条约至今未能生效。[①]

在前述报告提交后，关于在海外加强知识产权保护的建议被迅速应用到美国的对外政策中。1982年起，美国在双边场合与匈牙利、新加坡、墨西哥等国进行提高专利保护标准的谈判，除墨西哥外，其他国家都在贸易制裁压力之下接受了美国的要求。[②] 美国在和发展中国家谈判的过程中发现，发展中国家的知识产权管理人员往往是普通的行政人员，贸易官员则是高级决策者；知识产权行政人员很少能够改变政策，但贸易官员可以。[③] 因此，美国决定将知识产权谈判和贸易挂钩。1986年，美国正式在GATT乌拉圭回合谈判中提交了知识产权谈判提案。[④] 其他发达国家迅速站到了美国一边，发展中国家则因恐惧贸易制裁而被迫顺从。[⑤] 1995年，随着WTO成立，国际知识产权保护格局进入以TRIPS为核心、知识产权保护标准大幅提高且具有强制机制的第二阶段。

在第二阶段，广大发展中国家也逐渐意识到TRIPS规定的知识产权保护标准为自己带来了沉重的负担，美国进一步提高知识产权保护标准的尝试遇到极大阻力。在WTO受阻后，美国转向RTA，利用双边和区

---

① 截止到2021年6月11日，《华盛顿条约》的10个缔约方是：中国，利比里亚，加纳，印度，危地马拉，圣卢西亚，埃及，塞尔维亚，波黑，赞比亚。

② Susan K. Sell, "Intellectual Property as a Trade Issue: From the Paris Convention to GATT," *Legal Studies Forum*, Vol. 13, No. 4, 1989, p. 414.

③ Alice T. Zalik, "Implementing the Trade-Tariff Act," *Les Nouvelles*, Vol. 21, No. 4, 1986, p. 199, 转引自 Susan K. Sell, "Intellectual Property as a Trade Issue: From the Paris Convention to GATT," *Legal Studies Forum*, Vol. 13, No. 4, 1989, p. 415.

④ GATT, "Trade-related Aspects of Intellectual Property Rights," *GATT Focus Newsletter*, Vol. 50, 1987, p. 6, http://docs.wto.org/gattdocs/q/GG/GATTFOCUS/50.pdf, 2021-06-11. 后续公布的提案全文见：*U.S. Proposal for Negotiations on Trade-Related Aspects of Intellectual Property Rights*, GATT. Doc. MTN. GNG/NG11/W/14, (Oct. 20, 1987), https://docs.wto.org/gattdocs/q/UR/GNGNG11/W14.PDF, 2021-06-11.

⑤ Susan K. Sell, "Intellectual Property as a Trade Issue: From the Paris Convention to GATT," *Legal Studies Forum*, Vol. 13, No. 4, 1989, p. 420.

域贸易体制下经济力量的不对称来搭建新的知识产权规范。

美国在知识产权领域弃 WTO 转向 RTA 的另一个原因源自对 DSB 上诉机构的不满,包括对上诉机构超期裁决,判决侵犯成员内部立法决策权,审查成员方国内法涉嫌越权等方面的不满,美国提交至上诉机构的争端最终的裁决结果也不令人满意。① 典型案例是美国诉欧共体空客飞机补贴案(DS316),自 2004 年 10 月美国提请磋商后,双方使用了 WTO 争端解决机制的几乎所有程序。其间,2010 年 7 月,欧盟对专家组裁决不服提请上诉后,上诉机构用了 11 个月才做出裁决,远超规定的 90 天。此后双方又在 DSB 内进一步交锋,直到 2019 年 10 月美国才获得授权报复,额度为每年 74.9 亿美元,稍高于美国于 2011 年 12 月提出的每年 70 亿美元到 100 亿美元的报复额度要求。但考虑到通货膨胀,该授权报复额度实际低于美国预期。② 有学者指出,DSB 的最大缺陷就是“使一个成员国可以在数年间不付出任何代价地实行一项违反世贸组织规则的措施”③,而 DSB 改革自 2006 年以来就进展缓慢甚至停滞,已经错过达成谈判的最好时机。④ 对 WTO 争端解决机制的失望也令美国决定放弃 WTO,TRIPS 作为国际知识产权保护核心法典的时代结束。

(二)潜流:发展中国家寻求保障发展利益

发展中国家的知识产权保护诉求基于知识产权的公共利益属性。它们认为,过高的知识产权保护标准使知识产权的性质发生了异变,背离了促进公共利益的初衷而转为谋利的筹码。因此,在发达国家不断拉高、强

---

① 于鹏:《WTO 争端解决机制危机:原因、进展及前景》,《国际贸易》2019 年第 5 期,第 10—18 页。

② 经计算,2019 年 DSB 授权美国报复的 7,496,623,000 美元折合 2011 年美元价格为 6,595,879,952.42美元,计 2011 年到 2019 年美元通货膨胀率为 13.7%,该比率基于美国劳工局发布的消费者物价指数数据(CPI-U)得出。计算工具可参见 https://www.usinflationcalculator.com/, 2021-6-12.

③ 肖威:《论 WTO“贸易救济制度”的新发展:以 DSB 对 GATT/WTO 法理的“激进主义”突破为视角》,《政治与法律》2009 年第 9 期,第 115—123 页。

④ 于鹏:《WTO 争端解决机制危机:原因、进展及前景》,《国际贸易》2019 年第 5 期,第 10—18 页。

化知识产权保护标准的同时，发展中国家也力争减免知识产权保护义务，以保护本国的发展利益。

从 20 世纪 60 年代起，随着国际知识产权条约中发展中国家成员不断壮大，以墨西哥、印度、巴西为首的发展中国家要求减免其知识产权保护义务，在《巴黎公约》中增加弹性条款。它们认为，经济实力严重不对称导致发展中国家对外国知识产权的保护为本国发展造成了障碍——为外国产品赋予的专利保护使进口产品以高价垄断了本国市场，本国赋予专利保护的外国技术却不能用于本土产业。它们要求免去对其发展至关重要的外国发明（如医药）的专利保护义务，并强调称，知识产权应被视为一种“人类共有的遗产”而非私人财产。① 这种“人尽可得”的含义与发达国家强调的知识产权作为私有产权的“价高者得”概念截然相反。

发展中国家斗争的另一个焦点是强制许可制度。该制度最早出现于 1925 年《巴黎公约》的海牙文本中，允许各国立法以阻止专利权“滥用”，例如“不实施”，并提出授予强制许可作为阻止滥用的方式。② 强制许可制度是对国家赋予了专利人专有权，却因专利“不实施”而未使本国获益的情况的一种救济，即用行政手段许可其他人使用这一专利。它最初是作为撤销专利的前置措施而设计的，但由于未能明确“滥用”和“实施”的定义，如何理解这两个概念也成为各国斗争的焦点。发展中国家提出，“实施”指的是专利必须用于本国产品的生产；而发达国家则坚称，授权给其他国家生产再进口到本国也属于“实施”。在 1980 年为修订《巴黎公约》召开的日内瓦外交会议上，发展中国家要求，外国专利的“实施”必须

① Susan K. Sell, “Intellectual Property as a Trade Issue: From the Paris Convention to GATT,” *Legal Studies Forum*, Vol. 13, No. 4, 1989, p. 410.

② 1925 年《巴黎公约》海牙文本中第五条规定：“每个缔约国都有权采取必要的立法措施，以防止由于行使专利授予的专有权而导致的滥用，例如不实施。这些措施只能在授予强制许可不足以防止此类滥用的情况下，才能撤销专利。”现存有效的《巴黎公约》则直接将“必要的立法措施”规定为“强制许可”，见第五条 A.（2）：“本联盟各国都有权采取立法措施规定授予强制许可，以防止由于行使专利所赋予的专有权而可能产生的滥用，例如：不实施。”

用于国内生产而不只是市场准入，这一要求被美国否决。英美等发达国家强调技术转移的自愿原则，警告称，对专利权人的强硬政策无助于技术向发展中国家转移。①

发展中国家降低知识产权保护标准的斗争对第一阶段到第二阶段的转变起到了激化作用。正是 1980 年至 1984 年间发展中国家围绕着《巴黎公约》修订展开的一系列斗争令美国意识到，在《巴黎公约》的框架内进一步提升知识产权保护标准已不可能。与其让发展中国家不停要求降低既有的工业专利准入条款，不如另起炉灶迫其就范。② 在 1984 年的《巴黎公约》外交会议上，美国提出要进一步提高知识产权保护标准，在受到发展中国家的强烈抵制后，美国迅速转投 GATT。TRIPS 生效使发展中国家在这一阶段的斗争以失败告终。

TRIPS 生效后，发展中国家在 WTO 的舞台上仍然致力于上述斗争，并取得了一定进展，例如在 2001 年通过了《TRIPS 协定与公共健康多哈宣言》，随后修订了 TRIPS，放宽了各成员通过强制许可获得必要药品的条件，从法律文本和制度上缓解了专利药品高价格对发展中国家的不利影响。但就过去十余年的实践来看，受限于发展中国家落后的制药能力，强制许可的数量和药品的可获得性都与《多哈宣言》制定时的预期相差甚远，对发展中国家惠及有限。相反，在 2020 年爆发的新冠疫情中，倒是部分发达国家在疫情早期便修改了法律，为颁布强制许可扫清障碍，例如加拿大、澳大利亚、德国、匈牙利。③

① Susan K. Sell, "Intellectual Property as a Trade Issue: From the Paris Convention to GATT," *Legal Studies Forum*, Vol. 13, No. 4, 1989, p. 410.

② Hans Peter Kunz-Hallstein, "The United States Proposal for a GATT Agreement on Intellectual Property and the Paris Convention for the Protection of Industrial Property," *Vanderbilt Journal of Transnational Law*, Vol. 22, No. 2, 1989, pp. 266-267.

③ 答复文件 IP/C/W/671 中关于成员在新冠病毒疫情方面遇到的知识产权挑战的问题，Article 9，IP/C/W/673。除了强制许可，2020 年 10 月起，各成员国在 WTO 知识产权委员会还就是否应向与 COVID－19 有关的医疗用品授予 TRIPS 第 31 条豁免这一议题进行了数轮讨论。可参见 IP/C/W 669 至 IP/C/W/673。

此外，发展中国家还提出了对遗传资源、传统知识提供知识产权保护的诉求。[①] 根据 1967 年《建立世界知识产权组织公约》，除传统的版权、专利权、商标权等之外，知识产权还包括“在工业、科学、文学或艺术领域内由于智力活动而产生的一切其他权利”，传统知识无疑属于这一范畴，却被 TRIPS 结构性排除在外。[②] 发展中国家的诉求首先在 WIPO 得到了回应，1998 年至 1999 年，WIPO 组建了 9 个实况调查团以调查传统知识持有人的知识产权需求期望，并在 2001 年建立了“知识产权与遗传资源、传统知识和民间文学艺术政府间委员会”(IGC)，但由于各国分歧严重，这一委员会至今未能签署有效的法律文件。WTO 则在 2001 年开始的多哈回合谈判中将“TRIPS 与传统知识保护的关系”列为 TRIPS 理事会的优先议题，发展中国家要求在专利制度中引入遗传资源披露义务，并且对违反该义务的法律后果作出强制性规定，但遭到发达国家反对。[③]

双方的矛盾在于，亚非拉发展中国家拥有丰富的生物资源和传统知识，长期以来被发达国家攫取用于新药研发等获取商业利益，发达国家从中获取巨额知识产权收入，贡献了关键原料的发展中国家却无法获取报酬，甚至还要高价购买这些药品。发展中国家意图改变这一不公平现状，而发达国家拒绝让步。

总体而言，发展中国家在弹性条款、强制许可、遗传资源等议题上，基于自身的发展利益，与美国等发达国家对峙，这使得 TRIPS 改革也同样陷入僵局。发展中国家的坚定抗争是美国为首的发达国家再次抛弃既有多边知识产权体制的原因，随着 DSB 上诉机构停摆，国际知识产权保护进入以 RTA 为主要载体的第三阶段。值得一提的是，在发达国家借助

---

① 玻利维亚、巴西、中国、古巴、多美尼加、厄瓜多尔、印度、巴基斯坦、秘鲁、泰国、委内瑞拉、赞比亚、津巴布韦等国都曾单独或联名向 WTO 提交过相关议案。议案可见 WTO 文件库：IP/C/W/356，IP/C/W/403，IP/C/W/429 等。

② TRIPS 中的知识产权以列举的形式定义为“版权和相关权利、商标、地理标识、工业设计、专利、集成电路图设计、对未披露信息的保护、对协议许可中限制竞争行为的控制”。

③ 陈默：《FTA 框架下遗传资源及传统知识保护谈判与我国的应对策略》，《河南大学学报(社会科学版)》2014 年第 5 期，第 53—61 页。

RTA 进一步拉高知识产权保护水平的同时，发展中国家也将遗传资源和传统知识保护的需求放在 RTA 中实现。例如，RCEP 就在知识产权章节中设置了“遗传资源、传统知识和民间文学艺术”条款，允许缔约方制定适当措施保护上述知识产权，并建议缔约方在专利审查中参考传统知识、遗传资源的信息。

五、国际知识产权保护格局前瞻

（一）国际知识产权保护标准进一步提高

国际知识产权保护范围日益扩大、保护标准不断提高的趋势是国际竞争的必然结果。知识产权中的大部分类目，如工业设计、商标、计算机程序，与工业实力息息相关，这使知识产权优势和经济优势往往重叠。目前坐拥两种优势的发达国家将始终致力于提高知识产权保护标准以维护竞争优势，而崛起的新兴市场国家则从发达国家处习得知识产权的重要价值和保护方式。随着本国经济实力和发明创造能力的提高，新兴市场国家也主动在 RTA 中提高知识产权保护标准，以从本国的发明创造和技术优势中获益。总体而言，知识产权保护范围的扩大和标准的向上统一将是历史趋势。

（二）国际知识产权保护格局进一步破碎

尽管国际知识产权保护曾经在 TRIPS 框架下高度统一，但知识产权保护格局的碎片化将成为必然趋势。知识产权议题与贸易不同，处于不同发展水平的国家对其保护标准的需求截然不同，期望一百多个国家就保护标准同时达成共识几无可能。在美国的强力推动下，TRIPS 曾在 20 世纪末奇迹般地实现了这一点，但当它沿用《巴黎公约》协商一致才能修约的原则，就注定了其效果不可持续。《巴黎公约》在 20 世纪 80 年代修约失败催生 TRIPS 的原因，同样也是 21 世纪 10 年代美国抛弃 TRIPS 而转向 RTA 的原因。如果今后的知识产权相关国际条约中仍沿用高度统一的保护标准和全体一致的修约原则，那么碎片化和小团体化的结构不可避免。

（三）知识产权保护条款更替周期缩短

随着国际知识产权保护格局进入以 RTA 为主要舞台的第三阶段，RTA 的小规模决定着发达国家可以随自身需要的变化不断更新相关的知识产权条款。一方面，各国可以和其他国家商谈新的区域贸易协定，设计新的条款；另一方面，缔约国也可以通过贸易手段或其他手段，和另一国达成合意，更新条款。这意味着国际知识产权保护将进入标准多元且更替周期更短的时代。

（四）知识产权的私权属性强化

随着知识产权制度的完善，知识产权的私权属性带来的经济收益越发可观。根据国际货币基金组织（IMF）的统计，从 1995 年到 2015 年，高收入国家的知识产权国际收入增长至二十年前的 9.6 倍，中等收入国家则增长为二十年前的 18.6 倍。① 无论是主导世界知识产权标准不断提升的发达国家，还是力求将遗传资源和传统知识纳入知识产权的发展中国家，其本质动机都是强化己方拥有优势的知识产权的私权属性，并希望从中获益。尽管各国仍在试图探寻公共利益和私有产权之间的平衡，但总体而言，知识产权的私权属性正在全世界得到强化。

---

① 数据来源：WTO Website, "Charges for the use of intellectual property, receipts (BoP, current US $)," International Monetary Fund, Balance of Payments Statistics Yearbook and data files, https://data.worldbank.org/indicator/BM.GSR.ROYL.CD, 2021-06-11. 比例为笔者根据 WTO 和 IMF 统计数据自行测算。

简析 WTO 参与国际公共卫生事务的现状和局限

吴焕琼*

一、引言

本文意图探讨世界贸易组织(WTO)作为世界最重要的多边国际贸易机构,如何参与国际公共卫生事务,与国际公共卫生领域最重要的国际组织——世界卫生组织(WHO)相比,二者在这一领域发挥的作用有什么不同。在比较这两个国际组织的基础之上引出核心问题,即世界贸易组织在参与国际公共卫生治理的过程中存在哪些障碍,出现障碍的根本原因在哪里,以及如何进一步改革世界贸易组织,使其能够为促进《阿拉木图宣言》的"初级卫生保健"目标而发挥更大的作用。

二、文献综述

(一)关于 WTO 参与国际公共卫生的作用与局限性

晋继勇从 WTO《与贸易有关的知识产权协定》(TRIPS)出发,探讨了 WTO 与全球公共卫生治理之间的关系。他认为,国际卫生公共产品在 WTO 贸易规则下的私有化导致了改善人们健康的药品变得越来

* 作者系北京大学国际关系学院 2021 级博士生。

越少,这一协定虽然反映了 WTO 试图平衡药品专利权和必要药品可及性之间的冲突的努力,但是总体而言,这一协定是发达国家利益的体现,许多制药技术落后的国家的必要药品可及性并没有得到改善。究其原因,他认为,WTO 在公共卫生治理方面存在结构性的缺陷和矛盾,WTO 在决策和收益方面都不具有公共性,公共性的缺位导致 WTO 提供的公共产品仅仅是发达国家的“俱乐部产品”而不是全球公共产品。[①]

科克海姆(Geoffrey B. Cockerham)认为 WTO 不同于其他的政府间国际组织,它并非通过机构的倡议和融资而主要是通过对国际贸易协定的重新解释来影响卫生健康,这种解释通过 WTO 的争端解决机制来实现。[②] WTO 已经将健康视为一种必须得到保护的权利,但这种权利的边界在哪里,与自由贸易原则的边界在哪里,仍然是 WTO 应当努力回答的问题。

(二)WTO 的主导性原则与公共卫生目标的冲突性

WTO 在处理与公共卫生相关的国际贸易问题时,将公共卫生问题看作是贸易问题的一个部分。尽管 WTO 承认卫生问题事关人类健康福祉,并将卫生问题作为优先考虑的问题,但是 WTO 作为贸易领域的组织,其自身的内在价值和主导性原则在很多情况下是相互矛盾的。尤尼·戈皮纳坦(Unni Gopinathan)等人认为非歧视性原则是 WTO 在处理公共卫生相关议题时主要考虑的因素,非歧视性原则被载入 WTO 一系列相关条款中,如最惠国待遇条款和国民待遇条款,在此条件下任何与公共卫生相关的对贸易的限制都是合理合法的。[③] 晋继勇认为 WTO 奉

① 晋继勇:《世界贸易组织与全球公共卫生治理:以 TRIPS 协定为例》,《浙江大学学报(人文社会科学版)》2011 年第 3 期,第 112—121 页。

② Geoffrey B. Cockerham, *Global Governance and Public Health: Obstacles and Opportunities*, London: Rowman & Littlefield Publisher, 2018.

③ Unni Gopinathan, et al., "Global Governance and the Broader Determinants of Health: A Comparative Case Study of UNDP's and WTO's Engagement with Global Health," *Global Public Health*, Vol. 12, No. 2, 2019, pp. 175-189.

行一种“市场原教旨主义”,结果导致WTO在全球公共卫生领域的“市场失灵”,而WTO规则的设计和内在原则都无一例外地与发达国家的利益相吻合。以美国为首的发达国家通过强势决策权在WTO内部将自身的药品知识产权利益固定化,就是这一问题的具体体现。莉萨·福尔曼(Lisa Forman)认为,健康是基本的人权,考虑到限制一些药物的专利权会带来不必要的生命损失,与药物贸易相关的知识产权规则应当在人权标准的基础上重新审视和评价。①

(三)如何使WTO在国际公共卫生事务中发挥更大的作用

尤尼·戈皮纳坦等人认为,实现联合国可持续发展目标需要世界卫生组织之外的其他国际组织更多参与全球公共卫生事务,因此,国际组织之间必须实现更大的融合,必须减少国际组织之间的鸿沟,建立共享的全球制度空间。蒂姆·麦基(Tim K. Mackey)和布赖恩·梁(Bryan A. Liang)认为实现WHO和WTO的联合可以更好地将二者的优势——WHO利用数据和传染病信息进行风险评估方面的优势和WTO评估贸易限制措施以及司法部门权威性方面的优势——结合起来。②

(四)现有研究的不足之处

现有研究缺乏对WTO参与国际公共卫生事务局限性的理论思考。现有研究主要集中在对WTO相关法律法规条文的文本分析,并未从WTO内部的规范和价值因素即国际组织的原则与规范方面去考察其内在原因,而后者才是一个国际组织区别于另一个国际组织的决定因素。对WTO的改革方案也应当从本质问题入手,现有研究大多浮于问题的表面,对这一局限如何进行改进,缺乏深入研究。因此,本文将采用国际

---

① Lisa Forman, "'Rights' and Wrongs: What Utility for the Right to Health in Reforming Trade Rules on Medicines?" *Health and Human Rights*, Vol. 10, No. 2, 2008, pp. 37-52.

② Tim K. Mackey, Bryan A. Liang, "A United Nations Global Health Panel for Global Health Governance," *Soc Sci Med*, Vol. 76, No. 1, 2013, pp. 12-15.

法和国际组织理论的双重视角来分析这一问题。

三、相关国际组织理论概述

(一)国际机制理论

“国际机制”最早是由约翰·鲁杰(John G. Ruggie)于 1975 年提出来的一个概念,新现实主义者克拉斯纳(S. D. Krasner,又译“克莱斯勒”)对这一概念进行了明确的界定,即在“某一特定的国际关系领域中,汇聚各个行为主体的期望的一系列隐含或明示的原则、规范、规则和决策程序,其中,原则是对事实、因果关系和诚实的信念;规范是指以权利和义务的方式确立的行为标准;规则是指对行动的特定规定和禁止;决策程序是指制定和执行集体选择的实践”。[①] 对于国际机制的这四项内容及其相互关系,克拉斯纳认为,原则和规范需要与规则和决策程序区别对待,原则和规范是国际机制的界定要素,规则和决策程序与原则和规范之间的关系是多对一的,“在原则和规范不变的情况下,规则和决策程序的改变只是机制内部的改变,原则和规范的改变将改变机制本身。当原则和规范被抛弃了,其结果要么是转向一种新的机制,要么是这一机制从一个具体的问题领域中消失”。[②]

对于国际组织与国际机制的相互关系,可以从“机制”(regime)和“组织”(organization)这两个词本身的含义出发去解读。“机制“本身不存在“组织”的含义,它是一系列被国家接受的原则、规范、规则和决策程序。机制本身并不具有行动的能力,而组织却有能力对事件做出必要的反应,即使其能力受到限制。更重要的是,一个国际组织的行动范围并不限定在某一特定问题领域中,许多议题具有跨问题领域的性质,因而需要国际

① S. D. Krasner, “Structural Causes and Regime Consequences: Regimes as Intervening Variables,” *International Organization*, Vol. 36, No. 2, 1982, pp. 185-205.

② Ibid.

组织扩展其功能。而机制根据定义来说，是“特定问题领域的制度”。①因而机制和问题领域之间的关系是一一对应的。但同时，机制与组织之间存在着重要的联系，机制必须有实际的载体，特定的组织总是按照特定的机制来建立的，因此组织是机制的产物，国际组织是国际机制安排的结果，其本身并不等同于机制。

国际组织派生于某一特定的国际机制，其规范和原则与国际机制本身的规范和原则是同一的。即使随着国际事务相互交叉、交错纵横式地发展，某一特定国际组织的事务延伸到其他领域，其主导的规范和原则也很难受到该问题领域国际机制的规范和原则的影响并做出及时、必要的调整。在这种情况下，国际组织与该问题领域之间就会产生规范和原则的结构性错配现象，在具体的操作实践过程中就会出现国际组织在该问题领域内的具体行动无法实现既定的目标，甚至会出现负面作用的情况。这就解释了一个国际组织在处理跨领域议题时所面临的困境。

因此，当属于国际公共卫生与健康这一问题领域的事务进入 WTO 的议事日程之后，就会出现这一问题领域的规范与属于世界贸易领域的国际组织内部规范不匹配的现象，导致 WTO 无法像世界卫生组织那样处理国际公共卫生事务。

（二）国际组织的独立性和自治性

国际组织的独立性问题是研究国际组织很难避开的问题。现实主义尤其是古典现实主义坚持均势的原则，认为国际组织和国际法只能在大国均势的状态下才能发挥作用，而且国际组织在本体上并不具有独立的地位，只是大国权力的工具，即使是结构现实主义也未充分重视国际组织的独立地位和作用。真正对国际组织的地位给予充分肯定的是国际关系理论中的新自由制度主义，它借鉴了国际机制的理论框架，在承认国际体系无政府状态和国家理性选择的前提下，指出国家之间的互动关系是相

---

① Andreas Hasenclever, et al., *Theories of International Regimes*, Cambridge: Cambridge University Press, 1997, p. 60.

互依存的，相互依存形成的网络构成对各行为体行为的约束力。新自由制度主义重视制度在解决信息不对称方面的作用，借鉴新制度经济学的研究成果，认为制度可以降低交易成本和纠正信息不对称的情况，从而克服理性主体之间的合作困境，对相互依存的国家间关系进行管理。新自由制度主义认为所谓的“制度”只是实现国家利益的手段，国家只是通过“制度”来促进国家之间的合作，因此并未赋予国际组织以独立的主体地位。

温特的文化建构主义将文化和观念的因素引入国际关系的整体结构，观察到了国家间互动关系的多元性和历史演进性。[①] 在建构主义的启发下，越来越多的学者在建构主义提供的思维框架下注意到国际组织身份、利益和目标的独立性，以及建构和传播世界公共知识和价值观的功能。巴尼特和芬尼莫尔将国际组织与官僚机构相联系，揭示出国际组织自主性的原因。他们认为，官僚机构具有非人格化的规则，而这构成了这一制度的基石，从而能够界定社会性的世界和行为体在其中的行为；但是官僚规则并不决定行动，当不确定现存的规则是否能够解决新的问题或者几种规则中哪些是最恰当的，官僚们会创造性地行动起来，重新安排旧有的组织观念，引入或者创造新的观念来解决迫在眉睫的政策问题。[②] 笔者认为，将国际组织抽象为一种官僚机构充分解释了国际组织的独立性。从本质上来讲，国际组织与成员国之间的关系是按照“委托者－代理人”的模式建立起来的，国家作为委托者将自身的一部分关于国际事务的决策权力交给代理人即国际组织行使，而这一部分权力往往是国家自身拥有但难以使用的权力（因为涉及跨国事务或国家自身掌握的知识有限），这就赋予国际组织以自主裁量和决策的空间。而且官僚机构不同于民意机构的一个重要特点在于官僚机构有一定的道义性权威，而不是代

① 刘莲莲：《国际组织理论：反思与前瞻》，《厦门大学学报（哲学社会科学版）》2017 年第 5 期，第 14－26 页。

② ［美］迈克尔·巴尼特，玛莎·芬尼莫尔：《为世界定规则：全球政治中的国际组织》，第 26－33 页。

表某一群体的特殊利益,国际组织的创立经常旨在体现、服务或者保护某种广泛的原则,并且经常利用这种地位作为权威性行动的基础,国际组织因而可以超越国家间政治的纷争,获得一定程度的独立性。

除此之外,国际组织的独立性和自治性还表现在能够通过创造、传播知识从而获得自身的组织权力,芬尼莫尔等人将其归结为“构成性的效果”。这种“效果”是通过对世界进行分类、确定社会性世界中的意义以及表述和传播新的规范和规则的机制来实现的。这就从本质上超越了一般的“委托－代理”的关系,赋予国际组织创造新的知识和规范、影响国家政策偏好、限制国家行为体的行动能力范畴和界定国家自身利益的能力。

(三)小结

国际组织理论为我们审视国际组织的功能和作用,打开国际组织决策过程的“黑箱”,审视国际组织与国家行为体之间的关系,探究国际组织的内部文化和规范的变迁发挥了导向的作用。国际机制理论则揭示了机制与国际组织之间的相互关系,有助于揭示国际组织在处理跨问题领域事务时无法有效发挥作用的原因。国际组织的独立性和自治理论则为我们反思如何采取措施推动国际组织的规范变革提供了帮助。

四、WTO与国际公共卫生事务

(一)WTO参与国际公共卫生事务概述

贸易与卫生健康这两个议题之间从本质上来说是存在矛盾和张力的。对于卫生领域的政策制定者来说,他们倾向于认为贸易会损害公共卫生与健康,也并不考虑贸易对公共卫生的潜在促进作用;对于贸易领域的政策制定者来说,卫生议题则是贸易和投资自由化、便利化的限制性因素。WTO并没有独立的关于公共卫生事务的协定,参与国际公共卫生事务的指导原则紧紧围绕WTO的三个基本原则即非歧视原则、最惠国待遇原则和国民待遇原则,在其中融入了对公共卫生问题的考量。《建立世界贸易组织协定》的序言中规定,“本协定各参加方,认识到在处理贸易和经济领域的关系时，应以提高生活水平、保证充分就业、保证实际收入和有效需求的大幅增长，以及扩大货物和服务的生产和贸易为目的，同时应依照可持续发展的目标考虑到对世界资源的最佳利用，寻求既保护和维护环境，又与它们的经济发展需要和关切相一致的方式，加强为此采取的措施。"其中，"提高生活水平"和"可持续发展目标"暗含了对各国公共卫生事业的考量与要求。① 此外，根据 WTO 与 WHO 联合撰写的报告，公共卫生事务与最惠国待遇原则紧密相关。它规定，除非某些国家在公共卫生安全方面有极高的风险，否则应当对所有国家的商品采取一视同仁的态度和措施。由此可知，WTO 作为协调国际贸易领域内的国际事务的组织，它与公共卫生相关的规定遵循的是新自由主义的逻辑，即自由市场和个人责任的原则，反对的是"安全网"和"福利国家"的原则。

具体来看，WTO 在多个相关的公共卫生领域制定了贸易规则。WTO 的《实施卫生与植物卫生措施的协定》涵盖了传染病控制、食品安全、环境和卫生服务的内容，《贸易技术壁垒协议》则与传染病控制、烟草控制、环境问题相关，《与贸易有关的知识产权协定》与烟草控制和药品的可及性问题相关，《服务贸易总协定》与卫生服务和烟草控制相关。

然而，市场逻辑和新自由主义范式下制定的贸易规则给全球公共卫生安全也带来了挑战，这一挑战首先体现在自由市场原则之下对各个国家解除贸易限制的要求，它限制了各个成员方在公共卫生治理中的自主性，在各种条条框框之下，各成员方无法根据本国的公共卫生情况采取相应的公共卫生政策。② 例如，《食品法典》这一为食品安全提供自愿和科学的标准的国际规章制度，被《实施卫生与植物卫生措施的协定》采用为

---

① WTO, "Agreement Establishing the World Trade Organization," https://www.wto.org/english/docs_e/legal_e/04-wto.doc, 2021-5-7.

② 参见晋继勇：《全球公共卫生治理中的国际机制分析》，上海：上海人民出版社 2019 年版，第 134 页。

判断成员方食品标准和卫生措施合法性的标尺。[①] 其次，在市场逻辑之下，对人类健康具有必要性的知识或产品被私有化，甚至将国内的公共卫生部门也私有化了。这一现象随着 WTO 相关贸易规定越来越多地“干涉”成员国内部的政治经济体制而变得更加严重。前世界贸易组织总干事素帕猜称：“我们正在进入一个新时代，世界贸易组织仅仅习惯于处理外部问题，现在到了解决那些妨碍贸易自由化的国内规制的时候了。”[②] TRIPS 对药品可及性的规定以及《服务贸易总协定》对卫生服务相关的规定将市场化原则导入卫生健康领域，导致成员国国内到全球层面上卫生公共产品供应不足，加剧了这一公共领域内部的“公有地悲剧”现象。

尽管 WTO 在其核心价值和原则方面遵循市场逻辑，但在与贸易相关的国际公共卫生问题上，仍有其不可替代的优势。相较于双边或者区域性质的特惠贸易协定（PTA）来说，WTO 的多边协定在卫生健康领域内对签字国更加友好。首先，PTA 的谈判过程并不透明，给签字国的卫生部门甚至是卫生部长行使监督权带来了阻碍和困扰。其次，PTA 的协议文本一般都会加入不利于签约国政府的“投资者－国家争端解决机制”（ISDS），在这一机制下，国家的政策空间被投资者所限制，尤其是欠发达国家，面对高昂的诉讼费用，政府往往为了避免与外国投资者的纠纷而放弃新的管控措施。最后，双边或者区域性的特惠贸易协定之下的相关纠纷往往由不公开不透明的专家小组进行裁决，且裁决之后没有上诉权利。而 WTO 体系之下则是国家与国家之间的争端解决机制，更加公开透明。[③] 而且相较于其他多边国际组织，WTO 的规则具有更高的强制力度。WTO 拥有完备的仲裁和执法机构，同时作为政府间多边贸易组织，

---

① 参见晋继勇：《全球公共卫生治理中的国际机制分析》，上海：上海人民出版社 2019 年版，第 134 页。

② Lori Wallach, *Whose Trade Organization: A Comprehensive Guide to the WTO*, New York: New Press, 2004, p. 83.

③ Helen Walls, et al., “Moving towards Policy Coherence in Trade and Health,” *Journal of Public Health Policy*, Vol. 36, No. 4, 2015, p. 493.

能够接触并影响成员国政府内部权力较大的贸易和金融部门，这就能够解释为什么 WTO 制定的贸易规则一定程度上能够约束成员国的公共卫生事业。世界卫生组织虽然能够制定有约束力的规则，但是从本质上来看它仍然是一个“软权力”机构，不具备能够强制服从的执行机制，只能通过制定技术标准、指导原则和召开各国卫生部长会议来形塑成员国的卫生政策。不仅如此，世界卫生组织也存在“无法可依”的问题，迄今为止，也仅仅有《国际卫生条例》和《烟草控制框架公约》这两项具有强制力的多边协定，而令人啼笑皆非的是，由于没有执法机构，成员国内部与贸易相关的公共卫生纠纷往往要诉诸 WTO 来解决。最生动的例子即澳大利亚与印度尼西亚、古巴、多米尼加和洪都拉斯之间关于“烟草平装”问题的纠纷。这一具有重大公共卫生意义的案件由 WTO 进行最终裁决，而世界卫生组织只是对 WTO 的最终裁决表示支持。

综上所述，在全球化的时代背景下，公共卫生与国际贸易这两个公共政策议题日益相互交叉融合，世界贸易组织日益成为国际公共卫生治理的重要参与方，其影响亦不可小视。

（二）案例研究：药品知识产权与 TRIPS

对于与公共卫生相关的知识产权事务，相关条例刊载于 TRIPS 中，这一条例也是 GATT 乌拉圭回合谈判的产物之一。与其他领域的知识产权协定相同，WTO 有关公共卫生的知识产权协定的主要目标是以有助于提高社会和经济福利及平衡权利与义务的方式，为促进科技创新和科技成果的转让与扩散作出贡献，为建立生产者和使用者相互受益的关系作出贡献。TRIPS 协定关于保护知识产权的原则是“成员国应当采取必要的措施保障公共健康和营养水平，保护对国民的社会经济和科技发展极为重要的关键领域的公共利益，而采取这些措施必须以这些措施与这项协定的条款相一致为前提”，“可能需要采取适当的措施，只要它们符合本协定的规定，以防止权利人滥用知识产权或诉诸不合理的限制贸易或对国际技术转让产生不利影响的做法”。该协定第 8 条第 1 款第一次明确规定："在制定或修改其法律和法规时，各成员可采用对保护公共健康和营养，促进对其社会、经济和技术发展至关重要的公共利益所必需的措施，只要此类措施与本协定的规定相一致。"[①]从这些原则中可以看出，TRIPS 试图平衡两种相互矛盾的目标，即激励发明和创造的长期目标和使人们能够获取既有的发明和创造的短期目标，以及保护私有权益（知识产权）和公共利益（药品等与公共卫生与健康相关的知识产权产品的可获得性）。事实上，"平衡"也是 TRIPS 协定谈判最后的着眼点，发展中国家要求其利益得到更多的平衡和关注。1991 年 6 月的 TRIPS 协定谈判组指出，有代表团认为该谈判没有充分关注发展中国家的特殊需求和问题，10 月的协定谈判依然围绕这一问题，但是这一条款在内容上并没有做出有利于发展中国家的修改。虽然看似平衡了发展中国家在专利使用方面的诉求，但是第 8 条第 1 款仅仅是一种"政策宣示"性的原则规定，而非"实体权利"性的例外规定[②]，即该条款只是说明了 TRIPS 协定第 30 条、31 条和 40 条项下采取措施的理由。第 8 条诸条款在原则上均规定成员国"可以"而非"应当"采取基于公共政策而限制知识产权的措施，并加入了"只要此类措施与本协定的规定相一致"这样的措辞。据此，各成员均不得以违背该协定之规定的方式采取促进公共卫生健康福利的措施。

对应具体的规则，TRIPS 在序言中规定，各成员方应当确立保护知识产权的最低标准，促进技术革新、技术转让与社会发展，公共卫生是社会发展的一个重要方面，有关药品的知识产权保护的目的不应是获取垄断利润，而是促进相关技术的转让和公共卫生方面的社会发展。具体来看，对于专利权，TRIPS 第 27 条第 2 款和第 3 款规定，各成员方可以拒绝在某些方面授予专利权，如在其领土内阻止对这些发明的商业利用是维护公共秩序或道德，包括保护人类、动物或植物的生命和健康或避免对环

---

① 张乃根：《公共健康相关知识产权的国际法问题》，《知识产权》2020 年第 11 期，第 3—15 页。

② 参见张乃根：《世贸组织的知识产权争端的解决机制》，《复旦学报（社会科学版）》1998 年第 5 期，第 27 页。

境造成严重损害，只要此种拒绝授予并非是因为此种利用为其法律所禁止，各成员方对人类或动物的诊断、治疗和外科手术方法，即对那些影响到疾病治疗的专利保护，可以拒绝承认。针对一些尚不适宜或无法短时间内建立专利保护制度的发展中国家来说，TRIPS 协定第 65 条第 2 款和第 4 款给予发展中国家最长 10 年的过渡期以建立药品专利制度，然而该协定第 70 条第 8 款和第 9 款又规定自 WTO 协定生效之日，凡是根据该协定第 27 条第 1 款给予药品与农化品发明的专利保护之成员，必须做到：(1)尽管有包括第 65 条第 2 款在内的过渡期安排，仍提供此类发明专利申请办法。(2)授予此类专利申请的产品以独占经销权，只要在 1995 年 1 月 1 日之后该产品已在另一成员中提出专利申请，并获得专利销售与许可。①

对于强制许可来说，第 31 条规定，强制许可在成员方处于紧急状态或其他极端紧急的情况下或在非商业性使用的情况下可以实行专利权的强制许可。对于平行进口来说，TRIPS 条款第一次对这一问题进行了明确的表述，第 28 条规定“专利应授予专利权人下列权利：(1)如果该专利所保护的是产品，则有权利制止第三方未经许可的下列行为：制造、使用、提供、销售或为上述目的而进口该产品的行为；(2)如果该专利保护的是方法，则有权制止第三方未经许可使用该方法的行为及下列行为：使用、提供、销售或为上述目的进口至少是依照该方法直接获得的产品。”②在这一规定下，专利权人享有进口专利产品的权利，但是也赋予了专利权人禁止第三方未经允许向国内进口并销售专利产品的权利。这一规定对于国际公共卫生领域的知识产权产品有非常深远的影响，它意味着没有强制许可能力的欠发达国家的进口商将在专利人的限制下无法从有强制许可能力的国家和低价生产专利药品的国家进口必备药物，也意味着授予

① WTO, “Declaration on the TRIPS Agreement and Public Health,” http://www.wto.org/English/theWTO_e/minist_e/min01_e/mindeel-TRIPS-e.pdf, 2019-9-14.

② 张乃根：《公共健康相关知识产权的国际法问题》，《知识产权》2020 年第 11 期，第 3—15 页。

专利权的本国有权禁止第三方进口商在未经允许的情况下从低价生产专利药品的国家平行进口必备药物。虽然,TRIPS只是确认了相关国家有这样的限制权利,但是考虑到药品研发的专利权由发达国家垄断的格局,发展中国家尤其是那些没有强制许可能力的欠发达国家,获得低价药品的渠道在这一规定下将被完全封锁,而专利权国内的低收入群体也会相应地失去获得低价进口药品的权利。

上述TRIPS协定的问题因“印度专利案”而受到高度关注,这一案例是WTO首例真正意义上的知识产权争端案,也是经专家组和上诉机构解决的第一案。[①] 印度作为世界上最大的发展中国家,一直以来并未给药品提供专利保护,通过生产仿制药来满足其公共卫生需求。1996年美国和欧盟分别向WTO争端解决机构对印度提起诉讼,理由是“没有依据TRIPS协定第9款给予专利持有方独占经销权”。复审的上诉机构最终做出了倾向于优先保护知识产权的决定,判定印度违反其国际义务,忽略了相关的公共健康问题。此后发展中国家在建立专利制度的过渡期内的药品知识产权与可及性的矛盾并没有得到解决,这也成为谈判各方进一步完善TRIPS协定条款的主要动力。

TRIPS在解决药品的普及性和可负担性问题方面存在不足之处,围绕这一问题,WTO也进行了一些改进,TRIPS生效六年之后,WTO第四次部长会议讨论了公共卫生和知识产权这一议题,并通过了关于TRIPS协定与公共卫生的宣言(《多哈宣言》)。与TRIPS自身相比,《多哈宣言》进步之处在于确认了成员方运用灵活性条款的权利,确认了各成员方有授权本国企业强制许可的权利,对于强制许可的理由也有权自行决定,各成员方也有权自行决定哪些构成了公共卫生危机。[②] 此外,一个更大的观念上的进步在于,《多哈宣言》确认了发展中国家在面临公共危机时人

① 参见张乃根:《世贸组织的知识产权争端的解决机制》,《复旦学报》1998年第5期,第27页。

② WTO, “Declaration on the TRIPS Agreement and Public Health,” http//www.wto.org/English/theWTO_e/minist_e/min01_e/mindeel-TRIPS-e.pdf, 2019-9-14.

人享有药品的权利，并因此认为 TRIPS 不应当阻碍各个成员采取措施处理公共卫生危机的行动。但是唯一没有触及的内容是平行进口的问题。《多哈宣言》为强制许可预设了前提，即：任何强制许可所生产的药品主要供应本国国内市场。从《多哈宣言》的内容来看，许多条款进行了有利于发展中国家的修改（如强制许可的条款，能够使许多具有仿制生产能力的发展中国家获得药品的专利权），但无法改变的是对最不发达国家的不公平待遇。众所周知，撒哈拉以南的非洲地区是传染性疾病如疟疾、艾滋病等疾病的高发地带，同时也是全世界公共卫生最薄弱的地方。缺乏资金和技术，使得撒哈拉以南的非洲地区成为世界上最需要特效药品却面临最严重的药品短缺问题的地区。另一方面，《多哈宣言》的实际意义也很有限，它仅仅是对广大发展中国家的利益进行了确认，但这一官方文件的性质只是一个汇聚共识的宣言，并没有形成有强制力的协议。《多哈宣言》被欧美学界认为“在某些方面，只是一份含糊其辞的政治文件，可能具有无关紧要的法律含义，因为其‘灵活性’早已存在于 TRIPS 协定有关条款中”。①

而这一问题最终在《关于执行多哈〈关于 TRIPS 协定与公共卫生的宣言〉第 6 段的议定书》中得到了进一步的解决，这一议定书确认了 WTO 成员方在符合条件的情况下，经强制许可而生产出来的药品，可以不再局限于供应国内市场，没有仿制药品能力的国家可以从实施强制许可的国家以较低的价格进口药品，而且进口仿制药品的国家无须再支付专利许可费。这样，平行进口的问题在这一议定书中得到了较好的解决，发展中国家也因此减轻了使用专利药品的成本。

（三）世界卫生组织在处理国际公共卫生事务的指导原则与具体规则

世卫组织致力于推进全民健康覆盖这个头号目标，其中一个非常重

① Jeffrey J. Schott, “Comment on the Doha Ministerial,” *Journal of International Economic Law*, Vol. 5, No. 1, 2002, p. 195.

要的方面就是提高基本健康产品和必备药品的可获得性。[①] 既然是“全民健康覆盖”，从词义上讲，最本质的特征是其全面性、普惠性和公平性。这是由健康权本身的性质决定的，健康权本身是人的一项基本权利，因而保障基本的公平是实现这一权利的应有之义。早在 1978 年，世卫组织在阿拉木图召开的“国际初级卫生保健大会”上发表的《阿拉木图宣言》中就提出了“人人享有基本卫生保健”的目标，世界卫生组织宪章中明确“健康是人人享有的基本权利”。基于此，第 56 届世界卫生大会通过了 WHA56.27 号决议，明确了在药物和卫生政策中公共卫生利益高于一切的原则。此外，决议还敦促会员国进行国家法规的调整以充分利用 TRIPS 中包含的灵活性。第 61 届世界卫生大会进一步确认了知识产权保护的原则是知识产权不会也不应当妨碍会员国采取措施保护公共卫生。在行动战略方面，世卫组织还拟定了公共卫生、创新和知识产权全球战略，旨在促进创新，建设能力，提高可及性并筹集资源，鼓励以需求为推动力的研究，而不是单纯以市场为推动力的研究。世卫组织还设有知识产权、创新与公共卫生和贸易司，以协调公共卫生、创新和知识产权全球战略和行动计划的实施工作。由此可见，世界卫生组织关于知识产权和研发的原则和规则，是从全球公共卫生与健康的需求出发，将全球公共卫生产品当作公共产品而不是私人物品来看待，其目的是为了实现全民健康覆盖的总目标，因而基本医疗卫生产品的可及性在世界卫生组织的议程中具有优先地位。

（四）WTO 与 WHO 参与全球公共卫生治理事务的比较

总的来说，WTO 与 WHO 是属于两个不同问题领域的国际组织，虽然这两个国际组织都积极参与国际公共卫生相关的事务，但是由于二者主导问题领域的原则与规范不同，其议事日程和议题的优先性不同，二者在全球公共问题领域发挥的作用也不尽相同。WTO 相比较世卫组织而

① WHO, “What we do,” https://www.who.int/about/what-we-do, 2020-9-14.

言,“市场原则”是其主导的规范和原则,更强调通过保护知识产权的方式来激励药品等医疗卫生产品的研发和制造,由此推动全世界公共卫生事业的发展,但国际公共卫生事业本身具有公共产品的性质,全球化时代下的世界各国公共卫生事业相互联系,跨越国界的疾病传播给发展中国家和发达国家都带来了压力,因而南北方国家之间公共卫生事业发展水平的鸿沟对世界各国来说都是隐患。

TRIPS 等与药品知识产权相关的规定将有关药品的知识产权确定为一种私有权利,允许药品研发企业对一些特效药进行专利保护,这就导致了在国际公共卫生领域出现“市场失灵”的现象。TRIPS 生效之初,对强制许可的限制和平行进口的封锁,使得发展中国家尤其是最不发达国家承担了沉重的专利成本。南非政府于 1997 年通过了《药物与相关物资控制修正案》,其中对艾滋病药品的专利权采取了强制许可的措施。由于当时 TRIPS 对于发展中国家应对公共卫生危机采取紧急措施的规定尚未完善,发展中国家的权利并未得到切实的保障,美国联合欧共体对南非以贸易制裁相威胁。

对于最不发达国家来说,虽然 TRIPS 为其履行 TRIPS 协议提供了为期八年的宽限期,但封锁平行进口的措施无疑是给没有药物生产能力的最不发达国家的一张空头支票。市场主导的 WTO 规范更无助于解决蔓延于某些热带地区发展中国家的热带疾病问题,利润导向型的研发模式不会将研发投入配置在针对这些疾病的特效药的研制,而当地的研发企业也没有充足的技术开发这些特效药,这就导致许多在世界其他地区已经消失的传染病如疟疾仍然肆虐于这些地区。更何况对一些特效药的专利保护本身就是对研发成果的过度保护,在美国,许多药品的研发受到政府研发经费资助,公共部门本身为研发项目提供了激励,所以将药品的研发成果作为私权加以保护就失去了其合法性。

究其原因,WTO 关于药品知识产权的规范是发达国家一手创制和发展起来的,发达国家垄断技术的供给,并以知识产权的方式将这一地位牢固化。TRIPS 协定本身也缘起于药品专利的可获得性问题。美国作为将 TRIPS 协定纳入乌拉圭回合谈判一揽子法律文本的初始者，一心想在该协定中纳入有利于保护美国医药产业相关知识产权的内容。[①] 相较于 WTO，WHO 本身作为公共卫生领域的国际组织，在其 1948 年成立之前，这一领域的规范已经通过国家间公共卫生事务的互动（如建立国家间的检疫制度）建立起来，WHO 本身是这一领域的国际机制的产物，其组织规范虽然也承认私权在推动药物研发创新方面的作用，但也预设了前提，即公共卫生利益高于一切。公共卫生领域和国际贸易领域的合作机制在产生之初就在规范上大相径庭，因而这两个领域内的国际组织在实践过程中就有不同的规则和章程，WTO 相较于 WHO 的局限就难以避免。

五、结论与对策建议

WTO 作为国际贸易领域的制度安排，在涉及公共卫生领域的国际贸易事务上发挥着主导的作用，但是国际公共卫生领域有着既成的规范和原则，这些原则与 WTO 的组织规范存在着结构性的冲突，这种冲突尤其体现在药品的知识产权议题上。在 TRIPS 生效之初，知识产权和药品的可及性之间的矛盾并未得到有效的平衡，这使得广大发展中国家尤其是最不发达国家的公共卫生事业陷入了困境。解决这一问题的根本对策在于推动世界贸易领域内公共卫生问题规范的转化，使之更加接近公共卫生领域的规范和要求。对此，笔者提出以下三点建议。

（一）加强 WTO 与 WHO 的交流合作

建议成立多个国际组织的专家委员会，其中世界卫生组织的专家可以通过分析各成员国提供的数据，客观中立地评估每个国家的公共卫生状况，对一些公共卫生紧急状态进行回应和认定，并以此作为成员国采取

---

① 张乃根：《公共健康相关知识产权的国际法问题》，《知识产权》2020 年第 11 期，第 3—15 页。

措施对贸易和知识产权进行限制的依据。WTO 的专家成员则凭借自身对知识产权相关法律的专业知识对成员国采取的措施进行建议和监督，并通过仲裁调解机制和上诉法庭机制对冲突进行调解。同时，专家委员会内部不同部门专家之间的交流还能促进对彼此领域的规范和原则的了解，从而促进规范的融合，为相关条例的修订工作做规范上的准备。

（二）建立发展中国家和发达国家的对话机制

建议在 WTO 内部建立有发展中国家和发达国家双方共同参与的论坛、研讨会等。WTO 的知识产权制度中，发达国家由于掌握着资金和技术优势，因而主导着议程的设定权和规则的制定权，也在规范和原则的塑造过程中扮演着主导的角色。因此，应当推动 WTO 的知识产权制度改革，动员发达国家与发展中国家展开对话，促成发展中国家尤其是最不发达国家联合以提高其议价的能力，从而提高发展中国家在塑造国际组织规范方面的能力。

此外，考虑到各成员国卫生部门和贸易部门之间权力分配不均的问题及其消极影响，建立发展中国家和发达国家的对话机制还应当扩大到各国卫生部长和贸易部长之间的合作，特别是在 WTO 内部建立发达国家的贸易官员和发展中国家的卫生官员之间的对话与交流机制尤为重要。

（三）将知识产权以不同的性质进行细分，确立符合不同细分领域的规范

建议将有关公共卫生的知识产权作为一个较为独立的知识产权领域与其他领域的知识产权如著作权、商标权等区别开来，公共卫生产品由于具有公共产品的性质，应当确立一种能够平衡知识产权与可及性关系并将健康权前置的规范。正如美国经济学家莱斯特·瑟罗所言，“经济全球化需要知识产权的全球化，该制度必须同时反映发达国家和发展中国家的需求，第三世界国家对低价药品的需求不能与对低价唱片的需求相提并论，如果产权制度像目前一样对二者等同视之，那它就不是一个好制

度,也不是一个可行的制度”。[①]

在这方面,中国的经验尤为值得借鉴。新冠疫情暴发后,我国自始至终将新冠疫苗作为“公共产品”来进行研发和分配。中国及时履行承诺,与全球疫苗免疫联盟达成协议,加入“新冠疫苗实施计划”,为世界各国输送疫苗。新冠疫苗的“全球公共产品”性质,首先是疫苗的可及性,在满足本国抗疫需求的同时优先惠及发展中国家;其次是可负担性,充分顾及疫苗研制生产的成本与销售使用的合理价格。在这样的原则指导下,我国对自主研发的新冠疫苗进行了专利权授予,并对疫苗的分配和销售采取抗疫一线急用先行和成本定价、企业以成本核算合理利润的做法。[②] 我国的这一做法实现了新冠疫苗“全球公共产品”属性和必要的知识产权保护的平衡,在坚持疫苗的可及性和可负担性的前提下,合理考虑了制药厂商的经济回报,这种做法值得 WTO 推广和实践。

具体说来,当前具有重大卫生战略意义的药品和疫苗的“公共产品”属性仍未确立起来,相关规范亟待确立。WTO 应主动发挥其自主性,借鉴中国经验,顺应广大发展中国家对一些具有重大公共卫生意义的药品的需求,对属于“公共产品”性质的卫生产品进行分类,并通过组织与各成员国的联系,尤其是加强同掌握研发优势的发达国家之间的联系,传播和普及“卫生公共产品”的规范,使得具有重大战略意义的公共卫生产品的可及性和可负担性成为国际通行的规范。

---

① L. C. Thurow, “Needed: A New System of Intellectual Property Rights,” *Harvard Business Review*, Vol. 75, No. 5, 1997, p. 103.

② 张乃根:《公共健康相关知识产权的国际法问题》,《知识产权》2020 年第 11 期,第 3—15 页。

2030年可持续发展议程与世界卫生组织改革

——动因、议程和挑战

刘　继*

一、引言

自冷战结束以来，政府间国际组织在全球治理中发挥着日益重要的作用，联合国及其专门机构更是扮演着举足轻重的角色。然而，近年来，随着全球化进程加速以及国际政治环境变迁，联合国系统因无法有效应对各种全球挑战而备受指责。2015年联合国可持续发展峰会上通过的《变革我们的世界：2030年可持续发展议程》（以下简称“2030年可持续发展议程”），更是直接呼唤联合国机构治理效能的根本性提升。因此，如何通过改革来提升联合国及其专门机构的全球治理效率，实现国际层面的“治理体系和治理能力现代化”，业已成为当前国际社会亟需解决的问题。

作为联合国的一个重要专门机构，世界卫生组织（WHO，简称世卫组织）自1948年成立以来，曾在全球卫生治理中发挥了无可替代的作用，在消灭天花、对抗艾滋病、管控烟草全球流行等诸多方面作出了非凡的贡献。然而，20世纪90年代以来，由于外部环境的变化和自身治理问题的

* 作者系北京大学法学院2018级硕士研究生。

累积,世界卫生组织在全球卫生治理领域的领导角色受到越来越多的非议[①]。其实,早在第四任总干事中岛宏博士任内,该组织内部就已产生改革的呼声[②]。1998 年至 2003 年,精明强干的第五任总干事布伦特兰女士通过发起“遏制疟疾伙伴关系”倡议和成功地主导制定《世界卫生组织烟草控制框架公约》的谈判,使得世卫组织的国际声誉有所回升,但在内部治理架构改革方面却未能取得预期成效。正如全球卫生专家加文·亚梅所言,“布伦特兰在提升世界卫生组织的国际地位方面远远要比在该组织内部改革方面成功”。[③] 2007 年至 2017 年,来自中国香港的第七任总干事陈冯富珍女士于 2011 年启动了“有史以来最为广泛的行政、治理和财政改革”[④],后却因疲于应付埃博拉病毒暴发等突发事件而中止。2018 年 1 月 5 日,来自埃塞俄比亚的现任总干事谭德赛博士向世卫组织执行委员会提交了《2019—2023 年第十三个工作总规划》草案,正式提出了围绕三个战略重点(推进全民健康覆盖、应对突发卫生事件、促进人群健康)进行三大战略转变和五项组织转变的具体改革议程[⑤]。2018 年 5 月 25 日,第七十一届世界卫生大会正式通过了该规划,由此开启了世卫组织新一轮改革的序幕。然而,虽然主事者雄心勃勃,但长期存在的内外结构性矛盾对世界卫生组织改革构成了严峻挑战。因此,改革的前景依然困难

① 关于近年来人们对世界卫生组织的批评,参见:R. Horton, “WHO: The Casualities and Compromises of Renewal,” *Lancet*, Vol. 359, No. 9317, 2002, pp. 1605-1611; L. Gostin, E. Mok, “Grand Challenges in Global Health Governance,” *BritMed Bull*, No. 90, 2009, pp. 7-18; J. Chow, “Is the WHO Becoming Irrelevant?” *Foreign Policy*, December 8, 2010.

② 关于中岛宏博士任内的改革动议,详见他 1994 年 1 月 17 日和 5 月 3 日在执行委员会第九十三届会议和第四十七届世界卫生大会上的讲话,https://apps. who. int/iris/bitstream/handle/10665/191817/WHA47_Div-4_chi. pdf;jsessionid=1C30AA3FFF17E554F8BF3AD585D07BEE? sequence=1,访问时间:2019 年 8 月 10 日。

③ Gavin Yamey, “WHO's Management: Struggling to Transform a Fossilized Bureaucracy,” *British Medical Journal*, Vol. 325, November 16, 2002, p. 1173.

④ Margaret Chan, “WHO Director-General Reminds Health Officials: Never Forget the People,” http://www. who. int/dg/speeches/2011/wha_20110516/en/index. html, 2019-8-11.

⑤ Tedros Adhanom, “Promote Health, Keep the World Safe, Serve the Vulnerable: Draft Thirteenth General Programme of Work 2019—2023,” http://apps. who. int/gb/ebwha/pdf_files/EB142/B142_3Rev2-en. pdf,2019-820。

重重。

二、世界卫生组织改革的动因

随着全球化的进一步深入,疾病及各种致病因素的传播基本不受国界的限制,国际社会也不得不重新审视全球卫生治理的含义。在这一领域扮演领导者角色的世界卫生组织,早在20世纪90年代就被认为"到了改革的生死关头"①。尤其是进入后埃博拉时代,如何通过改革来有效应对当前层出不穷的全球卫生挑战,已经成为世卫组织的优先议程。正如巴瑞·布鲁姆所言,"世界卫生组织需要大变革"②。概而言之,世界卫生组织的改革主要有以下几个方面的动因。

(一)卫生治理理念的变化对世卫组织等治理机构提出了新的要求

进入全球化时代,公共卫生治理理念发生深刻变化,主要体现在两个方面。第一,从治理目标来说,21世纪的人类社会对卫生和健康的内涵有了全新的认知。传统观念通常把健康等同于没有可观测的疾病,因此在过去七十年间世卫组织将主要精力集中于对抗流感、天花、疟疾、结核等传统流行病以及艾滋病等新型传染性疾病。③ 而随着社会经济的发展和全球化的深入推进,《联合国千年发展目标》和《2030年可持续发展议程》等国际文件陆续出台④,卫生和健康已经不仅是一个生物医学概念,

---

① Richard Smith, "The WHO: Change or Die," *British Medical Journal*, Vol. 310, March 4, 1995, p. 543.

② Barry Bloom, "WHO Needs Change," *Nature*, Vol. 473, May 12, 2011, p. 143.

③ 关于世卫组织在过去七十年间对抗人类传染病的成就与贡献,可参见:WHO Secretariat, "Archives of the Smallpox Eradication Programme," https://www.who.int/archives/fonds_collections/bytitle/fonds_6/en/; "World Malaria Report 2008—2018", https://www.who.int/malaria/publications/world_malaria_report/en/; "The Stop Tuberculosis strategy", https://www.who.int/tb/publications/tb-stoptb-strategy/en/; "Progress report 2006—2018: Global HIV/AIDS response", https://www.who.int/hiv/pub/progress_report2011/en/, 2019-8-15.

④ 关于千年发展目标和可持续发展目标的具体内容,详见:UN Seretariat, "United Nations Millennium Declaration," https://www.un.org/zh/documents/view_doc.asp? symbol=A/RES/55/2&Lang=E; "Transforming our world: the 2030 Agenda for Sustainable Development," https://www.un.org/zh/documents/view_doc.asp? symbol=A/RES/70/1&Lang=E, 2019-8-30.

而且是一个包含人权、环境、农业、教育、性别平等、可持续发展等与健康有关的社会和经济因素的综合概念。人们不仅希望以世卫组织为代表的卫生治理机构通过构建强有力的全球公共卫生体系提供针对传染病和非传染病的医疗服务，而且需要它与其他领域的行为体协同努力，管控包括人口和环境在内的基本社会经济问题对卫生和健康的影响。① 第二，就治理过程而言，治理手段和资源配置方式也发生了重大变化。传统以疾病为导向的全球卫生治理体系疲于应对不定期暴发的全球传染性疾病，但水、空气、土壤等传染源头以及烟草、酒精、精神药物等可滥用物质仍对人类健康构成巨大威胁。因此，越来越多的人认为应该将更多资源集中于建立完善的公共卫生基础设施，减少传染性疾病的生存空间，并通过加强宣传、鼓励研究、协调政策等多元化手段降低非生物因素对人类健康的潜在危害。② 总之，卫生治理的基本内涵决定了参与主体可以通过正式或非正式的活动达到全球卫生发展的目标，新的全球卫生治理体系在问题对象、关注范围和应对手段上都对世卫组织等治理机构提出了更高的要求。

（二）全球卫生治理领域层出不穷的新行为体导致世卫组织的领导地位被弱化

自 1948 年成立以来的头四十年中，世界卫生组织作为联合国系统下国际卫生工作的主要指导与协调机构，一直是全球公共卫生治理的中心领导者，引导着该领域治理议题的走向和治理模式的创新。然而，20 世纪 80 年代末以来，全球卫生治理领域中行为体的数量激增，使得世卫组织有被边缘化的趋势。第一，为了应对艾滋病等新型传染性疾病，联合国

---

① Melinda Moore, Philip Gould and Barbara S. Keary, "Global Urbanization and Impact on Health," *International Journal of Hygiene and Environmental Health*, Vol. 206, No. 4, 2003, pp. 269-278.

② 参见许静、刘培龙、郭岩：《全球卫生治理机制及中国参与的建议》，《中国卫生政策研究》2013 年第 11 期，第 1－7 页；I. Kichbusch, "The Development of International Health Policies-accountability Intact?" *Social Science and Medicine*, Vol. 51, No. 6, 2000, pp. 979-989.

先后建立了诸如艾滋病规划署，全球疫苗和免疫联盟，全球抗击艾滋病、结核病和疟疾基金等解决特定疾病的专门组织，分担了世卫组织在传染病防控方面的职能。第二，世界贸易组织、世界银行等国际组织的全球卫生治理功能日益增长。如 1995 年成立的世界贸易组织通过 GATT1994 第 20 条(b)项、SPS 协定、TRIPS 协定和 GATS 协定等法律条款和独具特色的争端解决机制，正在成为全球卫生治理中最重要的国际机制①；世界银行近年来也大大提高了在全球卫生领域的投入，已经成为中低收入国家卫生治理活动的最大外部资金支持者。有全球卫生专家甚至认为，世界银行已经“从世卫组织夺走了全球卫生事务的主导权”。② 第三，除了政府间国际组织，全球卫生领域公私伙伴关系(Global Public Private Partnership)和私人基金会也不断涌现，如“遏制结核伙伴关系”“比尔和梅琳达・盖茨基金会”等。这些非国家行为体虽在一些领域填补了世卫组织的治理真空，但也因治理目标过狭、政策沟通不畅等原因加剧了全球卫生治理的“碎片化”，世卫组织本应发挥的指导和协调作用也日益捉襟见肘。

(三)接连出现的舆论事件使得世卫组织频频陷入信任危机

冷战时期，世卫组织曾在人类对抗斑疹、伤寒、霍乱等古老传染病的战役中立下了汗马功劳，尤其是 20 世纪 60—70 年代领导全世界根除天花的行动更是使其达到了声望的顶峰。③ 然而，冷战结束以来，随着国际卫生治理形势的变化和自身治理不善问题的累积，世界卫生组织因多次在全球卫生事务中未能有效发挥核心职能而受到非议，甚至在国际上屡屡陷入信任危机。1988 中岛宏总干事在国际社会针对其竞选

---

① Oliver Williams, “The WTO, Trade Rules and Global Health Security,” in Alan Ingram, ed., *Health, Foreign Policy and Security*, London: The Nuffield Trust, 2005, p. 73.

② Fiona Godlee, “WHO in Retreat: Is It Losing Its Influence?” *British Medical Journal*, Vol. 309, No. 6967, December 3, 1994, p. 1494.

③ Frank Fenner, et al., *Smallpox and Its Eradication*, Geneva: World Health Organization Press, 1988.

过程中过度使用经费的指责中上任，此后在任的十年中也多次因对冲突的消极处理和未能采取有效措施制止部门间竞争资源而饱受质疑。[①] 20 世纪 90 年代末和 21 世纪初的布伦特兰和李钟郁—努德斯特伦时代，世卫组织的声誉曾因主导制定《世界卫生组织烟草控制框架公约》和有效应对禽流感而有所回升。2007 年，陈冯富珍女士上任伊始，曾希望领导世卫组织成为"卓越、反应灵活和高效的组织"[②]，但之后数次突发公共卫生事件却暴露了该组织迟缓而僵硬的结构性缺陷。如 2010 年海地霍乱曾造成上千人死亡，世卫组织却保持沉默。2013 年至 2016 年在西非埃博拉疫情中应对乏力，导致世卫组织的治理能力受到空前严厉的批评，并一度有呼吁取消该组织在全球卫生事务中主导权的声音。此外，现任总干事谭德赛博士 2017 年 10 月初任命有着长期侵犯人权记录的津巴布韦总统穆加贝为世卫组织亲善大使的举动，也遭到了多方抗议。虽然谭德赛在一周后宣布撤销该任命，但此举无疑对世卫组织公信力再次造成了损伤。[③]

三、现任总干事谭德赛博士的改革议程

2017 年 5 月召开的第七十届世界卫生大会上，来自埃塞俄比亚的谭德赛博士被选举为世界卫生组织第八任总干事。他甫一上任，便宣布将组织变革作为自己任内的主要工作重点。2018 年 1 月 5 日，谭德赛博士向世卫组织执行委员会提交了《2019—2023 年第十三个工作总规划》（以

---

① Robert Kroon, "Moral Crisis Looms Over WHO's Director-General," *New York Times*, January 20, 1993, https://www.nytimes.com/1993/01/20/news/20iht-who_.html, 2019-8-15.

② Margaret Chan, "WHO Director-General Reminds Health Officials: Never Forget the People," http://www.who.int/dg/speeches/2011/wha_20110516/en/index.html, 2019-8-11.

③ Themba Hadebe, "WHO Chief 'Rethinking' Appointment of Zimbabwe's Mugabe as 'Goodwill Ambassador' after Widespread Condemnation", Associated Press, October 21, 2017, https://www.theglobeandmail.com/news/world/shock-as-zimbabwes-mugabe-named-who-goodwill-ambassador/article36681266/, 2019815.

下简称《规划》)草案报告,基于联合国2030年可持续发展议程正式提出了未来五年"三个十亿"的战略重点(即全民健康覆盖受益人口新增10亿人,面对突发卫生事件受到更好保护的人口新增10亿人,健康和福祉得到改善的人口新增10亿人),并为此拟定了有关三大战略转变和五项组织转变的具体改革议程。① 他在报告中指出,世卫组织要想成功实现联合国2030年可持续发展议程设定的健康目标,必须对组织的工作模式、系统和文化进行根本改变②。2018年5月25日,第七十一届世界卫生大会正式通过了该规划,由此开启了世卫组织新一轮改革的序幕。根据《规划》,笔者将谭德赛的改革议程归纳如下。

(一)三大战略转变

为了回应新的卫生治理理念对治理机构提出的新要求,谭德赛围绕"三个十亿"的战略重点,提出了世卫组织的三项战略转变,即:在各级加强领导能力;推动在每个国家发挥影响;重视提供有影响力的全球公共产品。现略述如下。

1. 加强领导能力

该项战略转变依据的世卫组织核心职能是,对全人类健康至关重要的事项提供领导,并在需要联合行动时参与伙伴关系。

该项战略转变的具体做法有:在最高政治层面倡导增进健康;在科学和证据基础上发出更强大的呼声;加强卫生外交并努力推动全球政治机构(如二十国集团、七国集团、金砖五国)以及区域和地方政治机构注重卫生工作;在国家一级与非卫生部门共同开展工作,处理气候变化和环境的健康影响等问题;关注卫生领域的性别平等、公平和权利,提高参与水平,

---

① Tedros Adhanom, "Promote Health, Keep the World Safe, Serve the Vulnerable: Draft Thirteenth General Programme of Work 2019—2023," p. 6, http://apps. who. int/gb/ebwha/pdf_files/EB142/B142_3Rev2-en. pdf, 2019-8-20.

② Tedros Adhanom, "Promote Health, Keep the World Safe, Serve the Vulnerable: Draft Thirteenth General Programme of Work 2019—2023," p. 38, http://apps. who. int/gb/ebwha/pdf_files/EB142/B142_3Rev2-en. pdf, 2019-8-20.

建立抵御能力，并赋予社区权能；与政府首脑对话，呼吁为卫生提供充分、持续和可预测的官方发展援助及人道主义资金，以及采取创新性筹资办法。

2. 推动在每个国家发挥影响

该项战略转变依据的世卫组织核心职能有两项，即阐明符合伦理的循证政策方案；提供技术支持，推动变化，并建设可持续的机构能力。

该项战略转变的具体做法包括：坚定地把国家置于工作中心；加强所有会员国推动政策对话的作用；为国家提供战略支持，进一步加强卫生系统，实现卫生成果、公平和财务可持续性；根据国家需要提供技术援助，吸引足够资金，逐步建立更强健的机构；在极端脆弱、极易受到影响或存在大规模冲突的国家和环境中加强服务提供；通过自下而上的计划制定程序考虑国家的重点事项和需求，审议对于每个国家而言最有意义和价值的支持。

3. 重视提供有影响力的全球公共产品

该项战略转变基于世卫组织的三项核心职能：制定规范和标准，推动并监督其实施；监测卫生状况并评估卫生趋势；塑造研究议程，推动生产、转化并传播有价值的知识。

该项战略转变的具体做法包括：加强规范工作，增加法规类、科技类、健康趋势评估类三类规范性产品的供给；在国家和全球层面倡导团结互助和相互理解等价值观；支持会员国有效收集、分析、报告和使用卫生和健康数据；利用在确定需求和转化知识方面的比较优势，支持建设研究能力；帮助开发和扩大卫生事务的创新解决方案。

（二）五项组织转变

继战略方面的转变之后，谭德赛进一步指出，世卫组织要想在全球卫生治理领域新行为体层出不穷的新时代继续保持领导地位，恢复应有的公信力，还必须在全球政策小组指导下推动五项组织转变。

1. 衡量影响以促进问责并努力取得成果

世卫组织将制定一个影响和问责框架，通过秘书处工作人员和独立外部评价来监测《规划》的进展，以便秘书处能够监测绩效、分析资金效益和实行问责制，并清楚说明世卫组织对每个目标的贡献以及组织各个层级所作的贡献。除衡量规划影响外，世卫组织还将通过平衡计分卡来衡量战略和组织转变的进展情况。

2. 重塑运作模式，推动实现国家、区域和全球影响

重点包括：提高国家层面的领导素质，确保世卫组织代表能够熟练指导开展重点工作；确保与所有会员国开展卓有成效的合作；增强世卫组织在国家一级的能力，以便能有效实施世卫组织的工作，同时具备相应的问责制；确保国家战略（如国家合作战略）能推动《规划》的重点事项并支持国家战略计划；加强世卫组织区域办事处的作用；加强世卫组织的领导力、号召力和与伙伴的合作，以便在可持续发展议程中促进健康；从地理角度重新分配资源，将资源尽量配置在靠近那些可通过影响产生重大变化的地区。

3. 改变伙伴关系、沟通和筹资方式，为各项战略重点提供资源

重点包括：制定更广泛的外部参与式变革议程，把组织所有三个层级的资源调动职能、技术规划和沟通职能结合起来，以确保外部参与在指导下以协调的方式进行；加强世卫组织在全球卫生格局中的地位，建立有效的伙伴关系；组织总部、区域和国家办事处将与会员国合作，共同筹措额外资金，同时优化赠款管理和相关的外部参与程序，进一步提高对外关系职能的绩效和透明度，并展示结果和资金效益；依赖规范和技术专长，通过在全球卫生领域的协调和领导作用，倡导为全球卫生工作提供充分和可持续的资金，合力推进全民健康覆盖、应对突发卫生事件和促进民众健康；为保护组织工作不受利益冲突、声誉风险和不当影响的干扰，实施《与非国家行为者交往框架》，并与会员国和合作伙伴共同评估进展情况；继续根据战略重点开发循证公共卫生信息，开展宣传，显示资金的影响和结果。

4. 加强重要系统和流程以优化组织绩效

重点包括：通过招聘年轻专业人员和向其提供更多机会，更新工作队

伍和执行前瞻性继任计划;理顺职业路径和培育注重学习的文化,促进专业发展和提高专业能力;提升管理能力,增强权限和相应问责制,并调整方向,将国家置于组织的中心;鼓励创新与合作,实行适当的职员绩效管理,为高绩效员工提供更多机会;增强合作文化,加强世卫组织内部的相互尊重;努力改善人员配置中的两性平等目标,采取具体措施支持女性担任领导职务和获得职业发展,例如为女性工作人员提供晋升机会,制定内部政策处理工作与生活平衡问题、工作场所骚扰问题;增强管理者的权能;建立有效率、有成效的业务流程和信息技术系统;保持对问责制和透明度的承诺。

5.促进文化变革,确保世卫组织一体化和高绩效

重点包括:培养一种协调、执行和更新的高绩效组织文化;创建浑然一体的组织,让所有三个层级紧密合作,明确关注国家影响、结果和问责制;努力营造创新文化,成为一个更加数字化和网络化的组织,更好地适应外部环境的变化;将高层领导推动的文化变革纳入世卫组织当前开展的各种举措及其转型过程的每个环节,通过持续对话和反馈激励组织以及国家和合作伙伴参与;进一步建立追求共同目标和相互信任的共同文化,使组织能充分发挥其潜力。

四、从新冠病毒感染疫情应对看谭德赛改革的阶段性成效

2020 年初爆发的新冠病毒感染疫情,对 21 世纪的全球卫生安全构成了前所未有的挑战。这场全球流行的瘟疫也成为谭德赛改革成效的阶段性大考和试金石。作为卫生安全领域唯一的全球性多边组织,谭德赛领导下的世卫组织充分发挥其全球卫生治理功能,在全球卫生安全命运共同体理念的倡导、各国抗疫合作的协调、全球抗疫链条薄弱环节的支援、抗疫规范和技术的整合推广等方面发挥了重要作用。

第一,作为全球卫生治理价值观的引领者,世卫组织积极倡导全球卫生安全命运共同体理念。在当今全球化不可逆转的时代,“全球卫生安

全命运共同体”不是一个空洞的说教，而是一个基于科学和证据的事实。全球新冠病毒感染疫情是世界各国面临的共同挑战，没有任何国家可以独善其身。在严峻的全球卫生安全危机面前，唯有以人类共同体理念来汇聚全球战疫合力才能共克时艰。在这一大背景下，世卫组织大力倡导全球卫生安全命运共同体的价值理念，为全球新冠病毒感染疫情治理注入了道义动力。在这次疫情暴发前夕，谭德赛就强调，“在流行病领域，我们负有共同责任，拥有共同命运”。① 疫情暴发后，世卫组织大力倡导全球抗疫合作的共同命运观，“在我们这个支离破碎的世界中，卫生是少有的能让各国为一项共同事业开展国际合作和共同奋斗的一个领域”，②“这种病毒给我们带来了前所未有的威胁。但这也是一次前所未有的机会，我们万众一心，通力对付这个共同的敌人，这个危害人类的大敌”，③世卫组织所推动的全球命运共同体观念成为全球合作抗疫的价值引领。

第二，作为全球卫生安全合作的重要平台，世卫组织发挥着重要的协调和沟通职能，是全球抗疫合作无可替代的“国际协调者”。疫情暴发后，有关疫情的各种“阴谋论”和谣言甚嚣尘上，给各国实现大规模抗疫合作增加了许多人为的阻力。对此，谭德赛强调，“我们抗击的不只是流行病，我们还在抗击‘谣言疫情’”。为了引导国际社会在疫情防控方面的正确舆论，世卫组织采取了前所未有的协调行动，与谷歌、推特以及抖音等搜索引擎和媒体公司合作，对抗谣言和虚假信息的传播，甚至有人认为，“世界卫生组织正在成为世界上最重要的社交媒体影响者”。④ 当中国的疫

---

① World Health Organization, “WHO Commemorates the 40th Anniversary of Smallpox Eradication,” December 13th, 2019, https://www. who. int/news/item/13-12-2019-who-commemorates-the-40th-anniversary-of-smallpox-eradication, 2019-5-16.

② Ibid.

③ Ibid.

④ Abram Brown, “The World Health Organization Is Becoming the Planet's Most Important Social Media Influencer,” *Forbes*, March 16, 2020, https://www. forbes. com/sites/abrambrown/2020/03/16/coronavirus-the-world-health-organization-is-becoming-the-worlds-most-important-social-media-influencer/? sh=4b22c3145321, 2021-5-11.

情防控措施一度受到质疑并被一些西方媒体歪曲报道时，世卫组织以客观公正、科学专业的态度多次称赞中国经验，引导国际抗疫舆论的健康发展。2020 年 3 月，针对美国时任总统特朗普将新冠病毒称为“中国病毒”的污名化做法，世卫组织应急项目负责人表示：“一直以来我们传递的信息就很清晰，病毒没有国界，不区分种族肤色和财富，我们在语言使用上要小心，应避免把病毒同个人联系在一起，我相信任何人都会后悔把病毒同种族联系在一起，这是所有人都不希望的，我们需要团结合作。”①世卫组织在协调国际舆论方面正视听、明是非，为全球合作抗疫创造了良好的舆论环境。为了能够更好地通过融资来协助各国应对新冠疫情，世卫组织与联合国基金会和瑞士慈善基金会一道发起了“COVID－19 团结应对基金”，发动世界各地的个人、公司和机构直接为全球应对疫情工作捐款，筹集到了数十亿美元。为了加速新冠病毒相关疫苗、诊断工具和治疗工具的研发、生产和公平分配，世卫组织积极协调法国、德国以及比尔·盖茨基金会等全球合作伙伴，在 2020 年 4 月宣布启动了具有里程碑意义的“获取 COVID－19 工具加速计划”。世卫组织还与世界银行和国际货币基金组织合作，评估新冠疫情的潜在经济影响，制定缓解战略，并提出了政策选择。世卫组织也在总部、区域办事处和国家办事处层面实现三级联动，强化内部协调机制。例如，在 2019 年底接到中国的非正式通知后，世卫组织当即召开了驻中国办事处、西太平洋区域办事处和日内瓦总部的电话会议，并组建了应对小组。总之，世卫组织的积极协调为全球疫情防控作出了重要贡献。

第三，世卫组织充当了全球抗疫链条薄弱环节的“救火者”。在改革议程中，谭德赛将卫生应急能力建设作为世卫组织改革的四大支柱之一。对于世卫组织而言，如何帮助那些卫生能力脆弱的国家应对突发公共卫

---

① Dawn Kopecki, “WHO Officials Warn US President Trump Against Calling Coronavirus ‘the Chinese Virus’,” CNBC, March 18, 2020, https://www.cnbc.com/2020/03/18/who-officials-warn-us-president-trump-against-calling-coronavirus-the-chinese-virus.html, 2021-5-16.

生事件，是全球疫情防控中的重要一环。2016 年美国知名智库兰德公司发布的报告指出，全球对传染病暴发事件最为脆弱的 25 个国家中，有 22 个在非洲。① 因此，在新冠疫情暴发后，世卫组织迅速启动"战略准备和应对方案"，以帮助 13 个疫情防控能力令人担忧的非洲国家。在资金方面，世卫组织通过"战略准备和应对方案"，呼吁募集 6.5 亿美元，重点支持新冠疫情防控风险较高的国家。在非洲出现确诊病例后，非洲疾病控制中心成立了"非洲新冠疫情应对工作组"，并任命两名特使，专门为非洲新冠疫情防控提供战略咨询；与此同时，还向 1 万余名非洲卫生人员提供关于新冠疫情防护的在线课程培训。在伊朗成为疫情重灾区之后，世卫组织迅速向伊朗派遣专家组，支援伊朗疫情防治工作，同时向伊朗提供可以满足 1 万 5 千名医护人员防护需求的设备和可检测、诊断近 10 万人的实验室设备。② 可见，改革后的世卫组织一改在埃博拉疫情中的迟缓表现，在新冠疫情防控中成为全球防疫薄弱环节的重要补充力量。

第四，世卫组织在全球抗疫规范和技术的整合推广方面，也发挥了不可或缺的重要作用。相比向各国提供应急支持，世卫组织的规范和技术建议对于各国疫情防控更为重要，这也是其专业优势的体现。正如世卫组织发布的报告中提到的，"各国寄予世界卫生组织的，不是财政或物资支持，而是提供基于国际证据和经验的战略性建议"。③ 世卫组织充分发挥其规范功能和卫生技术权威，为全球疫情防控提供了科学的风险警示、防控手段和诊疗标准建议。早在疫情暴发初期，谭德赛就根据《国际卫生条例》召集了突发事件委员会会议，对疫情进行评估，并赴疫情

---

① Melinda Moore, et al., *Identifying Future Disease Hot Spots*, Santa Monica: Rand Corporation, 2016, p. 46.

② World Health Organization, "WHO Team Arrives in Tehran to Support the COVID-19 Response," March 2 2020, https://www.emro.who.int/iran/news/who-team-arrives-in-tehran-to-support-the-covid-19-response.html, 2021-5-16.

③ The World Health Organization, "The Future of Financing for WHO," May 5, 2011, p. 10.

暴发较早的中国考察，掌握一手资料。2020 年 2 月，世卫组织再次召开紧急会议，并宣布新冠疫情为"国际关注的突发公共卫生事件"，同时在有关旅行、贸易、隔离、监测、治疗等方面，为世界各国采取科学合理适度的防疫措施提供了全球标准和指导建议。随着疫情的发展，世卫组织将新冠疫情全球风险级别由"高"提升至"非常高"，随后宣布疫情为"大流行病"，为各国加强防控不断提供专业警示。基于科学研究，世卫组织改革后新设立的首席科学家部门也充分发挥了专业优势，与"全球传染病防控研究合作组织"共同举办了"科研路线图：新冠病毒全球研究与创新论坛"，以协调全球科研力量，确定应对新冠病毒的研究重点，讨论诊疗方案和推动疫苗开发，为全球疫情防控贡献科学专业知识。正如谭德赛在这次会议上所言，"我们需要集体的知识、智慧和经验，这不是一个关于政治或资金的会议，这是一个关于科学的会议"。① 在英国政府首席科学顾问提出关于"群体免疫"原则的论述后，世卫组织对发展"群体免疫力"以抗击新冠病毒的观点提出质疑，"我们可以讨论理论，但目前我们面临的是一个现实的情况，我们必须考虑采取行动"。正是在世卫组织的质疑之下，英国卫生大臣随后不得不强调，"群体免疫不是我们的目标和政策，它只是一个科学概念而已"。② 总之，世卫组织通过充分发挥其专业优势，为各国疫情防控政策的制定提供了有效的规范指导和参考。

五、谭德赛改革面临的外部和内部挑战

笔者在前文中对谭德赛博士的改革议程进行了梳理，从中可以看出，

---

① Tedros Adhanom Ghebreyesus, "Research and Innovation Forum on Novel Coronavirus 2019," World Health Organization, February 11, 2020, https://www.who.int/dg/speeches/detail/research-and-innovation-forum-on-novel-coronavirus-2019, 2021-5-17.

② Stephanie Cockroft, "UK's Herd Immunity Approach to Tackling Coronavirus Questioned by World Health Organization," *Evening Standard*, March 14, 2020, https://www.standard.co.uk/news/health/uk-herd-immunity-coronaviru s-who-margaret-harris-a4387346.html, 2021-6-12.

三项战略转变意在回应新的卫生治理理念对治理机构提出的要求,五项组织转变则主要着眼于增强世卫组织的领导地位和公信力,其力度不可谓不大,雄心不可谓不广。在2020年年初暴发的新冠疫情中,谭德赛改革的阶段性成效也初露端倪。然而,经验和理论都告诉我们,治理机构的改革很难一帆风顺。事实上,根据主流的国际组织理论,任何国际组织改革的出发点都是为了克服该组织的功能失调,而导致国际组织功能失调的因素包括三个方面:首先源于组织的自身治理结构,其次是外部压力,此外还可能有物质方面的原因(如财政)。① 世界卫生组织也不例外,其20世纪90年代以来愈演愈烈的功能失调亦是自身治理不善问题的积累和外部环境的剧烈变动所致。在布伦特兰和陈冯富珍时代,两位总干事曾试图进行不同程度的改革,虽取得了一些成效,但毕竟未能从根本上改变世卫组织功能失调、治理效率降低的窘况。② 与两位前任相比,谭德赛博士在《规划》中提出的变革方案涉及面广、措施力度大,可谓世卫组织历史上力度空前的一次改革。然而,在笔者看来,由于外部形势和内部积弊的双重影响,该轮改革行动亦面临诸多挑战。

(一)大国利益偏好的挑战

第一是大国利益偏好的挑战。"任何有关全球治理的令人信服的观点都无法忽视国家之间权力的不平等这一中心"③,"国际机制体现了大国的利益和政策"④。作为联合国专门机构,世界卫生组织亦无法摆脱国

---

① Michael Bamettand, Martha Finnemore, "The Politics, Power, and Pathologies of International Organizations," *International Organizations*, Vol. 53, No. 4, Autumn 1999, p. 716.

② 关于布伦特兰和陈冯富珍两位总干事任内改革的评述,可分别参见:L. Lerer, R. Matzopoulos, "'The' Worst of Both Worlds: The Management Reform of the World Health Organization," *International Journal of Health Services*, Vol. 31, Issue. 2, April 1, 2001, pp. 415-438; D. Yach, "World Health Organization Reform — A Normative or an Operational Organization?" *American Journal of Public Health*, November 2016, Vol. 106, No. 11.

③ David Held, Anthony McGrew, *Governing Globalization*, Cambridge: Polity Press, 2002, p. 12.

④ Ibid., p. 14.

际社会中权力政治的阴影,受到大国利益偏好的强烈影响。比如在规范制定方面,世卫组织 2005 年颁布的《国际卫生条例》曾试图建立一个全球卫生防疫体系,但在美国、以色列等国的政策主导下,把巴勒斯坦、科索沃等地区排除在外。[①] 这种将地缘政治考量凌驾于卫生政策需要让的做法相当于把世卫组织从全球之公器扭曲成了排除异己的工具,不仅极大损伤了组织的公信力,而且在无形中催生了许多明显的防疫漏洞——这些国家或地区因武装冲突等因素往往面临着更高的公共卫生风险,一旦暴发严重的传染病,对全球卫生防疫体系的破坏也将是毁灭性的。再如在资源投入上,虽然有关全球卫生治理是应以疾病为导向还是以建立更完善的全球公共卫生体系为主要目标的争论不断,但在现实中,基于美国等发达国家维护本国国民健康利益的需要,世卫组织主导的全球卫生治理体系还是更多将资金投入到传染病预防和治疗的垂直计划之中,而对非传染性疾病和发展中国家卫生能力建设的援助投入远少于实际需要,造成世界范围内卫生健康领域的"贫富差距"不是越来越小而是愈加拉大。[②] 此外,世卫组织的预算外资金和捐助款项大部分来自发达国家的私人部门和基金会,这也对组织的政策制定造成极大的偏向性影响。总之,世卫组织是一个成员国驱动的组织,而各个成员国主要关注自己的利益,当自身利益与全球利益出现冲突时,大国往往利用自己的话语权,借国际组织之手以全球公益之名行自利之实,将自身的地缘政治考量凌驾于全球人民的共同人权之上,通过各种正式和非正式的方式影响世卫组织的卫生治理决策。无怪乎有专家认为,在全球卫生治理版图中,主要大国的政治利益比内部改革进程更能决定世界卫生组织的地位。因此,只要国际社会的权力格局和世卫组织的决策

① WHO, *International Health Regulations* (*2005*), World Health Organization, p. 18, https://www.globalhealthrights.org/wp-content/uploads/2013/10/International-Health-Regulations-2005.pdf, 2019-5-1.

② IHME, *Financing Global Health 2016*: *Development Assistance*, *Public and Private Health Spending for the Pursuit of Universal Health Coverage*, Seattle: IHME, 2017, pp. 105-106.

模式一天不改变，任何不符合"主要大国利益"的改革就举步维艰——换言之，谭德赛博士改革议程中提出的有关增强世卫组织决策独立性以及弥合地区差距、实现全球卫生公共服务均等化的种种措施，将面临严峻的挑战。

（二）财政资源不足的挑战

第二是财政资源不足的挑战。世卫组织的财政收入主要有两个渠道，一是各成员国根据财富和人口比例所缴纳的会费（即所谓的"评定会费"），二是带有附加条件的自愿捐助，主要来自发达国家、跨国药企和私人基金会等。[①] 1999年美国通过的《赫尔姆斯—拜登法案》（又称《联合国改革法案》）为联合国体系的改革设定了一些条件，其中一个条件就是为各国的会费设定一个最高限额，这样就将"零增长原则"引入了世卫组织的预算过程之中，导致该组织成员国会费在过去二十年中几乎没有任何增长。近年全球金融危机、欧债危机频发，更是使得作为全球卫生治理主要资金来源的西方发达国家大幅度削减自愿捐款额度并放缓承诺资金的供给。事实上，2002年的《蒙特雷共识》曾要求发达国家提供卫生发展援助的财政预算应达到本国GDP的0.7%，而到2016年为止，达标的国家仅仅只有3个。[②] 雪上加霜的是，由于世卫组织的预算收入主要以美元结算，而财政支出则是用瑞士法郎，近年来美元对瑞士法郎的汇率持续走低，更是使得组织可用资金的实际购买力大打折扣。在业务有增无减的情况下，组织陷入财政危机几乎成为一种必然。布伦特兰和陈冯富珍在任时期，曾先后试图通过提高会费或进行成本核算等方式"开源节流"，缓解组织的财政紧张，但最终因各国反应平淡而收效甚微，甚至一度使得世

① WHO, *Constitution of the World Health Organization*, Chapter XII, "Budget and Expenses", https://apps.who.int/gb/bd/PDF/bd47/EN/constitution-en.pdf? ua=1, 2019-8-20.

② IHME, *Financing Global Health 2016: Development Assistance, Public and Private Health Spending for the Pursuit of Universal Health Coverage*, Seattle: IHME, 2017, pp. 29-31.

卫组织必须进行大规模裁员以摆脱困境。① 谭德赛博士本轮改革未来五年的规划预算高达120亿美元，即使能实现预期的财政紧缩，所需费用预计仍高达108亿美元②。虽然他在《规划》中提出要以灵活的外部关系和创新性的筹资方法摆脱预算困境，但长期形成的财务架构却非一朝一夕所能改变。财政稳定是一切行动的前提，这对谭德赛改革议程的深入推进无疑是一个巨大的制约因素。

（三）内部"分权"体制的挑战

第三是内部"分权"体制的挑战。《世界卫生组织组织法》规定，"卫生大会得经位于划定区域内会员国过半数之同意，设立区域组织；区域委员会由该区域会员国及副会员之代表组织之"。③ 目前世界卫生组织实行总部－区域－各国三级治理体制，设置了六个区域办事处（西太平洋区域办事处、东南亚区域办事处、美洲区域办事处、欧洲区域办事处、非洲区域办事处、东地中海区域办事处）。与其他国际组织（如联合国粮农组织、国际劳工组织等）相比，世卫组织授予区域的自治权是独一无二的。其六个区域办事处不仅是总部卫生政策的执行者，而且可以说是六个准分立的组织。在实践中，世卫组织的六大区域办事处都有各自独立的人事、行政和预算体系，区域干事长亦由各区域成员国自行选举产生。这种区域分部自治制度使得六个区域办事处都可以按照自己的意愿运作，如同一位内部专家所说，"现在的世卫组织并非只有一个，而是七个"。④ 本来，这种"分权"制度设计的初衷是尊重地区的差异、提高治理效率，但由于各区

---

① 参见晋继勇：《世界卫生组织改革评析》，《外交评论》2013年第1期，第139－150页。

② Tedros Adhanom, "A Financial Estimate for the Draft Thirteenth General Programme of Work 2019—2023," EB142/3, Add. 1, Rev. 1, http://apps. who. int/gb/ebwha/pdf_files/EB142/B142_3Add2-en. pdf, 2019-8-20.

③ WHO, *Constitution of the World Health Organization*, Chapter XI, "Regional Arrangements," https://apps. who. int/gb/bd/PDF/bd47/EN/constitution-en. pdf? ua = 1, 2019年8月20日。

④ Steinar Andresen, "Leadership Change in the World Health Organization: Potential for Increased Effectiveness?" August 2002, p. 35, http://www. fni. no/doc&pdf/FNI-R0802. pdf, 2019-8-22.

域办事处是对所管辖区域的各国卫生部而非民众负责，加之地缘政治、发展不均衡和经费紧张的影响，在实际运作中往往屈从于区域内大国的政治压力，从而无法统筹或有效贯彻总部制定的卫生政策，使得总部与地方脱节，导致信息沟通不畅、效率低下和官僚化严重等问题。① 如2009年应对甲流疫情时，层层部门的叠加效应，导致世卫组织在信息收集和资源输送上严重迟缓和滞后，削弱了其作为全球疫情监测和应对机构的地位。此外，2002年开始的针对总部和区域分部进行编列预算的改革，也因分部独立进行计划而使得世卫组织卫生政策陷入分裂的窘境，导致大量的资源浪费。布伦特兰在任时期，曾试图通过改革克服这种先天性内部治理结构缺陷。她要求各区域办事处将总部的一些专业人员安排在区域或国家工作，从而分享地区层面的人事决定权。然而这种要求并未得到各区域办事处的积极回应，最终使得其“集权化”改革草草收场。陈冯富珍也在2011年执行委员会会议上明言世卫组织的三级结构一体化是未来改革中最难克服的问题。② 在本轮改革的规划中，谭德赛博士首次提出将国家置于组织的工作重心，希望通过加强世卫组织总部与国家办事处的联系，促进三级结构的协调一致。在组织文化方面，他也明确提出有关加强员工“一体化”意识的设想，用心可谓良苦。③ 然而，之前的历次改革证明，世卫组织的治理结构有着先天的缺陷，如果不能从根本上突破《世界卫生组织法》所确定的“分权”体制，任何新的改革议程都注定困难重重。

---

① IHME, *Financing Global Health* 2016: *Development Assistance*, *Public and Private Health Spending for the Pursuit of Universal Health Coverage*, Seattle: IHME, 2017, pp. 36-37.

② Margaret Chan, “WHO Director-General Reminds Health Officials: Never Forget the People,” http://www.who.int/dg/speeches/2011/wha_20110516/en/index.html, 2019-8-11.

③ Tedros Adhanom, “A Financial Estimate for the Draft Thirteenth General Programme of Work 2019—2023,” EB142/3, Add. 1, Rev. 1, http://apps.who.int/gb/ebwha/pdf_files/EB142/B142_3Add2-en.pdf, 2019-8-20.

（四）新兴科学技术的挑战

第四是新兴科学技术的挑战。在世界卫生组织七十余年的历史上，多位总干事持续进行改革的一个重要目的就是要确保它能够与时俱进，有效应对各种新发的全球卫生挑战。谭德赛在《规划》中也提出，本轮改革的重要旨归是促进不同发展阶段国家的人民在获取有效医疗服务方面实现平等。然而，全球化背景下许多新兴科学技术在解决传统卫生治理问题的同时，也造成了新的不平等。具体而言，包括基因组学、表观遗传学、基因编辑、人工智能和大数据在内的科学领域的新发展，带来了巨大的变革机会，同时也对全球卫生体系的构建提出了新的考验。① 例如，基因组学将推动个体化医学，并影响公共卫生一级和二级预防、人群和个体筛查以及药物获取的公平性。个体化医学带来的成本，将直接挑战各国提供公平和普遍可及服务的能力。各国促进这些新领域的研究和创新方面能力的不平等，也将使得公共卫生体系提供医疗服务的水平差距进一步被拉大。② 此外，诸如基因编辑这样可能被用来开发生物武器的技术也将对人类健康造成潜在威胁。作为全球卫生治理的核心机构，世卫组织必须引领这些新科学领域并率先应对它们带来的技术和伦理挑战。因此，能否有效应对这些问题，也将成为衡量谭德赛改革成效的一个重要方面。

六、结语

在全球化的时代，联合国及其专门机构在全球治理中扮演着不可或缺的角色。在二战结束以来的七十余年中，它们为人类社会的发展和进步作出了很大贡献。然而，近年来全球性问题日益突出，联合国系统的许多国际组织却陆续因为功能失调、治理不善而饱受批评，难以应对层出不

---

① 参见高明、唐丽霞、于乐荣：《全球卫生治理的变化和挑战及对中国的启示》，《国际展望》2017 年第 5 期，第 126—146 页。

② 同上。

穷的全球治理挑战。因此,如何通过改革以克服功能失调、提高治理效率,正成为联合国系统的优先议程。作为联合国最重要的专门机构之一,世界卫生组织的改革成为联合国系统改革的一个试金石。曾几何时,世界卫生组织因有效担当全球卫生治理领域的领导者角色而誉满全球。但是,随着冷战结束以来外部环境的变化和内部问题的积累,"世界卫生组织正在变得无关紧要"①。布伦特兰和陈冯富珍时期,世卫组织曾进行一系列改革,但因诸多因素的影响未能取得预期成效。谭德赛博士上任以来推动的雄心勃勃的改革议程,可谓力度空前,不仅有助于推动该组织重振其在全球卫生治理领域的领导地位,同时也是推进全球卫生"治理体系和治理能力现代化"的重要契机。在 2020 年初暴发的新冠疫情这一全球公共卫生危机中,我们看到改革后的世卫组织在许多方面表现出更强的卫生治理能力,谭德赛博士的改革可谓取得阶段性成效。然而,由于大国利益偏好、财政资金不足、内部"分权"体制和新兴科学技术等内外部挑战,改革的最终前景还难说明朗。

"任何治理体系权威的合法性不仅取决于其有效性,而且取决于受制于这种体系权威的行为体对其公正性和合法的社会目的的认知"②。在笔者看来,在改革的具体议程背后,其实还隐藏着更深层次的问题:作为唯一一个建立在国家共识之上的具有立法权的政府间国际组织,世卫组织应该如何定位自己的职能,解释自己的宪法角色?作为一个政府间组织,它怎样才能够有效协调全球卫生治理领域的其他行为体,促进非政府组织、慈善基金会和私营部门合作?该组织现有功能是否存在结构性冲突?其最佳平衡点在何处?本文以谭德赛博士开启的新一轮改革为视角对此进行了初步探索,但完整的解释仍然有待学界的进一步

① Jack C. Chow, "Is the WHO Becoming Irrelevant?" *Foreign Policy*, December 8, 2010, https://foreignpolicy.com/2010/12/09/is-the-who-becoming-irrelevant/, 2019-8-19.

② Michael Stevenson, Andrew Fenton Cooper, "Overcoming Constraints of State Sovereignty: Global Health Governance in Aisa," *Third World Quarterly*, Vol. 30, No. 7, 2009, p. 1381.

深入思考。毕竟，只有上述问题得到彻底解决，世卫组织才能重塑其全球卫生治理领导者的角色，实现其“求各民族企达卫生之最高可能水准”之宏愿。①

① WHO, *Constitution of the World Health Organization*, https://apps.who.int/gb/bd/PDF/bd47/EN/constitution-en.pdf?ua=1, 2019-8-20.

北京大学出版社

教育出版中心 精品图书

21世纪高校广播电视专业系列教材

电视节目策划教程（第二版） 项仲平
电视导播教程（第二版） 程　晋
电视文艺创作教程 王建辉
广播剧创作教程 王国臣
电视导论 李　欣
电视纪录片教程 卢　炜
电视导演教程 袁立本
电视摄像教程 刘　荃
电视节目制作教程 张晓锋
视听语言 宋　杰
影视剪辑实务教程 李　琳
影视摄制导论 朱　怡
新媒体短视频创作教程 姜荣文
电影视听语言——视听元素与场面调度案例分析 李　骏
影视照明技术 张　兴
影视音乐 陈　斌
影视剪辑创作与技巧 张　拓
纪录片创作教程 潘志琪
影视拍摄实务 翟　臣

21世纪信息传播实验系列教材（徐福荫　黄慕雄　主编）

网络新闻实务 罗　昕
多媒体软件设计与开发 张新华
播音与主持艺术（第三版） 黄碧云　雎　凌
摄影基础（第二版） 张　红　钟日辉　王首农

21世纪数字媒体专业系列教材

视听语言 赵慧英
数字影视剪辑艺术 曾祥民
数字摄像与表现 王以宁
数字摄影基础 王朋娇
数字媒体设计与创意 陈卫东
数字视频创意设计与实现（第二版） 王　靖
大学摄影实用教程（第二版） 朱小阳
大学摄影实用教程 朱小阳

21世纪教育技术学精品教材（张景中　主编）

教育技术学导论（第二版） 李芒　金林
远程教育原理与技术 王继新　张屹
教学系统设计理论与实践 杨九民　梁林梅
信息技术教学论 雷体南　叶良明
信息技术与课程整合（第二版） 赵呈领　杨琳　刘清堂
教育技术学研究方法（第三版） 张　屹　黄　磊

21世纪高校网络与新媒体专业系列教材

文化产业概论 尹章池
网络文化教程 李文明
网络与新媒体评论 杨　娟
新媒体概论 尹章池
新媒体视听节目制作（第二版） 周建青
融合新闻学导论（第二版） 石长顺
新媒体网页设计与制作（第二版） 惠悲荷
网络新媒体实务 张合斌
突发新闻教程 李　军
视听新媒体节目制作 邓秀军
视听评论 何志武
出镜记者案例分析 刘　静　邓秀军
视听新媒体导论 郭小平
网络与新媒体广告（第二版） 尚恒志　张合斌
网络与新媒体文学 唐东堰　雷　奕
全媒体新闻采访写作教程 李　军
网络直播基础 周建青
大数据新闻传媒概论 尹章池

21世纪特殊教育创新教材·理论与基础系列

特殊教育的哲学基础　方俊明
特殊教育的医学基础　张　婷
融合教育导论（第二版）　雷江华
特殊教育学（第二版）　雷江华　方俊明
特殊儿童心理学（第二版）　方俊明　雷江华
特殊教育史　朱宗顺
特殊教育研究方法（第二版）　杜晓新　宋永宁等
特殊教育发展模式　任颂羔

21世纪特殊教育创新教材·发展与教育系列

视觉障碍儿童的发展与教育　邓　猛
听觉障碍儿童的发展与教育（第二版）　贺荟中
智力障碍儿童的发展与教育（第二版）　刘春玲　马红英
学习困难儿童的发展与教育（第二版）　赵　微
自闭症谱系障碍儿童的发展与教育　周念丽
情绪与行为障碍儿童的发展与教育　李闻戈
超常儿童的发展与教育（第二版）苏雪云　张　旭

21世纪特殊教育创新教材·康复与训练系列

特殊儿童应用行为分析（第二版）李　芳　李　丹
特殊儿童的游戏治疗　周念丽
特殊儿童的美术治疗　孙　霞
特殊儿童的音乐治疗　胡世红
特殊儿童的心理治疗（第三版）　杨广学
特殊教育的辅具与康复　蒋建荣
特殊儿童的感觉统合训练（第二版）　王和平
孤独症儿童课程与教学设计　王　梅

21世纪特殊教育创新教材·融合教育系列

融合教育本土化实践与发展　邓　猛等
融合教育理论反思与本土化探索　邓　猛
融合教育实践指南　邓　猛
融合教育理论指南　邓　猛
融合教育导论（第二版）　雷江华
学前融合教育（第二版）　雷江华　刘慧丽

21世纪特殊教育创新教材（第二辑）

特殊儿童心理与教育（第二版）
杨广学　张巧明　王　芳

教育康复学导论　杜晓新　黄昭明
特殊儿童病理学　王和平　杨长江
特殊学校教师教育技能　昝　飞　马红英

自闭谱系障碍儿童早期干预丛书

如何发展自闭谱系障碍儿童的沟通能力
朱晓晨　苏雪云
如何理解自闭谱系障碍和早期干预　苏雪云
如何发展自闭谱系障碍儿童的社会交往能力
吕　梦　杨广学
如何发展自闭谱系障碍儿童的自我照料能力
倪萍萍　周　波
如何在游戏中干预自闭谱系障碍儿童
朱　瑞　周念丽
如何发展自闭谱系障碍儿童的感知和运动能力
韩文娟　徐　芳　王和平
如何发展自闭谱系障碍儿童的认知能力
潘前前　杨福义
自闭症谱系障碍儿童的发展与教育　周念丽
如何通过音乐干预自闭谱系障碍儿童　张正琴
如何通过画画干预自闭谱系障碍儿童　张正琴
如何运用ACC促进自闭谱系障碍儿童的发展
苏雪云
孤独症儿童的关键性技能训练法　李　丹
自闭症儿童家长辅导手册　雷江华
孤独症儿童课程与教学设计　王　梅
融合教育理论反思与本土化探索　邓　猛
自闭症谱系障碍儿童家庭支持系统　孙玉梅
自闭症谱系障碍儿童团体社交游戏干预　李　芳
孤独症儿童的教育与发展　王　梅　梁松梅

特殊学校教育·康复·职业训练丛书

（黄建行　雷江华　主编）

信息技术在特殊教育中的应用
智障学生职业教育模式
特殊教育学校学生康复与训练
特殊教育学校校本课程开发
特殊教育学校特奥运动项目建设

21世纪学前教育专业规划教材

学前教育概论　李生兰

学前教育管理学（第二版） 王　雯
幼儿园课程新论 李生兰
幼儿园歌曲钢琴伴奏教程 果旭伟
幼儿园舞蹈教学活动设计与指导（第二版） 董　丽
实用乐理与视唱（第二版） 代　苗
学前儿童美术教育 冯婉贞
学前儿童科学教育 洪秀敏
学前儿童游戏 范明丽
学前教育研究方法 郑福明
学前教育史 郭法奇
学前教育政策与法规 魏　真
学前心理学 涂艳国　蔡　艳
学前教育理论与实践教程 王　维　王维娅　孙　岩
学前儿童数学教育与活动设计 赵振国
学前融合教育（第二版） 雷江华　刘慧丽
幼儿园教育质量评价导论 吴　钢
幼儿学习与教育心理学 张　莉
学前教育管理 虞永平

大学之道丛书精装版

美国高等教育通史 ［美］亚瑟・科恩
知识社会中的大学 ［英］杰勒德・德兰迪
大学之用（第五版） ［美］克拉克・克尔
营利性大学的崛起 ［美］理查德・鲁克
学术部落与学术领地：知识探索与学科文化 ［英］托尼・比彻　保罗・特罗勒尔
美国现代大学的崛起 ［美］劳伦斯・维赛
教育的终结——大学何以放弃了对人生意义的追求 ［美］安东尼・T.克龙曼
世界一流大学的管理之道——大学管理研究导论 程　星
后现代大学来临？ ［英］安东尼・史密斯　弗兰克・韦伯斯特

大学之道丛书

市场化的底限 ［美］大卫・科伯
大学的理念 ［英］亨利・纽曼
哈佛：谁说了算 ［美］理查德・布瑞德利
麻省理工学院如何追求卓越 ［美］查尔斯・维斯特
大学与市场的悖论 ［美］罗杰・盖格
高等教育公司：营利性大学的崛起 ［美］理查德・鲁克
公司文化中的大学：大学如何应对市场化压力 ［美］埃里克・古尔德
美国高等教育质量认证与评估 ［美］美国中部州高等教育委员会
现代大学及其图新 ［美］谢尔顿・罗斯布莱特
美国文理学院的兴衰——凯尼恩学院纪实 ［美］P. F.克鲁格
教育的终结：大学何以放弃了对人生意义的追求 ［美］安东尼・T.克龙曼
大学的逻辑（第三版） 张维迎
我的科大十年（续集） 孔宪铎
高等教育理念 ［英］罗纳德・巴尼特
美国现代大学的崛起 ［美］劳伦斯・维赛
美国大学时代的学术自由 ［美］沃特・梅兹格
美国高等教育通史 ［美］亚瑟・科恩
美国高等教育史 ［美］约翰・塞林
哈佛通识教育红皮书 哈佛委员会
高等教育何以为"高"——牛津导师制教学反思 ［英］大卫・帕尔菲曼
印度理工学院的精英们 ［印度］桑迪潘・德布
知识社会中的大学 ［英］杰勒德・德兰迪
高等教育的未来：浮言、现实与市场风险 ［美］弗兰克・纽曼等
后现代大学来临？ ［英］安东尼・史密斯等
美国大学之魂 ［美］乔治・M.马斯登
大学理念重审：与纽曼对话 ［美］雅罗斯拉夫・帕利坎
学术部落及其领地——当代学术界生态揭秘（第二版） ［英］托尼・比彻　保罗・特罗勒尔
德国古典大学观及其对中国大学的影响（第二版） 陈洪捷
转变中的大学：传统、议题与前景 郭为藩
学术资本主义：政治、政策和创业型大学 ［美］希拉・斯劳特　拉里・莱斯利
21世纪的大学 ［美］詹姆斯・杜德斯达
美国公立大学的未来 ［美］詹姆斯・杜德斯达　弗瑞斯・沃马克
东西象牙塔 孔宪铎
理性捍卫大学 眭依凡

学术规范与研究方法系列

如何为学术刊物撰稿（第三版） ［英］罗薇娜·莫瑞
如何查找文献（第二版） ［英］萨莉·拉姆齐
给研究生的学术建议（第二版） ［英］玛丽安·彼得 等
社会科学研究的基本规则（第四版） ［英］朱迪斯·贝尔
做好社会研究的10个关键 ［英］马丁·丹斯考姆
如何写好科研项目申请书 ［美］安德鲁·弗里德兰德等
教育研究方法（第六版） ［美］梅瑞迪斯·高尔等
高等教育研究：进展与方法 ［英］马尔科姆·泰特
如何成为学术论文写作高手 ［美］华乐丝
参加国际学术会议必须要做的那些事 ［美］华乐丝
如何成为优秀的研究生 ［美］布卢姆
结构方程模型及其应用 易丹辉 李静萍
学位论文写作与学术规范（第二版） 李　武 毛远逸 肖东发
生命科学论文写作指南 ［加］白青云
法律实证研究方法（第二版） 白建军
传播学定性研究方法（第二版） 李　琨

21世纪高校教师职业发展读本

如何成为卓越的大学教师 ［美］肯·贝恩
给大学新教员的建议 ［美］罗伯特·博伊斯
如何提高学生学习质量 ［英］迈克尔·普洛瑟等
学术界的生存智慧 ［美］约翰·达利等
给研究生导师的建议（第2版） ［英］萨拉·德拉蒙特等

21世纪教师教育系列教材·物理教育系列

中学物理教学设计 王　霞
中学物理微格教学教程（第三版） 张军朋 詹伟琴 王　恬
中学物理科学探究学习评价与案例 张军朋 许桂清
物理教学论 邢红军
中学物理教学法 邢红军
中学物理教学评价与案例分析 王建中 孟红娟
中学物理课程与教学论 张军朋 许桂清
物理学习心理学 张军朋
中学物理课程与教学设计 王　霞

21世纪教育科学系列教材·学科学习心理学系列

数学学习心理学（第三版） 孔凡哲
语文学习心理学 董蓓菲

21世纪教师教育系列教材

教育心理学（第二版） 李晓东
教育学基础 庞守兴
教育学 余文森 王　晞
教育研究方法 刘淑杰
教育心理学 王晓明
心理学导论 杨凤云
教育心理学概论 连　榕 罗丽芳
课程与教学论 李　允
教师专业发展导论 于胜刚
学校教育概论 李清雁
现代教育评价教程（第二版） 吴　钢
教师礼仪实务 刘　霄
家庭教育新论 闫旭蕾 杨　萍
中学班级管理 张宝书
教育职业道德 刘亭亭
教师心理健康 张怀春
现代教育技术 冯玲玉
青少年发展与教育心理学 张　清
课程与教学论 李　允
课堂与教学艺术（第二版） 孙菊如 陈春荣
教育学原理 靳淑梅 许红花
教育心理学 徐　凯

21世纪教师教育系列教材·初等教育系列

小学教育学 田友谊
小学教育学基础 张永明 曾　碧
小学班级管理 张永明 宋彩琴
初等教育课程与教学论 罗祖兵
小学教育研究方法 王红艳
新理念小学数学教学论 刘京莉
新理念小学音乐教学论（第二版） 吴跃跃

教师资格认定及师范类毕业生上岗考试辅导教材

教育学　余文森　王　晞

教育心理学概论　连　榕　罗丽芳

21世纪教师教育系列教材·学科教育心理学系列

语文教育心理学　董蓓菲

生物教育心理学　胡继飞

21世纪教师教育系列教材·学科教学论系列

新理念化学教学论（第二版）　王后雄

新理念科学教学论（第二版）　崔　鸿　张海珠

新理念生物教学论（第二版）　崔　鸿　郑晓慧

新理念地理教学论（第三版）　李家清

新理念历史教学论（第二版）　杜　芳

新理念思想政治（品德）教学论（第三版）　胡田庚

新理念信息技术教学论（第二版）　吴军其

新理念数学教学论　冯　虹

新理念小学音乐教学论（第二版）　吴跃跃

21世纪教师教育系列教材·语文教育系列

语文文本解读实用教程　荣维东

语文课程教师专业技能训练　张学凯　刘丽丽

语文课程与教学发展简史　武玉鹏　王从华　黄修志

语文课程学与教的心理学基础　韩雪屏　王朝霞

语文课程名师名课案例分析　武玉鹏　郭治锋等

语用性质的语文课程与教学论　王元华

语文课堂教学技能训练教程（第二版）　周小蓬

中外母语教学策略　周小蓬

中学各类作文评价指引　周小蓬

中学语文名篇新讲　杨　朴　杨　旸

语文教师职业技能训练教程　韩世姣

21世纪教师教育系列教材·学科教学技能训练系列

新理念生物教学技能训练（第二版）　崔　鸿

新理念思想政治（品德）教学技能训练（第三版）　胡田庚　赵海山

新理念地理教学技能训练（第二版）　李家清

新理念化学教学技能训练（第二版）　王后雄

新理念数学教学技能训练　王光明

王后雄教师教育系列教材

教育考试的理论与方法　王后雄

化学教育测量与评价　王后雄

中学化学实验教学研究　王后雄

新理念化学教学诊断学　王后雄

西方心理学名著译丛

儿童的人格形成及其培养　［奥地利］阿德勒

活出生命的意义　［奥地利］阿德勒

生活的科学　［奥地利］阿德勒

理解人生　［奥地利］阿德勒

荣格心理学七讲　［美］卡尔文·霍尔

系统心理学：绪论　［美］爱德华·铁钦纳

社会心理学导论　［美］威廉·麦独孤

思维与语言　［俄］列夫·维果茨基

人类的学习　［美］爱德华·桑代克

基础与应用心理学　［德］雨果·闵斯特伯格

记忆　［德］赫尔曼·艾宾浩斯

实验心理学（上下册）　［美］伍德沃斯　施洛斯贝格

格式塔心理学原理　［美］库尔特·考夫卡

21世纪教师教育系列教材·专业养成系列

（赵国栋主编）

微课与慕课设计初级教程

微课与慕课设计高级教程

微课、翻转课堂和慕课设计实操教程

网络调查研究方法概论（第二版）

PPT云课堂教学法

快课教学法

其他

三笔字楷书书法教程（第二版）　刘慧龙

植物科学绘画——从入门到精通　孙英宝

艺术批评原理与写作（第二版）　王洪义

学习科学导论　尚俊杰

艺术素养通识课　王洪义